教養としての「行政法」入門

ADMINISTRATIVE LAW

Masakazu Hattori

行政書士 服部真和

日本実業出版社

ADMINISTRATIVE LAW 目次

教養としての「行政法」入門

第2章

要素❷ 行政主体を知る

第３章

要素③ 行政客体とは何か

第4章

要素4 行政作用を知る

第5章

要素5 地方自治という共同体

第6章

要素6 行政と私法領域

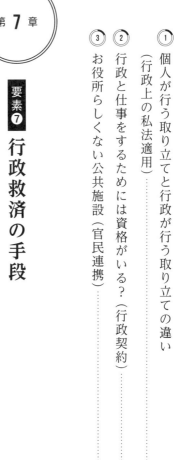

第7章

要素7 行政救済の手段

第8章

行政法を未来に繋ぐ

カバーデザイン　小口翔平＋村上佑佳（tobufune）
本文デザイン・DTP　初見弘一（Tomorrow From Here）
編集協力　本多一美
イラスト（17ページ）　ヨシイアコ

本書で主に記載されている法令名の略語及び正式名称一覧

16、17ページに列挙した法令名の略語及び正式名称は464、465ページで紹介しています（一部、本一覧と重複記載）。

【例】

略語……正式名称

※略語及び正式名称が同一の法令名もあり

金融商品取引法……金融商品取引法
行政手続法……行政手続法
行政不服審査法……行政不服審査法
行政事件訴訟法……行政事件訴訟法
食品衛生法……食品衛生法
道路交通法……道路交通法
警察法……警察法
景観法……景観法
補助金等適正化法……補助金等に係る予算の執行の適正化に関する法律

薬機法（旧薬事法）……………医薬品、医療機器等の品質、有効性及び安全性の確保等に関する法律
（旧）薬事法施行規則 ……………医薬品、医療機器等の品質、有効性及び安全性の確保等に関する法律施行規則
警職法……………………………警察官職務執行法
国家行政組織法 …………………国家行政組織法
独立行政法人通則法……………独立行政法人通則法
風俗営業法・風営法……………風俗営業等の規制及び業務の適正化等に関する法律
都市計画法 ………………………都市計画法
都市公園法 ………………………都市公園法
河川法……………………………河川法
道路法……………………………道路法
海岸法……………………………海岸法
コンテンツ促進法………………コンテンツの創造、保護及び活用の促進に関する法律
電波法……………………………電波法
著作権法…………………………著作権法
日本銀行法 ………………………日本銀行法
消防法……………………………消防法
新型インフル特措法……………新型インフルエンザ等対策特別措置法
感染症予防法・感染症法………感染症の予防及び感染症の患者に対する医療に関する法律
国土利用計画法 …………………国土利用計画法

銃刀法……銃砲刀剣類所持等取締法
道路運送車両法……道路運送車両法
ストーカー規制法……ストーカー行為等の規制等に関する法律
空家対策特措法……空家等対策の推進に関する特別措置法
砂防法……砂防法
成田国際空港の安全確保に関する緊急措置法……成田国際空港の安全確保に関する緊急措置法
学校施設の確保に関する政令……学校施設の確保に関する政令
交通安全基本法……交通安全対策基本法
道路交通法施行令……道路交通法施行令
道路交通法施行規則……道路交通法施行規則
古物営業法……古物営業法
行政相談員法……行政相談員法
官公需法……官公需についての中小企業者の受注の確保に関する法律
学校教育法……学校教育法
ＰＦＩ法……民間資金等の活用による公共施設等の整備等の促進に関する法律
地方教育行政法……地方教育行政の組織及び運営に関する法律
国家賠償法……国家賠償法
いじめ防止対策推進法……いじめ防止対策推進法

行政機関情報公開法……………行政機関の保有する情報の公開に関する法律
独立行政法人等情報公開法 ………独立行政法人等の保有する情報の公開に関する法律
個人情報保護法 …………………個人情報の保護に関する法律
特定商取引法………………………特定商取引に関する法律
電子契約法…………………………電子消費者契約に関する民法の特例に関する法律
特定電子メール法…………………特定電子メールの送信の適正化等に関する法律
景品表示法 …………………………不当景品類及び不当表示防止法
プロバイダ責任制限法 ……………特定電気通信役務提供者の損害賠償責任の制限及び発信者情報の開示に関する法律
貨物自動車運送事業法 ……………貨物自動車運送事業法
道路運送法 …………………………道路運送法
住宅宿泊事業法・民泊新法 ………住宅宿泊事業法
消費者契約法………………………消費者契約法
電気通信事業法 ……………………電気通信事業法
資金決済法 …………………………資金決済に関する法律

ADMINIST
RATIVE
LAW

序章

行政法の構成要素

ADMINISTRATIVE LAW 1

じつは最も身近な法律の行政法

■行政法はまるで酸素のようなもの

テレビを見ていると、よく刑事が犯人を追いかけて乱闘の末「○○の容疑で逮捕する」と手錠をかける刑事ドラマのワンシーンがあります。

あるいは、資産家が亡くなりその遺産を巡って子供たちがドロドロの争いを始めるといったサスペンスドラマのワンシーンもよく見かけます。

他にも大赤字となった上場企業の株を大量に取得した主人公が筆頭株主として総会に出席する、といったビジネスドラマもあるかもしれません。

日頃、法律を意識しない人からすると、こういったドラマなどの影響もあって、法律といえば犯罪や刑罰に関わる「刑法」か、離婚や相続など私人間《しじんかん》の権利義務に関わる「民法」をイメージすることがほとんどです。

ひょっとすると、ビジネスドラマが好きで、会社の運営や清算に関する会社法や金融商品取引法にも興味がある人もいるかもしれません。

ところが、**私たちを取り巻く法律の中で最も身近なのは「行政法」と呼ばれる法律なんです。**

「え！　行政法が身近な法律なの？」と首をかしげる人も多いはず。

たしかに、行政法は我々にとって、あまりにも生活に溶け込みすぎています。

そして、その数も膨大すぎて、普段から目に見えて意識するようなこともありません。

ひょっとしたら「行政法」という言葉すら、はじめて聞いた人もいるかもしれません。

しかし、膨大な数の行政法が生活に溶け込んでいるのは事実で、**私たちの生活にとって最も意識するべき法律です。**

「行政法」は、まるで「酸素」のような存在ともいえます。

独特な匂いや危険性を有し、いかにも意識されやすい「炭化水素（ガス）」を思わせる「刑法」や「民法」とは異なり、ありふれているがゆえに意識することがなく、扱い方を間違えると非常に危険な「酸素のような存在」、それこそが「行政法」なのです。

■日本の法律の9割が行政法

信じられないことですが、**2000本以上にも及ぶ日本の法律の約9割が「行政法」で占められています。**

例えば、ある学生の一日を見てみましょう。

朝起きて①洗面所で顔を洗い、②トイレに行って、③トースターでパンを焼いて、④目玉焼きを食べて、⑤ゴミ出しをし、⑥学校に行くために駅までの道を歩き、⑦見慣れた家など建物を見ながら、⑧電車に乗って、⑨学校で勉強をし、⑩お昼にはいつもの食堂でランチ、⑪電子決済で支払いをし、⑫休憩時間にSNSをチェックして、⑬午後の授業のあとは恋人と公園に寄り、⑭ゲームセンターでクレーンゲームをして、⑮恋人と別れたあと、帰り道で街頭ビジョンの宣伝を見て、⑯帰宅後、オークションサイトに不要物を出品し、⑰テレビで、⑱増加する外国人観光客のニュースを見て、就寝する。

この学生が一日で触れた行政法を振り返るだけでも（①〜⑬次ページイメージイラスト参照）

①水道法、②下水道法、③電気事業法・原子炉等規制法、④ガス事業法、⑤廃棄物処理法・容器包装リサイクル法、⑥道路法・道路交通法、⑦都市計画法・建築基準法、⑧鉄道事業法・鉄道営業法、⑨学校教育法・国立大学法人法、⑩食品衛生法・食品安全基本法、⑪資金決済法・銀行法・消費税法、⑫電気通信事業法・電波法・不正アクセス禁止法・個人情報保護法、⑬都

◎16ページ本文（ある学生の一日）のイメージ

市公園法・自然公園法、⑭風俗営業法、⑮景観法・屋外広告物法、⑯古物営業法・景品表示法・電子契約法、⑰放送法、⑱入管法・旅行業法・道路運送法・道路運送車両法・旅館業法

といった多数の行政法に溢れています。

にもかかわらず、ほとんど多くの人に「最も身近な法律は行政法」「行政法は最も意識すべき法律」といったとしても、すぐにピンと来る人は少ないのです。

その原因には、**行政法特有のわかりにくさが挙げられます。**

行政法のわかりにくさ

行政法を話題にすると、よくいわれるのが「行政法なんて法律は、六法で見かけないよ」というものです。

重要な法律であれば必ず「六法全書（主要な法令を収録した書籍）」に掲載されているのですが、「行政法」だけは、どんなにぶ厚い六法全書を調べても見つかることはありません。

「行政手続法」や「行政不服審査法」「行政事件訴訟法」など、何となく似たような名称の法律は見つかりますが「行政法」だけは絶対に見つからないのです。

■行政法は抽象的で多様な存在

「行政法」は、「国や地方自治体（都道府県）」が、法律に基づき社会を形づくるために必要なルールを定めた法律（個別法）の総称をいいます。

ですから、「行政法」という法律条文を探しても、目にすることは絶対にありません。

そして、**行政法は社会に起きうる諸問題を予防する側面が強い法律**です。言い換えると**目的は国民（住民）の権利利益の保護と社会の秩序や安定・維持を実現すること**です。

この目的を前提に、国や都道府県が法律にしたがって行政活動を行い、諸問題を未然に防いでいるためにその存在が認識されにくいのです。

例えば、飲食店として顧客に飲食物を提供してお金をもらうビジネスをするためには食品衛生法という個別法に基づいて「飲食店営業許可」が必要です。

事業をする人が衛生環境を保ち「食中毒」の**問題を起こさないように**、予防策として、**一定の基準を設けた設備、資格者、事業の運用などをクリアすることを条件**にして「お墨付き（許

◎許可の構造

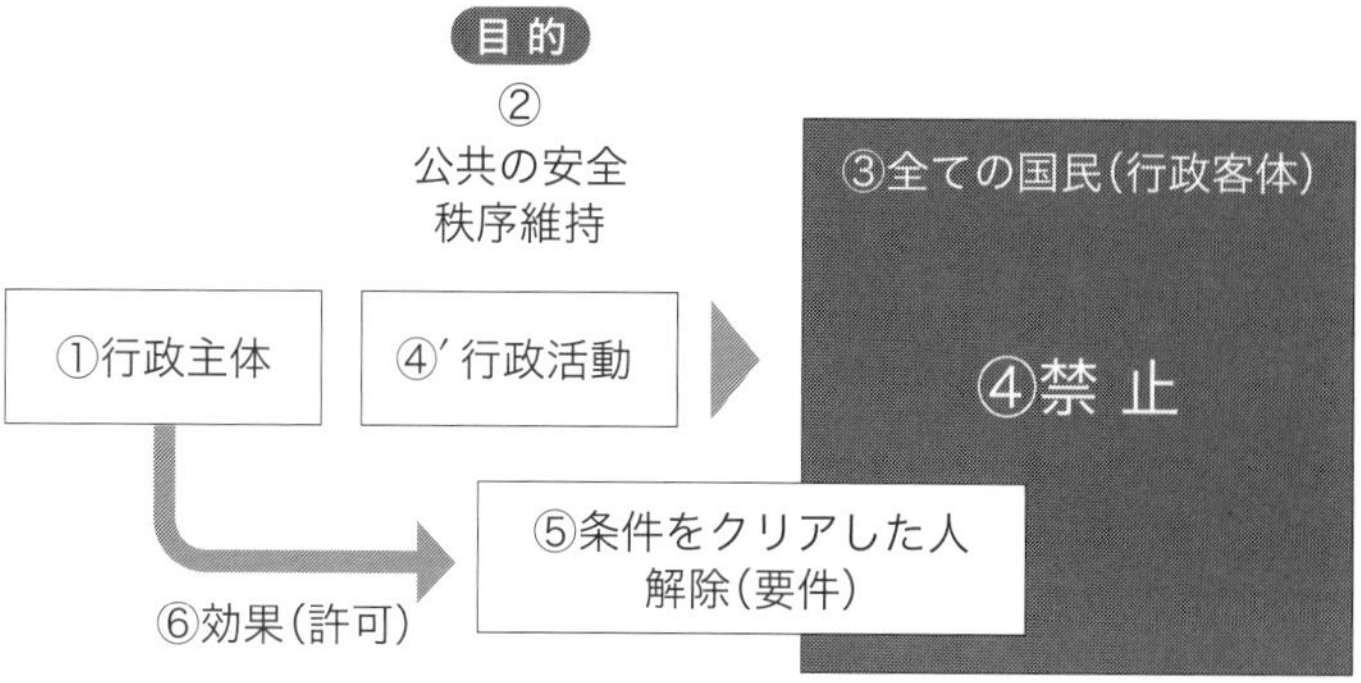

可)」を与えています。

そして許可とは「『**①行政主体**』が、『**②公共の安全秩序維持（目的）**』をするために、『**③全ての国民（行政客体）**』に『**④禁止（行政活動）**』を課したうえで、『**⑤条件をクリアした人にだけ解除（要件）**』という『**⑥効果（許可）**』を及ぼすこと」です。

国は「食品衛生法」のような「事業者や国民（時には物）を規制する『個別法』」を何千種類も作って、国民（住民）の基本的な権利や利益を保護し、社会の秩序と安定を維持しようとしています。

そして、このような**「行政と国民」に関する個別法それぞれに共通する統一的な仕組みや考え方もまた「行政法」と総称**します。

行政法は酸素のようなものだと表現しました。

それは具体的な何かを指さずに、抽象的で目に見えない「統一的な仕組みや考え方」を指しているからです。

繰り返しになりますが、**行政法に属する個別法**は「行政と国民」を対象にした社会の秩序や安定・維持を実現するための**行政法というシステムの一部**です。

これら個別法には、それぞれ「型」があります。

先ほどの飲食店の営業許可の例で見たような①～⑥の関係は、「**規制法**」や「**業法**」と呼ばれる個別法に共通しています。

ここでは仮に①を「行政主体」、②を「目的」、③を「行政客体」、④を「行政活動」、⑤を「要件」、⑥を「効果」、と定義して「規制法（業法）の型」を解き明かします。

例えば自動車免許（道路交通法）の場合で考えると

①行政主体は「公安委員会」、②目的は「道路の危険防止と円滑な交通」、③行政客体は「全ての国民」、④行政活動は「禁止（権利制限）」、⑤要件は「一定の適性試験・技能試験・学科試験をクリアした18歳以上」、⑥効果は「許可」（「免許」と名称されているが法律上は「許可」に該当）、となります。

このように、行政法は、**「型」にあてはめるなど構造化すると理解しやすい**です。

これは「規制法」以外も同じです。

例えば、補助金や給付金のような受益的な制度も同様にあてはめることができます。

コロナ禍で全ての国民に給付された定額給付金（新型コロナウイルス感染症緊急経済対策）

の場合は、

①行政主体は「総務省」、②目的は「簡素な仕組みで迅速かつ的確な家計支援」、③行政客体は「全ての国民」、④行政活動は「行政契約（権利付与）」、⑤要件は「令和2年4月27日において、住民基本台帳に記録されている者」、⑥効果は「給付」、

となります。

このような**行政法の仕組みを構造化して理解する際に大切なのは、その考え方（原理・原則）を踏まえることです。**

それがしっかりできれば、行政法に含まれる個々の法律条文を読み込まずに、その法律の「目的や規制の理由」「改正されるならどうなるか」「対策をどのようにすれば良いか」が理解できるようになります。場合によっては法律自体が存在しない分野であっても、何らかの社会的課題が生じているのであれば、将来的に制定される法律内容を予測することも可能です。

■ 時代変化の対応が難しい行政法学

行政法を理解するためには構造化が重要であることを理解頂けたと思いますが、本書のアプローチをお話する前に、**これまでの我が国の伝統的な行政法のアプローチをお話します。**

伝統的な行政法学では、行政活動を行う主体に着目した「**行政組織**」、行政組織が国民に働きかける行為に着目した「**行政作用**」、行政作用による国民（住民）に対する権利利益の侵害

◎行政法のアプローチ

<table>
<tr><td rowspan="3">〈行政の原理〉
法律の法規創造力
法律の優位
法律の留保</td><td>行政組織</td><td>①行政主体</td></tr>
<tr><td>行政作用</td><td>②目的
③行政客体
④行政活動（権利制限、権利付与、資源調達）
⑤要件
⑥効果</td></tr>
<tr><td>行政救済</td><td>②目的
③行政客体
⑤要件</td></tr>
</table>

を救済することに着目した「**行政救済**」、という3つに大別して学習・考察されてきました。

本書では、基本的にこのようなアプローチをとりません。

このようなアプローチが「身近であるはずの行政法」を**法律に縁のない人にとって、よりとっつきにくいものとして疎遠にさせている**要因だと考えているからです。

また、伝統的な行政法学では

（1）行政による権利侵害に対する予防や救済を重視した本質的考察

（2）外国の統治法との比較学的研究（対ドイツ、アメリカ、フランスなど）

（3）行政活動を前提とした全体最適

などが重視されて理論を形成してきました。

「権力的な行政を法律で縛り、国民の人権を守るか」とか「ある個別法に記載された規制内容は、学術的にどのような分類になるか」といった分析が中心で、実社会の進展に即さない議論であっても深く展開されていることがあります。

特に行政活動のみで全体最適を実現できるという前提は、時代の変化にあわせた行政法のあり方を考えることが難しくなってきていると私は考えています。

というのも、近年では行政法学を取り巻く状況は次のように変化しつつあります。

- 行政活動に直接関わる者以外（間接的な利害関係者）の影響が強くなっている
- 現場の行政活動は、「法律中心」ではなく、ローカルルールや慣習で回るという矛盾が多い
- デジタル技術の進展で伝統的行政法学が想定していた統治・統制との乖離《かいり》が生じている

これらを踏まえて、**本書は「教養としての行政法」として、皆さんが行政法を俯瞰的に理解できるよう、実社会での話題や問題と行政法学とを行き来して「行政法の統一的な仕組みや考え方」を理解できるようにする**ことに主眼を置いています。

このことによって、時代の変化にあわせた行政法的思考を可能にし、行政法の学習時、あるいはビジネスの場面で柔軟な事例・事案への対応力が身に付き、ひいては日本の法規制における未来予測が可能となるはずです。

序章の最後では、本書における行政法理解に必要な「構造」をお話していきますが、ここで閑談として行政法の本質的理解を深める「日本における行政法の歴史的発展」についても簡単に見ていきましょう（実践派の人は、先に30ページへ読み進めてください）。

■日本における行政法の起源

私の考えでは、日本で最初に「行政法」と同視できるものが出てきたのは、**大化の改新（645年）以降**であると考えています。

よく日本最古の法律として例が挙げられるのは厩戸皇子《うまやどのみこ》（聖徳太子）によって作られ、施行された「**十七条憲法**」ですが、これはあくまで官僚の組織やあり方について定められているにとどまっています。

これをあえて行政法学になぞらえると「行政組織法」の一部には相当しますが、本書でお伝えしようとしている行政法の本質は満たせません。

これに対して大化の改新では、618年から907年頃の中国（唐）で体系化されていた「律令」に倣《なら》って、様々な国の統治に関する枠組みが作られました。

（なお、中国は法律の歴史が古く、紀元前221年には、かの有名な秦の始皇帝（嬴政《えいせい》）が法治による中央集権を実現しています）

■律令制度

律令の「律」とは現代でいうところの「刑法」に相当します。

「こういうことをしたら、こんな罰がありますよ」というような内容や、官僚のルールについて定められています。

そして「**令**」には、**一般行政に関するルールや政治・経済など民法や商法に相当する内容までがカバーされています**。

この一般行政に関するルールには、次のようなものがあります。


〈公地公民制〉

土地を全て国有のものとし、人民の戸籍を編製しました。

〈班田収授法〉

戸籍を基に、6歳以上の男女に農地を与えて税を徴収するための台帳「計帳」を作りました。

〈官位令・選叙令〉

官僚の役職や階級、組織体制などについて定められました。

〈中央集権国家〉

教育機関の制度や建築・土木・物資製造に関するルール、その他にも家畜や医療、貯蔵品に関するルール、交通・交易に関するルールなどについて定められました。


このように皇室を中心とする貴族階級による人民や土地・物に対する直接統治によって中央集権を実現しようとする制度が**律令制度**です。

大化の改新後の律令制度が「行政法」と同視できると書いたのは、行政法の統一的な仕組みである「統治機構（行政主体）」と「人民（行政客体）」、そして「両者の関係（行政作用）」という主要な要素が定められており、さらに「地方自治」や「行政手続」に近いルールも含まれているからです。

ただし、行政法学で重視されている「民主主義」や「恣意《しい》的な統治の予防」「適正性の確保」という考えはありません。

■日本における行政法の歴史的発展

〈行政法前夜〉

日本において行政法の基本原理が形成され始めたのは、何と大化の改新から1000年以上も経った明治維新後となります。

これは260年続いた江戸幕府による封建的な政治体制から1867年に大政奉還され、再び中央集権的な政治体制が形成され始めたこととリンクします。

明治維新後の行政法的な政策の特徴には次のようなものがあります。

〈太政官制《だじょうかんせい》〉

明治政府では、総裁、議定、参与という3つの職と内国事務、外国事務、会計事務などの7つの科が設けられました（その後、すぐに三職八局に変更）。

〈三権分立〉

太成官制では、政府機関を大きく、法律を作る「立法」、国を統治する「行政」、裁判を行う「司法」、の3つに分け、7科を8つの官庁（中央官庁）に変更しました。

〈五箇条の御誓文〉

明治政府は「五箇条の御誓文」によって新しい政治理念を宣言しています。この内容は「広く会議を起こし、万機公論に決すべし（多くの人が賛同できる決定をする）」と定める第1条に表れているように、民主主義の基本的な志向が描かれています。

〈廃藩置県〉

江戸時代に幕府と主従関係を結んだ地方大名（藩）に領地・領民を与えて統治していた仕組みを廃して、統一的に明治政府直轄の「県」を置く政策です。

明治政府が律令制度に倣《なら》っていることがよく表れた政策といえます。

〈戸籍法の制定〉

地方ごとに行われていた戸籍作成ではなく、全国統一の戸籍のルールが制定されました。

〈地租改正〉

土地の収益から地価を導き、地価に応じた課税をする制度が定められました。

〈その他〉

学校に関する規制や警視庁の設置がされました。また、統治に関する大日本帝国憲法を始め、物権、債権などの民法や、商法や刑法なども明治政府が制定しています。

■アメリカやイギリスの影響を受けた現代行政法学

明治政府は太政官制として三職八局を設置した後、ドイツのハルデンベルク官制に倣《なら》って最高機関（内閣）に強い権限を与えて統治する「**大宰相主義**《だいさいしょう》」を目指し、「**各省官制**」という各省（大臣）の職務権限を定めました（実際は各大臣の分担責任原則がある「小宰相主義」に落ち着いた）。

以降の行政法的な政策は行政官庁と呼ばれる機関が中心的な役割を果たすもので、特に**行政官庁による行為**が重視されています（現代行政法学では、行為だけでなく「**行為までの過程（行政過程）**」も重視されている）。

戦後における日本の行政法はアメリカで形成された行政法学に強い影響を受け、行政権力の抑制や国民（住民）の権利利益保護という特徴が強くなっています。

さらに、天皇が勅令に基づき首相（内閣総理大臣）を指名する制度から「国会議員の中から国会の議決を経て首相（内閣総理大臣）を指名」し、行政権の行使に関して国会に対して連帯して責任を負う「**議院内閣制**」に移行しています。

天皇の指名ではなくなったところがイギリスのそれとは異なるものの、イギリスのマグナ・カルタ（イギリス憲法の土台となった文書）の影響を強く受けていると考えられます。

他にも公務員を「国民全体の奉仕者」と位置付け、公務員の民主化がなされました（なお、この頃に各省官制通則は廃止され行政官庁法が施行されています）。

また、**戦後の行政法学でも非常に特徴的なのが行政組織の種類や定義を明確化したり、それぞれの所掌事務や権限を法律で定めるといった「行政機関法定主義」**です。

行政権を内閣に属させて、内閣の総理大臣は国会議員の中から国会の議決を経て選ばれます。

この**国会議員を選んでいるのは、もちろん我々「国民一人ひとり」**です。

このように戦後においては、全ての行政機関のルールは間接的に我々国民が定めているという現代行政法学の色彩を垣間見ることができます。

なお、アメリカの影響がかなり強い戦後の行政改革として、行政機関外の人間を数人選出した合議体に行政の管理と監督の責任を帰属させる「行政委員会制度」があります。

例えば、警察法に基づき、都道府県警察を管理する機関「公安委員会」などで、都道府県警察の管理運営や運転免許証の交付や交通規制などを行っています。

このようなアメリカ型の理論は、行政機関の権力集中を排除し、中立的・公正な行政を実現させようとするもので、住民の直接参加も意識した民主化の確保に繋がる意味があります。

ADMINISTRATIVE LAW 2

本書の目的とゴール

ざっと駆け足でルーツから行政法への歴史的発展をさらってきました。

とても難解で理解が難しいと感じたのではないでしょうか。

すでにお伝えしたように、これまで多くの行政法学で扱われてきた伝統的な行政法の説明・学習では時代の変化にあわせた行政法のあり方を捉えることは困難だと私は考えています。

本書は、行政法の歴史的発展や伝統的な行政法学にも敬意を払いつつ、実社会での話題や問題と行政法学を行き来することで「行政法の統一的な仕組みと考え方」を理解できることに主眼をおいています。

そして、皆さんが時代の変化にあわせた行政法的思考を身に付け、行政法の学習時、あるいはビジネスの場面で柔軟な事例・事案への対応を実現し、日本の法規制における未来予測まで可能にすることを目的としています。

今、行政法に求められるのは

◎行政法的思考を活かす

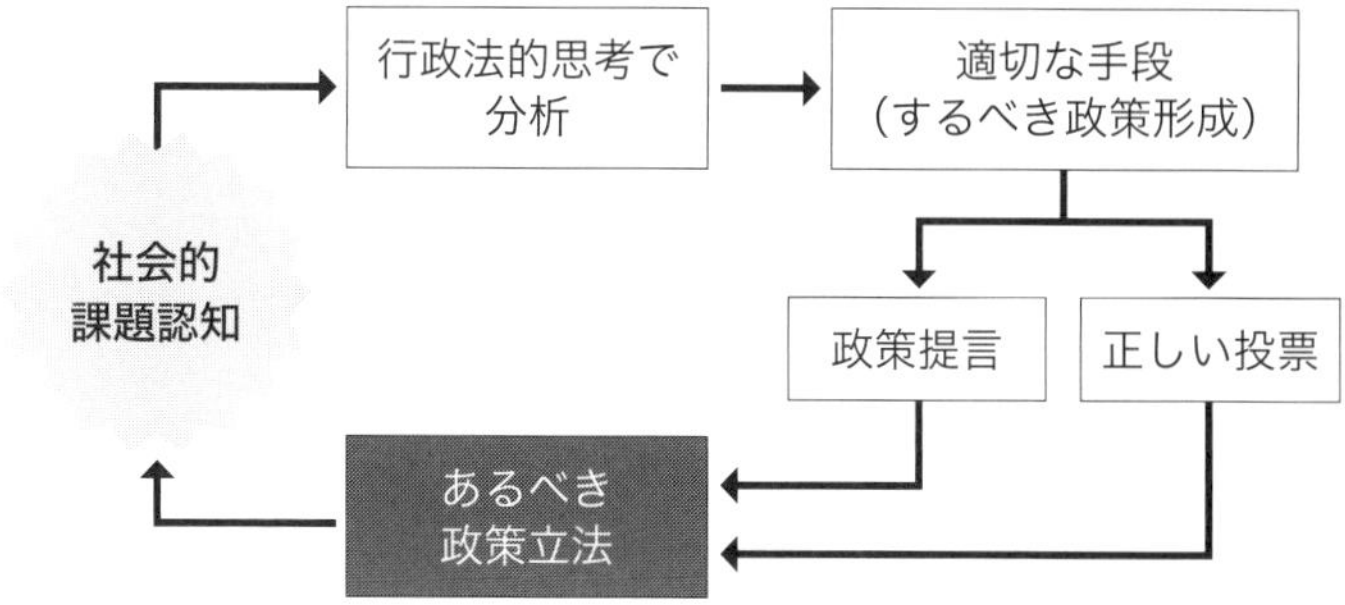

（1）変化の激しい実社会を前提に、構造的な整理をし直すこと

（2）現実の行政活動を経験則で分析し、法規制との偏差やズレの原因を炙り出すこと

（3）全ての国民が（1）と（2）に参画して「政策形成」に踏み込むこと

という考えのもと、行政法を学習している方には、**これから大きく変化する時代に即した行政法の思考方法を吸収してもらうこと**、ビジネスを行っている方には**自らのビジネスに関わる法規制に対する「政策提言」の重要性を認識してもらうこと**、全ての国民に**「正しい投票権の行使とは何か（本当に投票すべき政策は何か）」を見抜けるようにして頂くこと**を本書のゴールと位置付けています。

■本書を読んで欲しい人と構成図の見方

本書は、次ページのような人たちを主要読者としています。

- 行政法を学ぶ法学部生や資格試験受験生
- 士業や行政職員といった行政活動に直接関わる方
- 企業の経営者や法務部、総務部の方
- 現在の日本の政治に不安を感じていてその原因を知りたい方

特にこれからの社会課題の解決やイノベーション創出の重要な担い手となりうる方には、必ず有意義な内容となっているはずです。

学生や資格試験受験生については、基本書や判例集は別にしっかりと用意して頂き、無味乾燥に感じる行政法にいろどりを与えたり、高度な法的思考を身に付けるための補助教材として位置付けて頂ければ幸いです。

いずれにしても、**本書はこれまで多くの行政法に関する本で整理・説明されてきた方法とは異なる「行政活動の現場」からの〝アプローチで行政法の主要な要素を構造化〟しています。**

本書をお読みになる皆さんが**行政法を抽象的にも具体的にも「統一的な仕組み」を理解できるように工夫しました。**

私はこれまで行政と事業者の間に立ち、双方の橋渡しをすること、会社や個人が新規事業を立ち上げる際の行政法規制対応をすること、さらには行政側の要請を受けて新しく制定される法律に関する届出受付窓口の設置を行政職員と協力して構築したり、提出者用の手引きを作成するなど、プロジェクトの統括責任者として複数こなしてきました。

同じく行政側の要請により、手続によって生じる第三者と提出者間のトラブルを予防するためのアドバイザーとして、「ハード面（適法な設備）」「ソフト面（適正な事業経営）」「コミュニティ面（住民生活保護）」「まちづくり面（双方の共創）」などの複合的な支援も行ってきました。

つまり、行政法規制に関して**事業者側の視点**、**行政側の視点**、その間を橋渡しする**専門家（士業）の視点**、そして**事業者と利害関係を持つ第三者の視点**という4つの視点で携わってきたことになります。

国民（住民）の基本的な権利や利益を保護し、社会の秩序と安定を維持するという行政法の趣旨・目的に関わる**多面的な関係当事者の視点から紐解いたからこそ生み出せた、新しい行政法の構造化や考え方**を皆さんに提供できればと思っています。

■行政法の構成図

本書の章立ては基本的に、35ページの「行政法の構成図」を構成する各要素について具体例を使って説明するスタイルをとっています。

一般的な行政法の基本書は「行政法の理論」か「判例分析」からの解説をしていますが、本書では構成図に沿って行政法全体の要素を把握して頂くため、**身近な話題や報道などで見聞きする事例を解説してから、その背景となる個別法や行政法理論への橋渡しをしていきます。**

これは、世の中に起きている社会問題や事件が「だから、こうなっていたのか」と腹落ちしたうえでその背景である行政法理論を知るほうが、本来必要な行政法的思考を会得しやすいと考えているからです。

行政法は「**【要素②】行政主体**」が何らかの目的を達成するために「**【要素③】行政客体**」との間で何らかの「**【要素④】行政作用**」をしあう関係を有していることが前提となっています。

そして、その作用に対して「恣意的な統治の予防」や「民主主義」「適正性の確保」「透明性」といった「**【要素①】行政法の基本原理**」を重要視しています。

これらが損なわれた場合の「**【要素⑦】いかに国民（住民）が救済されるか（行政救済）**」というフォローの仕組みを知ることも大切です。

また、ひとくちに行政主体や行政客体といっても「【要素②、⑤】行政主体のうち地方自治の区別」や「【要素③、⑥】行政客体を取り巻く私法領域の区別」なども考慮する必要があり

◎行政法の構成図

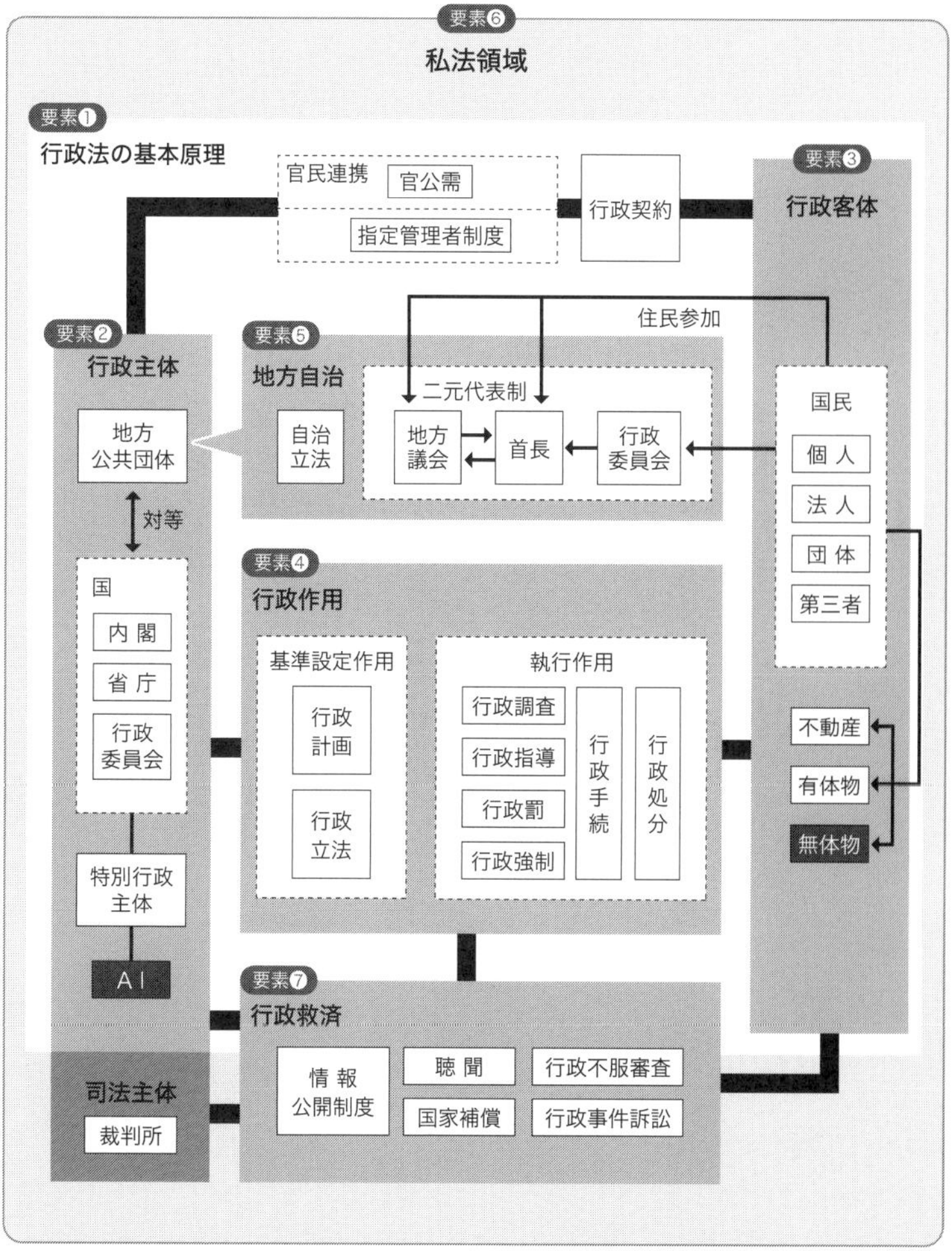

要素❻
私法領域
要素❶
行政法の基本原理
官民連携
官公需
指定管理者制度
行政契約
要素❸
行政客体
住民参加
要素❷
行政主体
要素❺
地方自治
二元代表制
自治立法
地方議会
首長
行政委員会
国民
個人
法人
団体
第三者
地方公共団体
対等
国
内閣
省庁
行政委員会
要素❹
行政作用
基準設定作用
行政計画
行政立法
執行作用
行政調査
行政指導
行政罰
行政強制
行政手続
行政処分
不動産
有体物
無体物
特別行政主体
AI
要素❼
行政救済
情報公開制度
聴聞
国家補償
行政不服審査
行政事件訴訟
司法主体
裁判所

ます。

　これらを構造化したのが前ページの「行政法の構成図」です。

　これらを構成する要素には、これまで扱われていなかった**ＡＩ（人口知能）**や**ＶＲ（仮想空間）、メタバースといったデジタル技術の側面なども踏まえたうえで解説**していきます。

　そして、最終章では、インターネットやスマートフォンをはじめ、デジタルプラットフォーム、暗号資産（仮想通貨）、ブロックチェーン、ＤＡＯ（分散型自律組織）といった**社会の変化と行政法の立ち位置についても言及**していきます。

　現在の行政法のあり方は日本のイノベーション展開を大きく阻害していると考えています。

　新しい技術の登場や産業構造・人々の価値観の変化に即した事業は、国外では大きなハードルもなく事業化できても、現状の日本では当初から違法、少なくとも脱法（グレーゾーン）と指摘され時間をかけて社会状況や経済状況にあわせた法規制の調整が行われています。

　本書を手にとってくださった方が、自身を取り巻く政策の形成に関与する意欲を持ち、本書のアプローチを活用して、それぞれの視点から法律、条例、技術、サービス、経験、知見、社会的課題を見出し、新時代の行政法の構築に役立たせるきっかけとして頂ければ幸いです。

ADMINISTRATIVE LAW

第1章

要素❶

行政法の基本原理

第1章　サマリー

行政法の目的について、序章では**国民（住民）の権利利益の保護と社会の秩序や安定・維持を実現すること**とお伝えしました。

第1章では行政法の存在意義や本質の部分を解説していきます。

伝統的な行政法学では、行政法の説明として「行政の組織と作用、そしてその統制に関する国内公法」というような表現がなされることがあります。

しかし、これは行政法が何のために存在し、何を成そうとしているのかはわかりません。

私は、**行政法は社会全体を円滑に機能させるシステム**の一つだと考えています。

ヒトが複数人存在することで社会が形成されます。集団と言い換えても構いませんが、このヒトが集団や社会を形成すると、ヒト同士がお互いに影響を与えあう関係ができます。

これは狭義でいえば人間関係ですが、集団や社会という俯瞰した視点で見ると「秩序」です。

国語辞典で「秩序」を調べると「調和がとれていて安定している望ましい状態」と解説されています。

この社会や集団の「調和」や「安定」を維持させるためには、必要な活動がいくつも生じます。

小さなグループやチームではなく、国や地方公共団体（都道府県）といった大規模な集団の場合には、お金を集めたり（税金）、お金を与えたり（給付金・補助金）、インフラを整えたり、規制を課したりといった統治が必要になります。

こういった統治をしつつ、社会や集団を調和、安定させるためのシステムこそが行政法と考えることができます。

逆にいえば、行政法の原理、あるいは統一的な仕組みや考え方を知ることは、国や地方公共団体以外の集団（会社やチーム、コミュニティなど）を管理する方法として応用することも可能といえるでしょう。

国や地方公共団体の場合、社会や集団を管理する一連の活動を担っているのはもちろん「行政」です。

小さい頃、誰もが学校の授業で「三権分立」という仕組みを学んだと思います。国の統治システムを適正に働かせるために、国家権力を「立法」「行政」「司法」の3つに分けてバランスを保っている仕組みです。

国家権力を1か所に集中させると、国のトップが好き勝手にふるまい国民の自由や権利を侵害することになりかねません。

これを抑止するために、国家権力を3つに分散させて相互チェックさせる三権分立の仕組

◎三権分立の仕組み

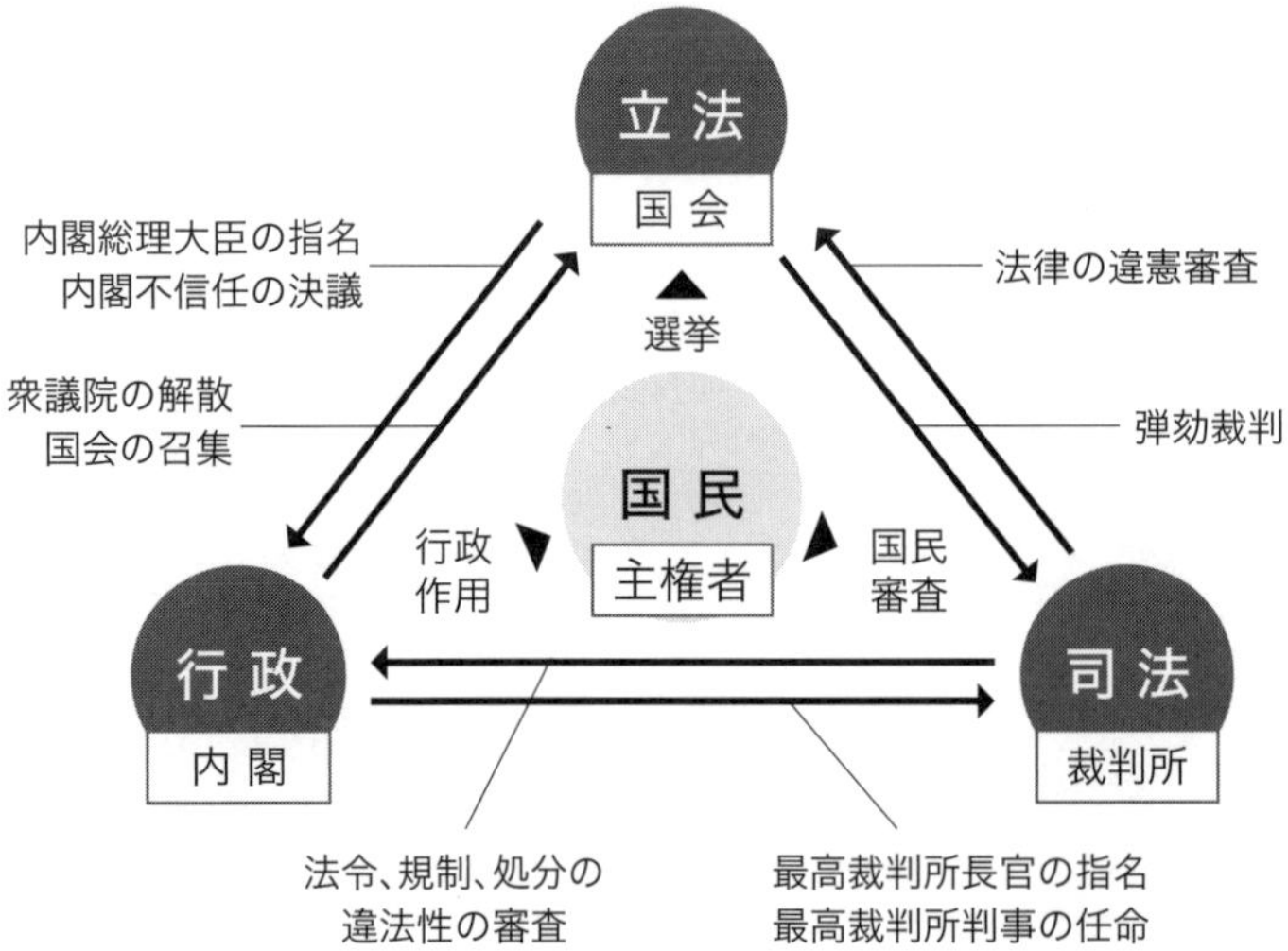

みが日本の最高法規である「日本国憲法」で定められているわけです。

別の言い方をすると、**行政法は日本国憲法に基づいて3つに分けられた国家権力「立法」「行政」「司法」のうち「行政」に属する法律の総称**です。

これらは「公法」という法分野になりますが、行政法などの「公法」以外にも「私法」という法分野があります。

また、行政が力を持って横暴な活動に出ないように縛りをかける必要もあります。

その縛りを実現するために、**行政活動を行うための方法や判断を「行政」独自で行わせず、他の権力である「立法」によって「行政」を従わせる法律**

を作ります（**法律による行政の原理**）。

そして、これが守られていない場合や、疑義がある場合には３つ目の権力である「司法」によって審査をすることになっています。

この章では、こういった「**公法系**」とそれ以外の「**私法**」の違い、つづいて行政法を学ぶにあたって最重要である「**法律による行政の原理**」とこれを構成する「**法律の優位**」「**法律の法規創造力**」「**法律の留保**」について、事例を踏まえながら解説していきます。

■本書を読み進めるにあたって

最後に、本書を読み進めるにあたって、どうしても理解しておく必要がある前提知識や用語、定義について解説をしておきます。

（１）意思表示

権利の発生、変更、消滅などの効果を生じさせるために意思を外部に表示する行為。

（２）法律行為

意思表示によって権利の発生や変更、消滅といった法律効果を生じさせる行為。

（３）準法律行為

法律効果の発生を目的としない行為。

（４）法律要件

ある法律効果を発生させるために必要とされる条件。

（5）違法

法律によって禁止されている行為や法律に違反する行為を行うこと。

（6）不当

法律違反ではないが、妥当とはいえない行為を行うこと。

（7）瑕疵《かし》

法律上の何らかの欠陥のことをいう。

（8）無効

最初から効果が生じていない状態。

（9）取消し

当初から存在した瑕疵を理由に行為を取消した場合に、遡《さかのぼ》って効力が失われること。

（10）撤回

当初はなかった瑕疵を理由に将来に向かって効力を失わせること。

（11）法令

法律と命令の総称をいう。法律とは「国民から選ばれた」国会議員で組織された立法機関（国会）で可決されたもの。命令とは政令（法律の規定を実施させるために内閣が制定するルール）と省令（各省大臣が行政事務について法律や政令を施行するため発するもの）があ

◎法令と条例の関係

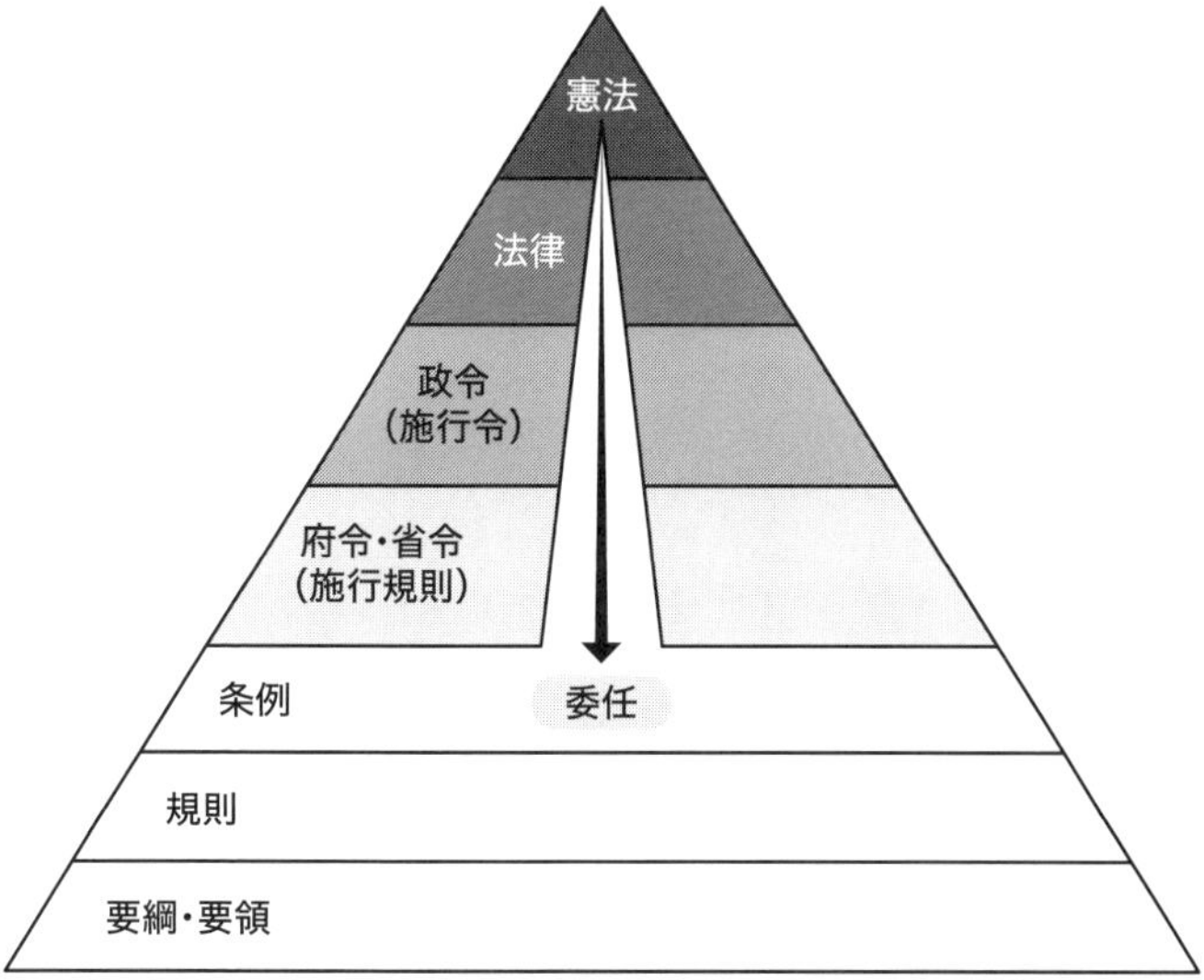

る（総理の場合は「府令」）。

なお、条例は地方公共団体（地方自治体）によって制定される自治立法であり、法律の範囲内でしか策定できない（要綱・要領は基準を示したガイドラインであり法律や条例ではない）。

(12) 一般法と特別法

特定の目的や種類に対して、広く基本的な定めをした法律を「一般法」、より具体的で詳細な定めをした法律を「特別法」といい、特別法は一般法に優先する。

ADMINISTRATIVE LAW 1

美しい風景や街並みは誰のもの？（公法と私法）

■良い景観の維持は住民や行政の努力が必要

誰でも一度は旅行に出かけたことがあると思います。旅行に行く際の目的についてアンケートをとると「食べ歩き・グルメ」や「名所・旧跡観光」「テーマパーク・アミューズメントパーク」「ショッピング」など多くの回答が得られますが、一番多い回答は「自然・景観観光」です。旅行の際に好ましい景色を眺め、旅行先固有の環境を五感により体験することは、旅行者にとってはとても有意義です。

京都市や伊勢市、彦根市など、観光で有名な地域では日本人に限らず、外国人なども好んで景観を楽しみに来訪します。

このように**「景観の善し悪し」を語る時は、その地域に居住する者よりも、観光客視点で語ることのほうが多い**といえます。

しかし、観光客にとって好ましい景観が必ずしも、その地域で生活する住民にとっても好ましいものとは限りません。

観光客目線で珍しかったり美しかったりする景観や、伝統や文化を色濃く残した様式は、その地で生活する住民にとっては不便なものである可能性もあります。

もちろん、住民にとってもそういった景観や様式に誇りや愛着があることも多いですが、自らの生活に負担をかけてまで、どの程度、景観や様式を維持すべきかは非常に難しい問題をはらんでいます。

というのも、**景観というのは、個々の建築物や工作物単体の美しさだけではなく、それらの協調や配慮、創意工夫に加えて周辺の自然などの特性を加えた複数の要素で構成されているものだから**です。

法律的な視点で見れば「住民」「事業者」「行政」それぞれの権利義務を調整したうえで成り立っています。

そういった地域の住民や事業者、行政の日々の努力やコストを費やしても、多くの恩恵を受けるのは主に観光客なのです。

この**「誰のものか」を明確に定義することができない「景観」の恩恵に関して、より重要になるのが社会や集団を調和、安定させるシステム**である行政法です。

■行政の思惑に染まる事業者

景観に関しては、「**景観法**」という法律があります。

景観法は1955年～1973年頃の高度経済成長期に都心部に集中する労働者に向け、たくさんの**中高層集合住宅（マンションなど）が建てられ、乱れてしまった景観を改善するために2004年に景観に関する一般法として制定**されました。

その大枠は**各地の地方公共団体が定めていた条例をとりまとめたもの**です。

景観法の興味深いところは基本理念を定めるところに「国」「地方公共団体」「事業者」「住民」と全ての関係者に対する責務を明らかにしていることです。

具体的には「国は景観の施策と啓発を行うこと」「地方公共団体は、区域にあわせた景観政策を策定・実施すること」「事業者は良好な景観の形成に努め、国や地方公共団体に協力すること」「住民は景観形成に積極的な役割を果たし、国・地方施策に協力すること」と定められています。

これは社会や集団を調和・安定させるために関係者の全体最適を実現しようとする考えの表れといえます。

景観法に限った話ではありませんが、社会における全体最適を実現するためには、「行政」と「行政以外の領域」との相互作用が大切です。

例えば、京都では景観を守るために**「建物の高さ」「色」「デザイン」「屋外広告物（看板）」などに対する厳しい規制**が設けられています。

建物の高さや、屋根について「瓦は原則、いぶし銀」と定めたり、壁の色や屋外広告物（看板）の色彩について細かく基準を設けたりしています。

京都にお住まいの方や観光で行ったことのある方は、有名な企業の看板が本来のコーポレートカラーではない色（例えば「マクドナルド」や「すき家」の看板が赤ではなく茶色）になっているのを見たことがあると思います。

行政活動は、**社会における公共の利益の実現を目的**としているため、ある程度、「私的利益（民間の権利）」よりも公共の利益を優先することがあります。

法律に基づいて「私的利益」を制限することも、一定程度認められるとされているのです（公共の利益と私的利益のバランスについては203・204ページに詳細を取り上げています）。

なにせ企業のコーポレートカラーすら、変えさせてしまうわけですから、この**「私的利益よりも公共の利益を優先」する度合は、思った以上に大きい**のです。

先の例である「風景」や「様式美」を維持すべき「景観」についても同様です。

景観維持を実現するためには、個々の建築物や工作物単体、周辺の自然など、個人や法人の所有物（私的利益）に対して、美しい景観を実現するために協調や配慮、創意工夫するように住民や事業者を規制しているのが行政法です。

■公法と私法の区分

このような「公共利益の実現」のために、行政と国民の相互作用に関する法律を「行政法」ではなく「公法《こうほう》」と呼ぶことがあります（国の最高法規である「憲法」も公法）。

一方で「私人間《しじんかん》（「民民（みんみん）」ともいう）」の相互作用に関してルールを定めた民法や商法、会社法などの法律を「私法《しほう》」と呼びます。

社会の秩序や安定・維持を実現するために「国と国民間」の規律を定める公法関係と、**私人間の私的利益秩序の確保のために規律を定める私法関係**では法律も異なる性質を持っています。

伝統的な行政法学では、このような公法と私法の原理的な違いを区分して理論構築してきました（明治憲法下では、公法と私法の裁判も別々の裁判所で行われていた）。

これを「公法・私法二元論」といいますが、実際の行政活動の現場では、そんな明確に**公法と私法に分けることは不可能**です。

ですが「公法・私法二元論」では、ひとくちに権利といっても、公法における権利（公権）と、私法における権利（私権）を分けて両者の性質はまったく異なるものとしています。

例えば、行政のもとで働く公務員の給料は「公権」に属しており、民間企業に勤める従業員の給料は「私権」に属するとします。

公務員の給料と民間企業の給料は性質が異なると考えていたわけです。

たしかに財源という意味では、公務員の給料は税金であり、民間企業の給料の財源は私的利益にあたりますが、ともに個人の労働における対価という点で大きな違いはありません。

そこで、**「行政上の法律関係に私法は一切適用されないのか」**、という点が気になりますが、この論点は288ページで詳しく取り上げます。

本章でまず確認しておきたいのは、法律には「公法系」と「私法系」を明確に分ける考え方がありますが、**「国と国民の関係を規律する公法（行政法）」のみに頼っても、社会の秩序や安定・維持を実現することはできない**ということです。

言い換えると、**行政が「社会や集団の調和・安定」を目指して管理統制する中で、私人の協力や関与は避けられない**ということです。

これは今回、例に挙げた「景観」に限らず、「環境・公害に関する規制」「土地に関する規制」「空に関する規制」「宇宙に関する規制」「事業（競争）に関する規制」「デジタル空間に関する規制」など挙げ出したらキリがないくらいに存在します。

なお、積極的に私人が行政に協力・関与する方法は第6章で取り上げています。

ADMINISTRATIVE LAW 2

給付金のばらまきを「歓迎する人」「批判する人」（法律による行政の原理）

■行政に「お前のものは俺のもの、俺のものも俺のもの」は許されない

漫画「ドラえもん」で有名なジャイアンの思想「**ジャイアニズム**」をご存知でしょうか。

作中主人公「野比のび太」の同級生である「剛田武（ジャイアン）」は、学校のガキ大将で傍若無人、自己中心的なキャラクターとして描かれています。

身体が大きく、強い力を持っていることから、同級生で逆らえる者がおらず、いつしかジャイアンは、**自分さえ良ければそれでいい**と思うようになってしまったのでしょうか。

ジャイアンのセリフの中でも最も有名な「お前のものは俺のもの、俺のものも俺のもの」をはじめ、「正しいのは、いつも俺だ」「欲しい物はどんな手を使っても手に入れるのが俺様だ」「盗ったんじゃない、借りただけだぞ。いつ返すか決めていないだけだ」「お前を蹴とばさせてくれ。人のためになりたいんだろ！」といった言動をします。

しかも、本人はガキ大将なので、これでクラスの秩序を保っていると思っているのはタチが

悪い（ただし、仲間が外部から傷けられたら身を尽くして助けることもあります）。

いうまでもなく、**国の行政活動にこのようなジャイアニズムは許されません。**

サマリーでも書きましたが、**日本は国家権力を「立法」「行政」「司法」の3つに分け、行政があまりにも力を持って横暴な活動に出ないように縛りをかけています。**

行政がジャイアニズムを発揮したおそれがあれば「司法」がその内容をチェックし、実際に問題があれば「取消し」や「私人側から損害賠償を求めたりできる」ようになっています。

ドラえもんでも、ジャイアンは母親にだけは逆らえないのですが、ジャイアニズムには一定のブレーキが必要ということです。

■行政には独自判断が許されない

また、ジャイアンとは異なり、国の行政活動にはさらにブレーキがかけられています。

行政活動を行うための方法や判断を自分勝手にできないように、「唯一の立法機関（国会）」によって定めた**法律に従わなければならない**とされています。

これを「法律による行政の原理」といいます。

法律による行政の原理には大きく3つの原理があります。

まず、「**私人の自由や権利を制限できる法律は国会でしか作れない（法律の法規創造力）**」ことです。

次に「**私人に対する自由や権利の制限は法律に基づかないといけない（法律の留保）**」です。

最後は「**行政は法律に違反した活動は許されない（法律の優位）**」というものです。

ここで問題になるのは、法律による行政の原理を「行政が行う活動全て」に適用させるべきか否かということです。

例えば、行政職員が勤務中に行くトイレの時間や方法など、法律に書かれている通りしか行動できないなら、法律を作るのも大変ですし、行政活動も停滞し、柔軟性にも欠けます。

つまり、まず「**そもそも『行政活動』とは何か**」、次に、それが明確になったとしても「法律で**縛りを入れないといけない『行政活動』は何か**」をハッキリさせなくてはなりません。

行政が社会を調和・安定させるために管理統制する活動は大きく「**規制行政**（侵害行政ともいう）」と「**給付行政**」の2つに分類できます（ただし、さらに「調達行政」や「誘導行政」などがあるという考え方もあります）。

「規制行政」は、行政目的のために「私人の権利や自由を制限する活動」をいいます。

警察が交通違反をしている危険な自動車に対して「そこの車、止まりなさーい」と呼びかけ、取り締まりを行う活動などをイメージするとわかりやすいと思います。

一方で「給付行政」は、私人の生活に不可欠といえるインフラ（水道や電気、道路など）整備や、生活保護をはじめとする「公的扶助」あるいは「私人に便益を提供する活動」です。

両者を見くらべると明らかに「規制行政」のほうが、ジャイアニズムに発展するおそれが強いと感じるのではないでしょうか。

「規制行政」に対しては国民の権利・自由・財産などを権力的に制限・侵害する可能性が高いため、法律の根拠が必要です（詳細は後述の「法律の留保（63ページ）」を参照）。

しかし、単に「規制行政には法律の根拠が必要、給付行政には法律の根拠は不要」としただけでは社会を調和・安定させることは難しいのです。

■給付行政に法的根拠は必要か

２０１９年12月頃から猛威をふるった新型コロナウイルス感染症拡大では、国民や事業者に多大な経済的ダメージを与えました。

身近な国の対策では、国民１人あたり10万円が給付された「特別定額給付金」があります。

一方で事業者に対しては、これとは別に「持続化給付金」として中小法人や個人事業主に向けて上限２００万円（個人事業者は上限１００万円）給付されました。さらに、業種によっては営業自粛に対する協力金なども支給されました。

これらは（事業者に営業を自粛してもらうことで）感染拡大防止と家計や事業者への経済的支援という２つの目的を実現するための政策でした。

しかし、持続化給付金は「サラリーマン」や「不動産収入で生活している大家さん等」は受け取ることができませんでした。

また、営業自粛に対する協力金についても、時短営業にしたがった映画館や劇場、ゲームセンターやボウリング場などは協力金を受け取れませんでした。

「給付行政」は「規制行政」とくらべれば、行政の横暴な活動に繋がりにくい側面はあります。一方で「給付行政」の中でも、「給付金」「協力金」「補助金」などは、その財源が国民から集めた税金ながら国民全員を対象としなくても構わないのです。

そうなると、必要以上の給付が行われたり、偏った給付がなされると、自身に恩恵のない納税者にとっては、不当な負担となったり、不公平に感じることになります。

この不公平に感じる者にとっては、それがまるで「規制行政」のように「財産を権力的に制限」されたように感じるはずです。

こう考えれば「給付行政についても法律の根拠が必要」と主張する人がいても不思議ではありません。

しかし、**コロナ対策に関する給付金や協力金は事実として明確な法律根拠はありませんでした。**

今回の「給付行政」で根拠とされたのは、**総務省から各地方公共団体（都道府県・市町村）に出された「特別定額給付金事業に係る留意事項について」という事務連絡と、各地方公共団体の「要綱（基準を示したガイドライン）」**のみです（ただし、この事務連絡は国会で2020年4月20日に閣議決定された「**新型コロナウイルス感染症緊急経済対策**」に基づいてはいます）。

また事業者向けに最大２００万円給付された「**持続化給付金**」**についても、根拠とされたのは「持続化給付金給付規程」のみ**でした。

規程というのは行政内部において基準を示すための**行政規則**（59ページ）にすぎません。個別の法律を制定せず、閣議決定した政策に基づく事務連絡と要綱（あるいは規則）のみで運用されたコロナ対策としての給付金や協力金には、是非が問われています。

なお、補助金（コロナ対策でいうと「事業再構築補助金」）については、１９５０年代に見られた補助金の不正使用を受けて制定された「補助金等適正化法」という法律があります。

緊急的な経済対策に関わる「給付金」や「協力金」については、今後の発生を想定して、広く基本的な定めを記載した一般法を制定してもいいかもしれません。

ところで、地方公共団体が行う補助金の交付決定は**行政処分**（１９８ページ）ではなく、契約の申込み（交付申請）に対する承諾（行政契約）と考えられています。

他方で国が行う補助金の交付決定は「補助金適正化法に基づく行政処分」というダブルスタンダードな解釈がされています。

ADMINISTRATIVE LAW 3

医薬品をネット通販で買っても大丈夫か？（法律の法規創造力）

■医薬品をネット通販で扱うことはできない？

現代は店頭ではなく、インターネットで欲しい商品を購入することは当たり前です。**インターネットによる通販は店舗を持たず、従業員の数も抑えることができるので、比較的ビジネスとしても参入しやすい分野**といえます。

インターネット通販では、アクセサリー、靴、バッグなどのファッションアイテムや家庭用品や家具、家電製品、ゲーム、おもちゃなど様々な商材が取り扱われています。

そんな中、「インターネット通販で医薬品を扱ってはいけない」という話を聞いたことはありませんか。

実際にインターネットで検索すると医薬品のネット通販のサイトはたくさん見つかります。これらは全て違法販売なのか。自身がネット通販をしたい場合はもちろん、医薬品をネットで購入する人にとっても、大変、気になるところです。

じつはこの「医薬品をネット通販で扱うことはできない」という話も、行政法が深く関わっています。

医薬品の製造や販売に関する規制は「医薬品、医療機器等の品質、有効性及び安全性の確保等に関する法律」という法律で定められています。

非常に長い名称ですが、省略して「薬機法《やっきほう》」と呼びます。

多くの方が聞き馴染みのある「薬事法《やくじほう》」というほうがイメージできるかもしれません（**２０１４年に「薬事法」から「薬機法」に改正**されました）。

薬機法は、医薬品や医薬部外品をはじめ、化粧品や医療機器等の品質・有効性・安全性を確保し保健衛生の向上をはかるために存在している法律です。

もう少し具体的にいうと、医薬品や化粧品、医療機器を「臨床試験」をしたり、「製造」「販売」するために、事業者が行政に対して「許可」や「承認」を得なければならないものです。

また、製造販売後の安全性報告や行政からの監視指導のルールが定められていたり、医薬品等の広告規制などが定められています。

このように医薬品や化粧品、医療機器などに厳格な規制がなされる理由は、これらが**国民の生命や健康に重大な影響を与えるおそれがある**と考えられるからです。

ところが、肝心の薬機法には「医薬品をネット通販で取り扱うことの禁止」はありません。

これは薬機法が、医薬品のネット通販によって直接、国民の生命や健康に重大な影響を与えるおそれが生じると想定していないとも考えられます。

ではなぜ「医薬品をネット通販で扱うことはできない」とよく耳にするのでしょうか。

それは国の行政機関の一つである「厚生労働省」の定める**法規によって規制を明示**していたことがあるからです。

■法律と法規の違い

51ページでは、行政が国会（国の唯一の立法機関）によって定められる法律に従わなければ原則、規制的な行政活動が行えないことをお伝えしました。

これは「法律による行政の原理」と呼ばれるものですが、これは先述したように、さらに3つの原理から成り立っています。

その中の1つ目は「法律の法規創造力」です。非常に難しい言い回しですね。

一見すると、「法律が法規を創造する」ということから「卵が卵を産む」といっているかのように読めますが、これは「法律」と「法規」を混同しているからです。

「法規」とは「国民（住民）に権利を与えたり、義務を課すといった行政と私人の関係に係る規律」のことをいいます。

これを聞いても「いや、それは法律じゃないの？」と思う方も多いかもしれません。

法律は、立法機関である国会（国民から直接選ばれた国会議員で構成する）でしか作ること

◎行政立法の違い

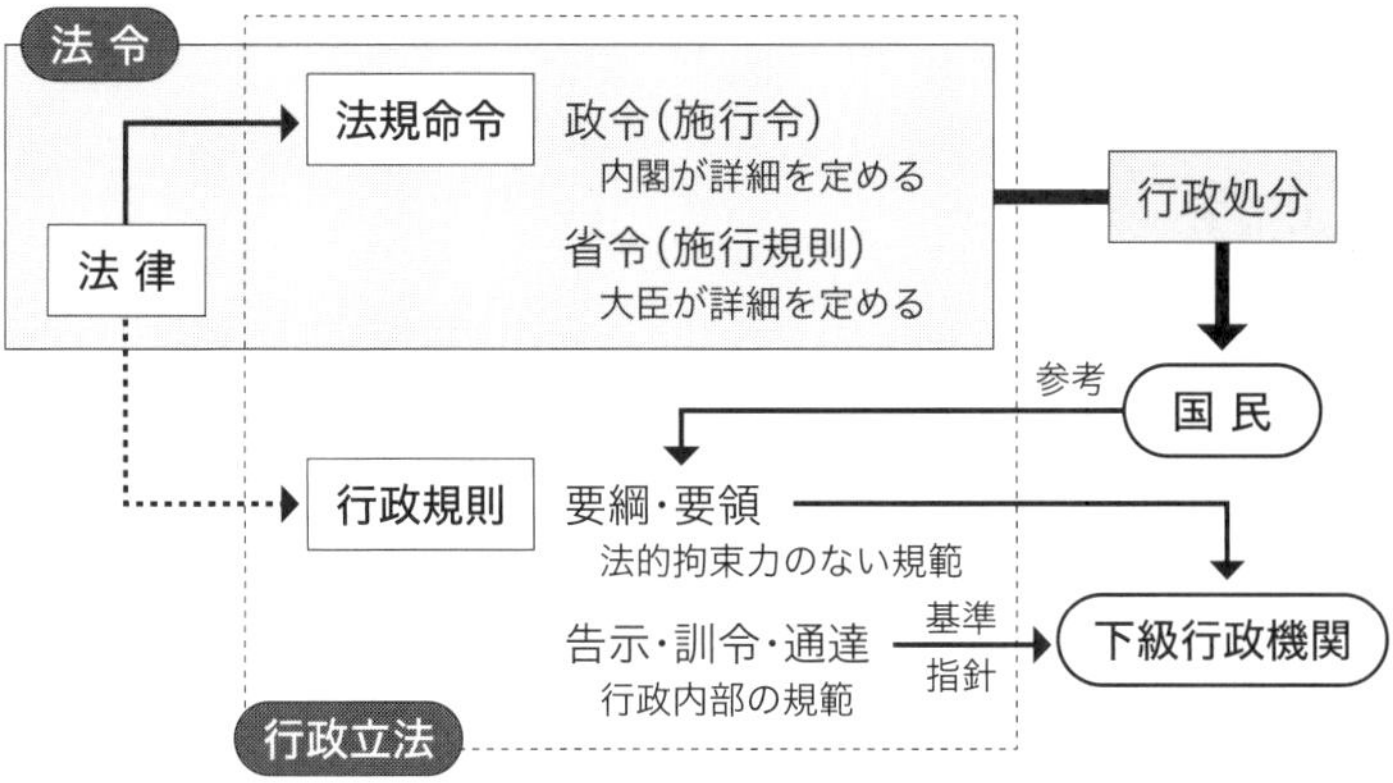

ができないものです。

一方で、法規は国会でなくても作ることができます。簡単にいえば「**立法機関(国会)でない機関(行政)でも作ることができる規律」のことを「法規」**といいます。

詳しくは第4章で取り上げますが、法規の代表は「行政立法(168ページ)」になります。

もう少し厳密にいうと**行政立法には、命令(政令・省令)などの「法規命令」と、要綱や通達などの「行政規則」、の2つがある**のですが、そのうち「法規命令」と呼ばれるものが、ここでいう「法規」になります。

つまり、「法律の法規創造力」とは、**国民(住民)に権利を与えたり義務を課す「法規命令」が、法律に基づかなければ制定できない**ということです。

■薬機法は厚生労働省に行政立法を委任している

先に、薬機法は医薬品をネット通販で取り扱うことを禁止していないとお伝えしました。法律は立法機関である国会で制定されますが、国会議員は政策や法律が専門ですので、あまりに高度（あるいは詳細）な薬や医療機器の知見を有しているわけではありません。

そこで**専門的な知見のある専門の行政機関（薬機法の場合は厚生労働省が所管）に具体的な事項や手続を行政立法として定めることを委任**します。

そして、「(旧）薬事法施行規則」という省令では、（一部を除いて）ネット通販を禁止していたのです（2009年当時）。

(旧）薬事法施行規則では、一般医薬品を安全性上、特に注意を要する成分を含む「第1類医薬品（一部の胃薬や毛髪用薬など)」、まれに入院相当の健康被害が生じる可能性がある成分を含む「第2類医薬品（かぜ薬や解熱鎮痛剤など)」、日常生活には支障をきたさない身体の変調・不調が起こるおそれがある成分を含む「第3類医薬品（ビタミン剤や整腸剤)」、という3つの区分に分類していました。

そして、「第1類医薬品」と「第2類医薬品」については、ネット通販で販売することが禁止されていました。

◎改正前・改正後の医薬品類型

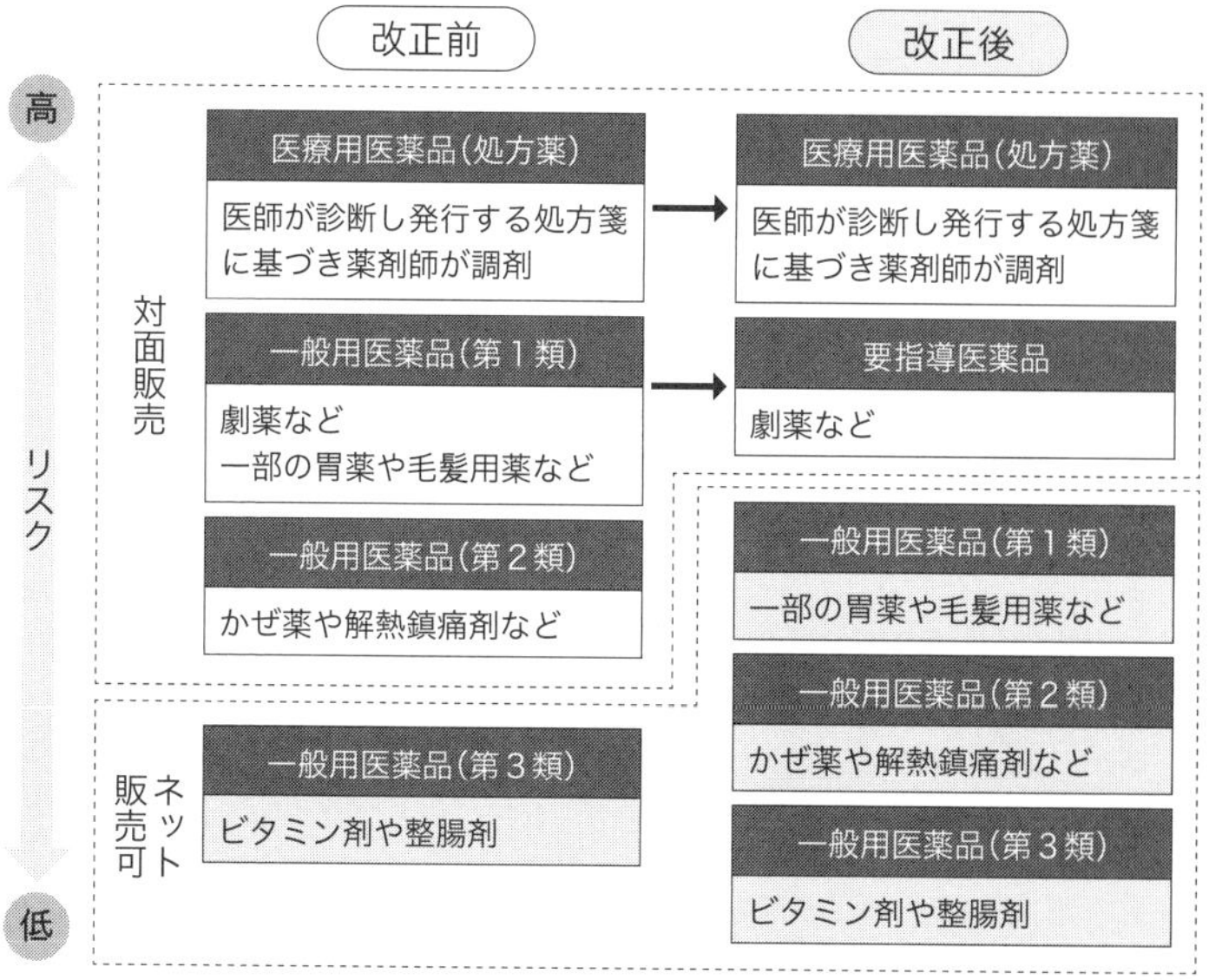

ところが**薬機法**（当時の薬事法）**が委任していた規制の具体化（行政立法）の内容は、医薬品の販売に関して、「薬剤師等が対応しなければならない医薬品の区分」と、「購入者に情報提供をしなければならない医薬品の区分」、を定めること**でした。

にもかかわらず、（旧）薬事法施行規則は「第1類医薬品」と「第2類医薬品」についてはネット通販で販売することを禁止する定めとしていたため、この内容は**薬機法の想定する委任範囲を越えている**として、医薬品のネット販売を行う事業者が国を訴えて委任範囲の逸脱が最高裁判所で認められたのです。

つまり、法律の法規創造力により、(旧)薬事法から(旧)薬事法施行規則という「法規命令(ここでは省令)」が作られたものの、これは**法律の想定していた範囲を越えていたため違法**だと判断されたという事例です。

また、これは後述する「法律の留保(次ページ)」にも関わる事例でもあります。

なお、国(厚生労働省)は、この判決を受けてその後、一般医薬品のネット通販を明確に可能とする改正を行いました。

ADMINISTRATIVE LAW
4

警察の自動車一斉検問は許されるのか？(法律の留保)

■警察の職務とは何か

52ページでは、行政が目的を達成するために私人の権利や自由を制限する活動（規制行政）には法律の根拠が必要であることを説明し、そのイメージとして警察が交通違反をしている危険な自動車に対して「そこの車、止まりなさーい」と呼びかける取り締まりを挙げました。

しかし、厳密にいえば、この呼びかけのみで終わる場合は必ずしも「私人の権利や自由を制限する活動」によって、行政（警察）が目的を達成するものとはいえません。

というのも、このような警察の呼びかけは「警察の職務」、例えば「緊急事態に対する危害の予防・存在の拡大防止のための行政活動や取り締まり」といった行政活動ではなく、あくまでそれらに繋がる一時的な行為です（ただし、警察の行為が加害行為でないことが前提）。

行政職員が行う行為であっても、勤務中に行くトイレなど、全ての行為が該当しないのと同じで、「何の警察活動」に法律の根拠が必要かはハッキリ線引きする必要があります。

そもそも、**警察の職務は何で決まっているのかですが、これにはきちんと「警察官職務執行法（警職法）」という法律があります。**

警職法によれば、警察の職務は『**個人の生命や財産を保護するため**』に「**質問・調査**」「**保護**」「**避難等の措置**」「**犯罪の予防や制止**」「**土地や建物等の立ち入り**」「**武器の使用**」とされています。

これを読む限りだと「警察の場合は『個人の生命や身体、財産を保護するため』に私人の権利や自由を制限する活動（規制行政）をすることができる」という感じがします。

すると、とても気になることが生じます。年末の忘年会シーズンなどによく見る道路で通る車全てを止める、いわゆる「一斉検問」です。

飲酒運転などの交通違反を取り締まるためにやっているアレです。

自動車検問の種類

警察が行う自動車検問には3つの種類があります。

1つ目は、よく刑事ドラマで見かける「凶悪犯を追い詰めるためにレインボーブリッジを封鎖する」的な「**緊急配備検問**」です。

一般的なものであれば、暴走族の集団を止めるために道路を横断する「車止め（フェンスみたいなもの）」を設置する一斉検問などもあります。

2つ目は、「緊急配備検問」ほどの緊急性はないものの、その地域で犯罪が多発しているなどで新たな犯罪を予防する目的や容疑者を検挙するために行われる「**警戒検問**」です。

そして最後の3つ目は、日常よく見かける交通違反の検挙や、整備不良車両などを見つけるために道路に待機して停止を呼びかける「**交通検問**」です。

この3つを見ると「**緊急配備検問**」や「**警戒検問**」は、緊急性の差はあれど、明らかに「**個人の生命や身体、財産を保護するため**」といえるので、私人の権利や自由を制限する活動ができることは理解できます。

しかし3つ目の「交通検問」に関しては、そこを通る車両がスピード違反をしているとか、明らかな異音を発しているとかでなければ、検問することが「個人の生命や身体、財産を保護するため」という警察の目的と合致しないように思えます。

「法律による行政の原理」によれば、何らかの法律の根拠がなければ、規制行政活動はできないはずです。

この鍵が「法律による行政の原理」の最後の原則である「**法律の留保**」の原則です。

■実務でも取り入れられている侵害留保説

法律の留保に関する伝統的な行政法学の考え方に「**侵害留保説**」という考え方があります。

規制行政の中でも「**国民の権利や自由を権力的に侵害する行政活動のみ法律の根拠が必要**」と

する考え方です。

これまで説明してきた規制行政の説明との違いがわかりにくいと思いますので、他の学説と比較して説明しますと「侵害留保説」以外には「権力留保説」と「重要事項留保説」「全部留保説」があります。

「**権力留保説**」というのは行政活動のうち、**権力的なものについてのみ法律の根拠が必要とする考え方**です。国民の権利が侵害されるおそれがなかったとしても、権力的な行政活動であれば法律の根拠が必要となる考え方です。

行政による一方的な権力的作用であれば法律の根拠が必要になると考えるため、この説であれば「給付行政」に関する行政活動も法律の根拠が必要になるということになります。

じつは学説の多くは「権力留保説」が支持されています。

「**重要事項留保説**」は、**国民の権利利益の保護に関わる重要な（本質的な）政策に関する決定事項は、国会の制定する法律によって民主的に決定すべきという学説**です。

この説であれば、侵害的な行政活動か、（給付行政のような）受益的な行政活動かを問わず、**重要な（本質的）な事項であれば、法律の根拠が必要**ということになります。

「重要な（本質的な）事項」という基準があまりにも漠然としているため、安定性を欠くという批判があり、実務上採用されていない考え方です。

なお、本書の54ページで「給付金」や「協力金」について法律の根拠が必要か否かを検討し

◎法律の留保に関する学説

	権力的行政		非権力的行政	
	侵害的行為	授益的行為	侵害的行為	授益的行為
侵害留保説	■			
権力留保説	■	■		
重要事項留保説	■		重要性により個別に検討	
全部留保説	■	■	■	■

た視点はあえて「重要事項留保説」の視点を取り入れてます。

「**全部留保説**」は、説明するまでもなく**行政活動には全て法律の根拠が必要という考え方**です。これまでもお伝えしたように、行政活動全てに法律を定めることには無理がありますし、根拠となる規範が存在しない限り日々変化する行政への要請に対応できないことは非合理という批判があります。

様々な考え方があり、混乱するかもしれませんが、**実務上で取り入れられているのは「侵害留保説」**です。実務上というのは、実際の行政職員の職務遂行時の意識や、万が一裁判になった場合の裁判官の採用する立場という意味です。

■自動車一斉検問の法的根拠

侵害留保説に立った場合、自動車一斉検問はどのように考えられるのでしょうか。

自動車検問という職務を遂行していて、そこを通る車両がスピード違反や整備不良でもない限り、警職法に書かれているような「個人の生命や身体、財産保護」の必要性は判断できないように思えます。

警職法には、さらに「警察官は、異常な挙動その他周囲の事情から合理的に判断して何らかの犯罪を犯し、若しくは犯そうとしていると疑うに足りる相当な理由のある者又は既に行われた犯罪について、若しくは犯罪が行われようとしていることについて知っていると認められる者を停止させて質問することができる」という定めがあります。

つまり、**警職法を法律の根拠にしようとしても、自動車を停止させて質問できるのは、異常な挙動があったり、周囲の事情から合理的に犯罪に繋がると考えられる場合のみということになります。**

ここで侵害留保説を思い出す必要があります。侵害留保説は「国民の権利や自由を権力的に侵害する行政活動のみ法律の根拠が必要」という考え方です。

まず、一斉検問は、他の「緊急配備検問」や「警戒検問」と異なり、犯人を捕まえようとするとか、特定の犯罪の容疑者を捜索する意図ではありません。

そこで停止を求める自動車（あるいはドライバー）に対して「侵害行為（ここでは『強制停止』や『身柄確保』を想定）」は行えないことが前提とされています。

少し古い判例ですが、自動車の一斉検問が適法か争われた判決によれば「**警察法**が『交通の取り締まり』を警察の責務として定めていることに照らすと、交通の安全及び交通秩序の維持などに必要な警察の諸活動は、**強制力を伴わない任意手段による限り、一般的に許容されるべきもの**」と述べています。

少しややこしいですが、**ここで引用されている法律は先にご紹介した「警職法（警察官職務執行法）」ではなく、「警察法」であることに注意が必要**です。

「警察法」は警察の職務を定めた「警職法」と異なり、「警察の管理・運営」や「警察組織」の定めを規定した法律ですが、この判決では**警察法を引用**しています。

その理由は、判決文にもあるように自動車の一斉検問が、そもそも「強制力の伴わない任意手段」と判断されているからです。これは「強制力が伴わない」という表現から「侵害留保説」的に法律の根拠が不要だといっているわけです。

つまり警察法を引用したのは、法律の根拠としてではなく、**警察組織としての任務範囲を確認するため**です。

なお、この判決文ではさらに「**任意手段による限り**」とあり、任意手段として許容される基準についても言及されていますので、参考までにご紹介しておきます。

「警察官が、交通取り締まりの一環として交通違反の多発する地域等の適当な場所において、交通違反の予防、検挙のための自動車検問を実施し、同所を通過する自動車に対して走行の外観上の不審な点の有無に関わりなく短時間の停止を求めて、運転者などに対し必要な事項についての質問などをすることは、それが**相手方の任意の協力を求める形で行われ**、自動車の利用者の自由を不当に制約することにならない方法、態様で行われる限り適法」である。

簡単にいうと「交通違反がよくある場所で一斉検問し、全ての自動車のドライバーにアルコールチェックなどを（任意の協力で）求めても適法」ということです。

物々しい雰囲気で警察官が多数いる中で、停止やアルコールチェックなどを求められたら、任意の協力も何もなく、従わざるを得ない気もしますが、場合によっては拒否できるということですね。それを実行する人はなかなかいないと思いますが……。

ADMINIST
RATIVE
LAW

第2章

要素❷

行政主体を知る

第2章　サマリー

行政法を学ぶ際に、曖昧《あいまい》なまま学習を進めてしまい混乱を招く要因の一つとして「**『行政』とはイコール『国（あるいは政府）』のことである」という認識をしてしまうこと**が挙げられます。

日本が強い影響を受けたドイツ行政法学、そして日本の行政法学の礎を作った美濃部達吉先生や田中二郎先生などの説に見られる考え方として「行政主体と私人」の区別がありま す。

伝統的な行政法が規範にしたヨーロッパ近代の思想は「国家」と「市民社会」というものを明確に区別して考えられていました。

一方で、現代の日本において、例えば行政事件訴訟の場面では、国民の個人的な権利利益保護を目的に争われるものとは別に国や地方自治体相互間における紛争について争う「機関訴訟」というものがあります。

これは紛れもなく「行政」というものが一つでもなければ、「イコール国である」というものでもない表れです。

つまり「**行政主体と私人」を区別するからといっても、必ずしも行政主体が国（政府）だ**

◎行政機関のイメージ

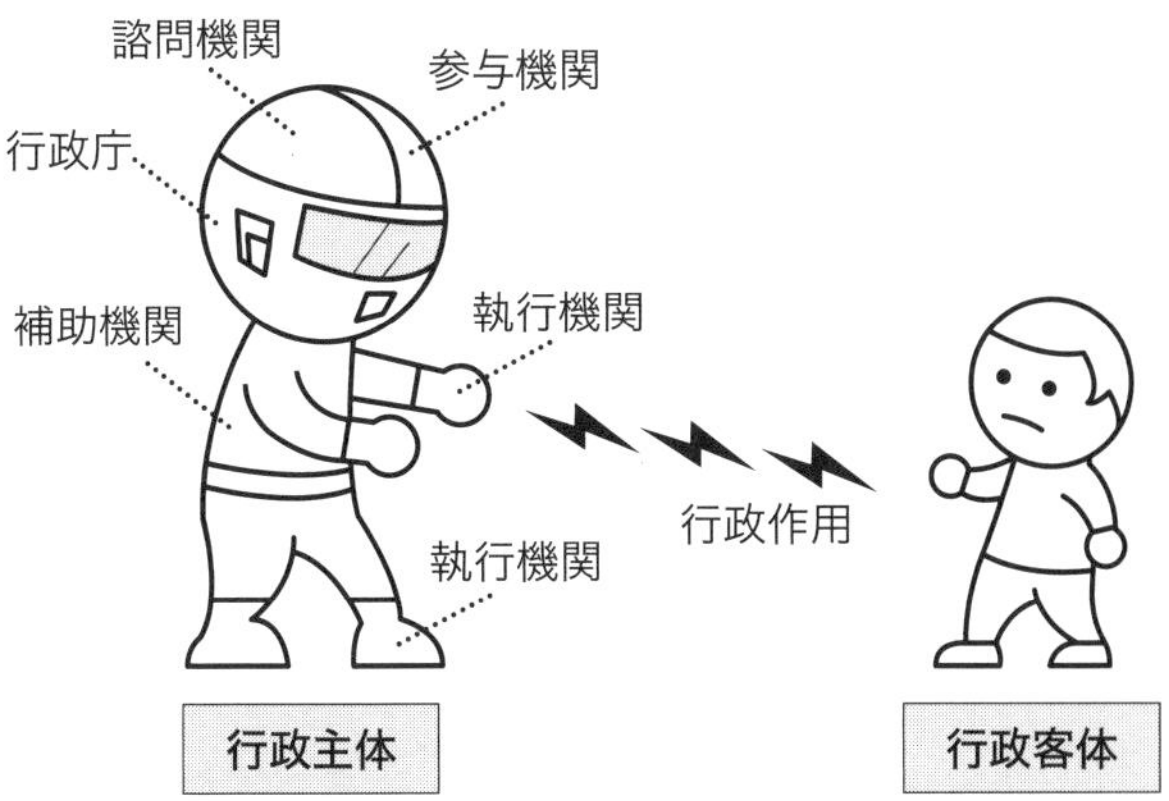

けを指すというわけではないということです。

行政主体には「国（政府）」だけに限らず、都道府県や市町村といった、いわゆる「**地方公共団体（地方自治体）**」をはじめ、独立行政法人や国立大学法人といった「**特別行政主体**」があります。

行政主体は、**権利や義務を持ち、行政活動を行うことができる団体**です。法律上も認められる組織や団体をいいます。ただし、国や地方自治体には手足がありませんので、実際に行政活動を行うのは「行政機関」と呼ばれる別の下位組織になります。

「行政主体」と「行政機関」の関係を理解するには「行政機関」よりも「行政器官」と考えるほうがわかりやすいです。

権利や義務の帰属主体となることができる「行政主体（身体全体）」に対して、実際の行政活動を行う手足や、胴体といった「行政機関（行政器官）」という理解の仕方です。

まず、意思決定を行う「行政庁（器官としては頭）」があります。行政庁は大臣や知事などが典型例です。

つづいて行政活動を支える（補助する）「補助機関（器官でいうと胴体や内臓）」です。これは一般的な行政職員があてはまります。

さらに行政庁に意見を掲示する「諮問機関（器官でいうと右脳）」や「参与機関（器官でいうと左脳）」があります。どちらも脳に相当しますが、参与機関の意見のほうは拘束力を持つため「左脳」としてイメージしてみました。逆にいうと諮問機関の意見は「参考意見」にとどまります。

これらの具体例としては審議会があります（なお、審議会のうち参与機関の代表例は「電波審議会」などです）。

最後の行政機関は、行政庁の決定を実力行使する「執行機関（器官でいうと手足）」です。これは警察官や消防官、自衛官などがあてはまります。

つまり、**行政主体は会社のようなもので行政機関が部・課のように実際に活動を行う**のです。

少し注意が必要なのは、**現実社会では先に書いたような「行政主体と私人」を明確に区別することが実際には難しい**ことです。

例えば、日本放送協会や日本中央競馬会などは一見、民間の会社に思えますが、これは特別な法律で定められた行政主体性を持つ法人です。

その他にも、国の監督下のもと行政活動を行う国民健康保険連合や土地区画整理組合といった公共組合があったり、特別な法律で設立され、認可を受けた日本銀行などの「認可法人」や日本行政書士会連合会など、行政権限の委任を受ける「特別民間法人」があります。

なお近年では「ChatGPT」などの生成ＡＩを行政業務で利用しようとする動きも生じるなど、人工知能（ＡＩ）が一部の行政活動に導入される動きが見られますが、このような情勢の変化を踏まえた行政主体性の再整理が今後必要と考えられます。

ADMINISTRATIVE LAW 1

役所で経験する「たらい回し」の秘密を探る（統治団体としての行政主体）

■さんざんたらい回しにされた挙句、何もわからない

誰しも、こんな経験はありませんでしょうか。

会社の昼休みにある区役所に行き、自分が目的とする手続を「どこの窓口でしたらいいのか」と総合窓口に尋ねると「その手続はAという課で担当しています。○階のAという窓口をお尋ねください」といわれます。

そしてA窓口に行くと「あ、その件は、うちとは少し違ってB窓口の担当になります。○階へお越しください」と再び別の窓口に案内されてしまう。

最初に自分の伝え方が悪かったのかなと思いながら、B窓口へ行き、今度は慎重に要件を伝えると「□□ですか？それは、うちとは別の管轄になります。A窓口で聞いてみてください」と元の部署に戻されてしまった。

いい加減にしてくれと思いながら、A窓口に行くと「おかしいですね。その件は、区の管轄

ではなく、市の管轄になるので、市役所のD課に行ってください」となってしまった。

あまりに距離が遠いし、休み時間も残り少ないので、平日に有給をとって市役所のD課に行くと「はい、それはうちの管轄ですね。どのようにお困りですか?」と、ようやく管轄らしい窓口にたどり着いた。

詳しく要件を伝えると「それは、うちでは明確に回答しかねます。少々お待ちください」と、何やら奥でどこかに電話している。

30分ほど待たされたうえ、いわれたことは「□□省の○○課に確認したところ、その回答には時間を要します。後日、あらためてお越しください。あ、それと個別の具体的な質問の回答には以下の書類が必須です。お持ちですか? ないようでしたら、まずそちらをお持ち頂き、当課でお預かりしたうえ、そこから1週間ほどお時間頂ければと思います……」

縦割り行政とは何か

多くの区役所や市役所では、戸籍、住民票、印鑑証明、税関係、保健関係、福祉関係、学校教育関係、生活環境・衛生関係、公営住宅・生活保護、インフラ関係など、全て別々の窓口が用意されています。

同じ市役所(区役所)内でも、このように分野は明確に分けられており、担当以外の分野のことはわからないというのが通常です。

しかも、それらは「区」や「市」そして「都道府県」それぱかりか、省庁なども含めて、業務内容が重複している箇所もあり、不合理な役割分担になっていることも少なくありません。

そもそも、国民（住民）が1つの目的を達成するためには、1つの窓口で叶わないことが多くあります。

例えば、全ての人間が一度は体験するであろう遺産相続を例にとってみますと、

- 死亡届出の提出（区役所・市民窓口課）
- 健康保険資格喪失手続（区役所・保険年金課）
- 戸籍・住民票除票取得（市民窓口課）
- 法定相続情報取得（法務省・法務局）
- 遺言書検認・相続放棄（裁判所）
- 不動産名義変更（法務省・法務局）
- 自動車名義変更（国土交通省・陸運局）
- 相続税申告（国税庁・税務署）

ざっと見ただけでも、かなりの役所をまたいでしまうのです。このような行政機関の管轄意識によって行政サービスが非効率に陥る問題を「縦割り行政の弊害」といいます。

では、そもそもの縦割りとは何でしょうか。何が縦割りなのでしょうか。

縦割りの対象は2つありますが、一つは役所ごとに制定されている法令の重複や矛盾などを

指します。

これまでに説明した表現でいうと、「行政機関ごとに作られる行政立法」が専門的な分野ごとに分割されているため「縦割り」と比喩表現しています。

もう一つは、行政機関がそれぞれの部署で独立して業務を遂行する仕組みを「縦割り」と比喩表現しています。

つまり、異なる部署や省庁が独自の権限や責任を持ち、自己完結的に業務を行う形態を指します。このような事情から、**1つの問題に対して複数の部署が関与する場合でも、それぞれの部署が独自の手続や判断基準に基づいて行動するため、意思疎通や効率的な対応が難しくなり「縦割り行政の弊害」、つまり「たらい回し」などの状況が生じる**わけです。

このように一定の所掌事務の担い手となる単位ごとに行政機関を把握することを「**事務配分的行政機関概念**」といいます。

一方で、冒頭の「サマリー」で、行政活動を行う「行政主体（身体全体）」に対して、実際の行政活動を行う手足や、胴体といった「行政機関（行政器官）」があり、その分類には、「行政庁（頭）」「補助機関（胴体や内臓）」「諮問機関（右脳）」「参与機関（左脳）」「執行機関（器官でいうと手足）」があることを説明しました。

このような行政機関の持つ役割（機能）に着目して行政機関を把握することを「**作用法的行政機関概念**」といい、「事務配分的行政機関概念」とは文脈が異なることに注意が必要です（作用に関する詳細は「第4章を参照」)。

■行政の独立性

行政主体は、国民（住民）に対して行政活動を行います。そして、その行政主体は大きく分けて「国（政府）」と「地方公共団体（都道府県や市町村）」、そして「特別行政主体」に分けることができます。

本項では、その中でも「国（政府）」について説明します。

〈国の行政権は内閣に属する〉

これまで、国や政府という言葉をひとまとめにして使ってきましたが、ここではしっかり違いをお伝えしていきます。

いうまでもなく、**本来「国」と「政府」は似て非なるものです。政府とは「政（まつりごと）＝主権者が領地や国民を統治すること」を行う「府（中心）」という意味です。**

つまり**政府とは、あくまで「国を統治する活動を行う中心の機関」**のことをいいます。

そして「政府」という言葉自体も文脈によって2つの意味があります。

一つは第1章で説明した「三権（立法、行政、司法）」の全てを指して「**国を統治する活動を行う中心の機関**」という意味です。

もう一つは、このうちの「行政」機能のみを指して「**国を統治する活動を行う中心の機関**」という狭義の意味です。本書では「政府」をこの狭義の意味で用いています。

そして、この意味における「政府」は細分化すると「内閣」と「内閣が統括する行政機関」になります。これらをあわせて「中央省庁」ともいいます。

「立法」「行政」「司法」という国家権力を三権に分立することが、日本の最高法規である日本国憲法で定めていることを第1章でお伝えしましたが、日本国憲法はさらに「**行政権は内閣に属する**」ということも定めています。

つまり**三権分立のうちの「行政」とはイコール「内閣」ということ**です。ここで注意して頂きたいのは「**内閣」と「内閣総理大臣（首相）」が別であるということ**です。

内閣総理大臣とは、あくまで内閣の中の首長（団体を統率する長）です。

したがって行政権を統括する国の行政組織の頂点は「内閣」です。

なお、マスメディアを中心に日本の内閣総理大臣や、海外の行政機関のトップを「首相」と報道しますが、法律上「首相」という表現はなく、あくまで内閣総理大臣の呼称として「首相」という言葉が使われていることも、あわせてご注意ください。

〈内閣の組織〉

行政権を統括する内閣は、首長である内閣総理大臣と14人以内の国務大臣で構成されていま

◎行政機関としての内閣組織

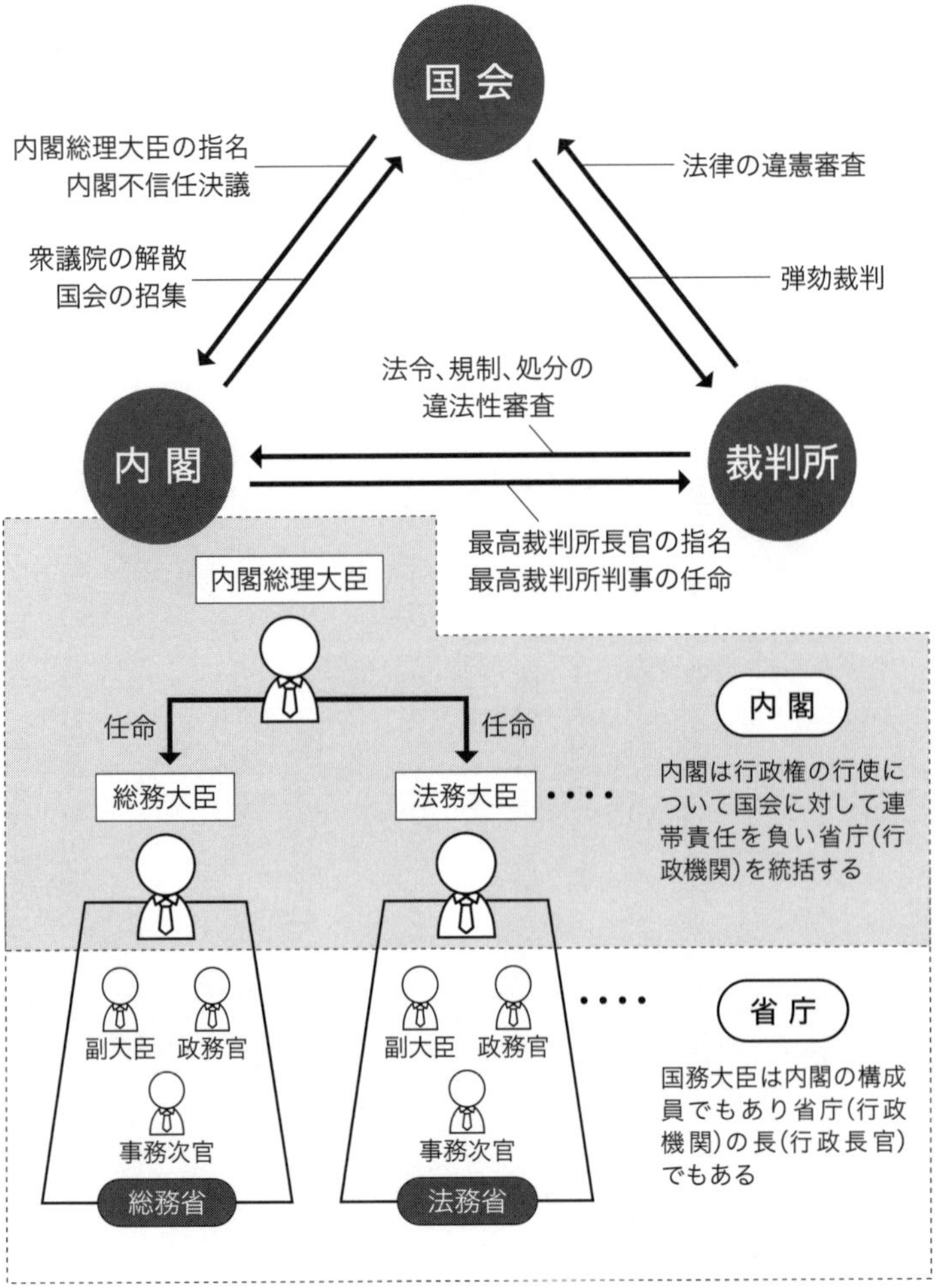
国会
内閣総理大臣の指名
内閣不信任決議
法律の違憲審査
衆議院の解散
国会の招集
弾劾裁判
法令、規制、処分の
違法性審査
内閣
裁判所
最高裁判所長官の指名
最高裁判所判事の任命
内閣総理大臣
任命
任命
内閣
総務大臣
法務大臣
内閣は行政権の行使について国会に対して連帯責任を負い省庁(行政機関)を統括する
副大臣
政務官
副大臣
政務官
省庁
事務次官
事務次官
国務大臣は内閣の構成員でもあり省庁(行政機関)の長(行政長官)でもある
総務省
法務省

す。

内閣の役割は日本国憲法に7つの行政事務を担うことが規定されていますが、主なところでは、法律の執行や外交関係の処理、予算の作成などをあわせて一般の行政事務を担います。

こういった行政事務を複数の国務大臣で分担管理して、それを統括しているのが内閣総理大臣ということになります。

少しややこしいのは図の濃い部分について、各大臣が内閣を構成する役割の反面、白い部分のように各行政機関の長（行政長官）としての役割も担っていることです。

国務大臣はこのように、内閣の構成員として日本国憲法が定める7つの行政事務に加えて、国家行政組織法に基づく行政機関の長（行政長官）としての行政事務も所管しています。

このような仕組みにより、**各行政機関の行う分担された行政事務に、内閣の意図が反映されたり、各行政機関の行為が内閣の方針から逸れないようにコントロールを及ぼそうとしているわけです。**

なお、細かいですが、国務大臣は原則14人以内ですが必要があれば特命大臣などを選んで増員することができます（2023年12月現在は19人）。

〈国会と内閣の関係〉

内閣の話や三権分立の話を聞くと、立法と行政は役割を分けているはずなのに、どうしてどちらも国会議員が兼ねているのか気になる人が出てくると思います。

三権分立の目的から考えると、行政と立法は独立した機関であるべきで、内閣と国会が同じ議員から構成されると、行政が立法活動に携わり、立法の独立性が保てないように思えます。

たしかにアメリカの大統領制のように、行政権と立法権が完全に独立されているわけではなく、日本の制度では、**国会が内閣に対して厳密なチェック機能を発揮させようとしています。**内閣の政策や行政の運営に対して議論や質疑が行われ、内閣は国会の信任を得る必要があります。これにより、政府の権力が過度に集中することを防ぎ、民主的な監視とバランスを保とうとしています。これが日本が議院内閣制を採用している理由です。

具体的にいうと、**「国会」は国民から選ばれた議員で構成され、法律を制定する権限である「立法権」を持つことで国のルールを最終的に決定する役割や政策方針を決める役割を担っています。**

一方で**「内閣」は国会で制定された法律に基づき、実際の行政を進める権限である「行政権」を持つことで、国のルールを具体的に実行する役割を担っています。**

ただし、「法律制定」という主な役割が国会にある反面、内閣も政策実現のためにより良い法律の案を作成し、国会に提案（お伺いを立てること）ができます。

実際に政策に関わっている内閣が「こういうルールが必要」という考えに基づいて「法律案」や「予算案」を作成し、国会の承認を得るわけです。

◎内閣（行政）と国会（立法）の役割

内閣（行政）	国会（立法）
法律案の作成 予算案の作成 条約の交渉 →	法律の制定 予算の決議 条約の承認
法律の執行／政令の制定 予算の執行 条約の締結 ←	
最高裁判所長官の指名	内閣総理大臣の指名 国政調査権 弾劾裁判
衆議院の解散	内閣不信任案の決議

そして**承認された内容を内閣が実行**します。

内閣が国会に承認を求めようとする内容は主に「法律案」「予算案」「条約の交渉」などです。逆に内閣の首長である内閣総理大臣は国会が指名することとなっています。

さらに国会は「内閣の不信任案」を決議することができ、内閣が国会に対して「衆議院の解散」をさせることができます。衆議院が解散すると参議院も解散するので、国会と内閣はお互いを解散させる権限を持っているということです。

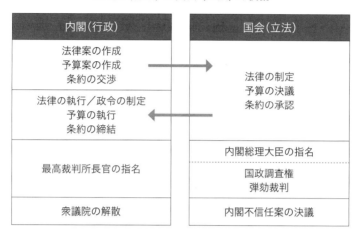

〈省庁以外に委員会もある〉

国の行政機関には「省」や「庁」以外にも「行政委員会」と呼ばれる機関があります。

「行政委員会」は、合議制の形態をとる行政主体で、国家行政組織法によって設置が認められ

ており

・政治的中立性の確保

・高度・専門的技術判断への対応

・行政の民主化

などの目的を持って設置されます。国で設置する行政委員会は、行政機能だけではなく規則制定などの準立法的な役割や争訟の判断など準司法的な役割を担うこともあります。

国の行政委員会の最たる例は国家公安委員会、公正取引委員会、個人情報保護委員会です。

一方で、国の行政委員会以外にも、地方自治法に基づいて設置される行政委員会もあります。地方公共団体の行政委員会は、都道府県の長のもとに置かれ、長から独立した合議制の機関として、規則制定権という準立法的役割や、司法に準ずる行政処分など、準司法的役割も有しています。

そういう意味では国の行政委員会も、地方公共団体の行政委員会も、行政法的に見れば役割はだいたい同じということになります。

地方公共団体の行政委員会の最たる例は、都道府県公安委員会、教育委員会や選挙管理委員会、個人情報保護委員会などです。

行政委員会の制度は、国、地方公共団体いずれの場合も私人等の構成員で合議制の形態をとり、国や都道府県から分離した立場で、様々な立場（利害）を有する者同士が意見を出し合って決定するという意味では中立性を有した行政機関といえます。

また、通常の行政職員などでは対応できない高度・専門的技術判断も可能になりますし、私人を中心に構成することから行政の民主化にも寄与できるとされています。

ただし、これらは理論上、「制度としては、そうなっている」というものであることは意識しておく必要があります。

つまり我々、**国民や市民は、行政委員会という制度の意義や役割をしっかり理解したうえで、その行政委員会の構成員が本当に政治的中立性や独立性・民主性、高度・専門的技術判断への対応などが実現できるメンバーになっているかをしっかりチェックする必要があります。**

ある行政委員会の構成員が、その分野と関係の深い行政機関からの天下り人事のようになっていては元も子もないのです。

行政主体のことを理解するのは、「縦割り行政の弊害」の原因を知ることに繋がるだけでなく、我々に直接あるいは間接的に影響する課題をクリアすることにも繋がります。

序章で述べたように行政法は酸素のような存在です。

知らないうちに問題が生じないように危険性を察知できるようになる必要があります。

ADMINISTRATIVE LAW 2

学校教育格差が都道府県ごとに生じるのはなぜ？（国と地方公共団体の関係）

■日本の学力にも影響を与える行政法

国の将来を左右するといっても過言ではない教育や学力も、じつは行政法に大きな影響を受けています。

2002年に実施された「ゆとり教育」をご存知でしょうか。**「学力は、単なる知識の量と捉えるのではなく、自ら学び自ら考える力などの生きる力を身に付けているかどうかによって捉えるべき」という考え方のもと、文部科学省が定めている教育課程（カリキュラム）の基準が改訂**されました。

こういった教育課程の基準を「学習指導要領」と呼び、最高裁判所の判決などにおいて、法規としての性質を有するとされました。

つまり**2002年は、全ての自治体にある学校に対して法規としての性質を持つ「ゆとり教育」が示された**ということです。

この「ゆとり教育」自体の評価は二分されているため、単純な「成功」「失敗」で語ることはできません。

国際学力テスト（PISA）の順位が下がったことを受けて**2008年に文部科学省が新学習指導要領を作成し直した**ことで再び国際学力テストの順位が上がりました。

一方で「ゆとり教育」世代にクリエイティブな分野やスポーツの分野の成功者が多く出ているという成果報告もあるようです。

いずれにしても**日本の将来を左右する教育や学力に行政法が多大な影響を与えていることは間違いありません。**

ここで取り上げたいのは、国（文部科学省）が全ての自治体に影響を与える学習指導要領を出しているにもかかわらず、学校教育格差が都道府県や市町村ごとに生じていることです。

これには、先述した「行政主体としての国」とは別に、「行政主体としての地方公共団体（都道府県・市町村）」についても詳しく知る必要があります。

■行政主体としての地方公共団体（都道府県・市町村）

行政主体としての地方公共団体は、普通地方公共団体（都道府県・市町村）と、特別地方公共団体（特別区・地方公共団体の組合・財産区）に分かれます。

国との大きな違いとして、国の行政権を持つ「内閣」の首長（内閣総理大臣）は国民が直接

◎地方公共団体の種類

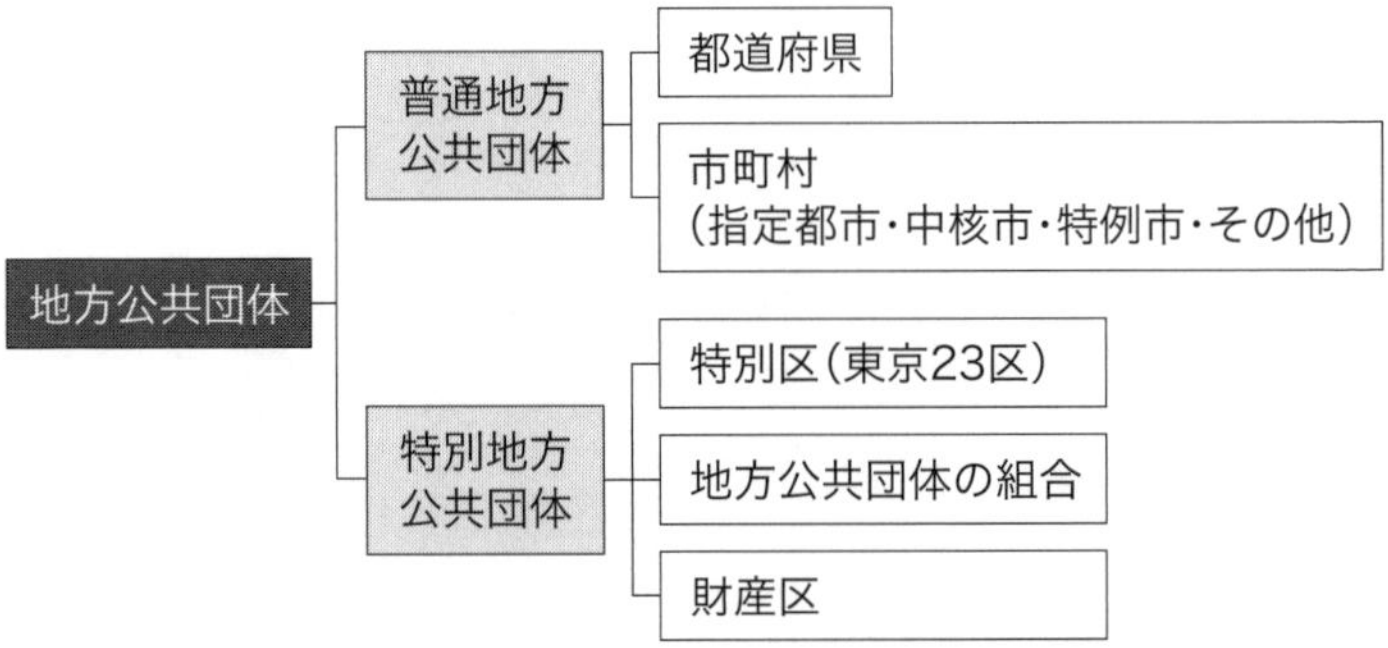

選挙しないのに対して、地方公共団体の長は住民が直接選挙することです。

また、国の場合、各省大臣に行政事務が分担管理されるのに対して、地方公共団体の場合は長が独任制の機関として行政活動を統括しています。

〈国と地方公共団体の関係〉

よくある誤解として、国の縦割り行政とごちゃ混ぜに捉えて、**地方公共団体が「国の下部機関」として理解されやすいこと**が挙げられます。

この背景は、１９９９年に行われた地方自治法改正まで「機関委任事務」という「地方公共団体に国の事務を委任して処理させる」制度が存在したことが原因として挙げられます。

機関委任事務を処理する限りにおいて、地方公共団体は、国の指揮監督を受けることになり、まるで国の下部機関のような印象が付いてしまったのです。

なお、**１９９９年の地方自治法改正以降は「機関委任事務」は廃止されており「自治事務」と「法定受託事務」に再構成**されています。

「法定受託事務」とは、国が本来果たすべき役割に関わる事務のうち「利便性や効率性を考えて」国から地方公共団体に委託される事務をいいます。

例えば、国政選挙や旅券交付、国道の管理、戸籍事務、生活保護の決定などです。

一方で「自治事務」は、地方公共団体が行う事務のうち「法定受託事務以外」の事務となっており、あらゆるものが含まれます。

小中学校の設置や営業許可を与えること、都市計画の策定、住民基本台帳事務など様々です。

いずれにしても国の事務ではなく地方公共団体の事務ですので、国（大臣）からは指揮監督を受けることなく、もし**国が地方公共団体の事務に関与する場合には、法律の根拠が必要**です。

関与の内容は自治事務の場合「助言・勧告」「資料の提出の要求」「協議」「是正の要求」となっており、法定受託事務の場合、「助言・勧告」「資料の提出の要求」「協議」「同意」「許可・認可・承認」「指示」「代執行」となっています。

国の関与が完全になくなったわけではありませんが、**地方公共団体が国の下部機関ではないことは明らか**です。

■国、地方公共団体双方の役割から見る教育

教育基本法では、教育行政は「国と自治体との適切な役割分担及び相互の協力のもと、公正かつ適正に行われなければならない」とされています。

これは、国の役割から見れば「全国的な教育の機会均等や教育水準の維持と向上」、地方公共団体の役割から見れば「教育の円滑的、継続的な実施と必要となる財政上の措置」です。

〈教育における国の役割〉

国は教育に関する基本的な大枠を定める役割を担っています。学校教育制度の制定や教科書検定、教職員免許制度などを設けているのはそのためです。

また、全国的な基準の設定を行っています。すでに説明をした学習指導要領を定めたことも、その一つですし、細かいところでいえば、学校の設置基準や学校の設備の基準、教員や生徒数の基準なども定めています。

〈教育における地方公共団体の役割〉

実際に教育について児童に大きな影響を与えるのは、いうまでもなく学校です。

学校の設置については多くの小学校や中学校を市町村が設置しています。

これらの**学校に関する通学区域や教職員の服務監督、入学・転退学の手続、学級編成、教科書選定**などを担っています。

さらに都道府県は、**小学校や中学校における教職員の人事、懲戒、給与決定**などを行い、小学校や中学校の職員の給与を負担しています。給与水準の確保や教職員の水準を確保することで教育水準の維持向上をはかろうとしているわけです。

〈地方公共団体ごとの学校教育格差〉

すでに述べたように**全国的な教育水準を維持しようとする「学習指導要領」は、法的拘束力を有する**とされています。

しかしながら、この**法的拘束力は「大綱的基準（おおもとになるもの）」としての法的拘束力にとどまる**とされています。

国が学習指導要領を定めて全国的に一定水準を確保する必要があるとしても、それは「必要かつ相当と認められる範囲」にとどまるのです。

教育内容に対する国家的介入は、できるだけ抑制的である必要があり、子供が自由で独立した人格として成長することが前提とされています。

というのも、能力に応じて自由に教育を受ける権利を有することや個人の自由を謳《うた》う憲法を踏まえれば、この前提を妨げる規制は許されないと考えられるからです。

つまり、国は都道府県や市町村に認められる地方自治（地方の自主性・自律性）を侵害せずに大綱的な規制として学習指導要領を定めることで全国的な一定水準を一定程度、確保しようとしているということになります。

言い換えれば、国が定める学習指導要領というのは教育において児童・生徒全員が共通に学習すべき基準であり、教員はこれに基づき全員に指導することが原則ですが、一方でそれぞれの地方公共団体ごと（場合によっては学校ごと）に、それ以外の指導内容を加えることは自由なわけです。

国が学習指導要領のボリュームをどんどん増やしたり、高度化して上限基準として規制を強化することができない以上、地方公共団体ごとに学習指導要領以上の指導を積極的に取り入れることもできれば、そうしないことも自由で、これが地方自治という都道府県や市町村の自主性・自律性の確立に繋がります。

これが国という行政主体と、地方公共団体という行政主体の関係性であり、学校教育格差が都道府県や市町村ごとに生じる一因です。

ADMINISTRATIVE LAW
3

宇宙飛行士は公務員なのか？（特別行政主体）

■子供の憧れの職業「宇宙飛行士」

子供に「なりたい職業」というアンケートをとると、必ず上位は「野球選手」や「サッカー選手」につづいて「ユーチューバー」や「宇宙飛行士」がランクインします。

スポーツ選手は所属するチームと契約して年俸が上下しますし、ユーチューバーも、最近は事務所に所属するケースもあるとはいえ、基本的にはフリーランスのように収入は安定しにくい職業といえます。

そういう意味では「なりたい職業」の中で、一番安定していそうなのは「宇宙飛行士」と思われるかもしれません。

「公務員ならクビになるリスクが低く、給料も安定していて、年金や退職金も高そう」

真偽のほどは置いておいて、そういう風に公務員を志す人も多い中、もし宇宙飛行士が公務員なら「一挙両得じゃない？」と思う方も多いはずです。

人類や社会に貢献しつつ、未知の体験もすることができ、安定した公務員であるなら、ますます多くの人が目指したい職業となるかもしれません。

では宇宙飛行士は公務員なのでしょうか。そもそも、公務員と一般の会社員との違いは何でしょうか。

■公務員かどうかは所属する主体に左右される

本章では様々な行政主体について解説してきましたが、基本的に**公務員というのは行政主体と雇用関係にある者**を指すと考えてもらって構いません。そして**公務員は行政主体に対して一定の権利を有しつつ、あわせて義務を負う**ことになる関係です。

日本の最高法規である憲法的な視点で見れば、公務員は国民全体の奉仕者で、公務員を選んだり、罷免《ひめん》する（職をやめさせる）ことは国民が個々で有する権利とされています。

このことから、公務員は、民主的でありつつ、政治的行為が制限された客観的・合理的であることが求められます。

また、**行政法的に見れば、特に公務員は多くの行政法に縛られ、公務員の行動に対する規範や制限の多くが行政法に示されている**といえます。

そして、公務員が不法行為を行った場合の相手方は、行政に訴訟を起こしたり（335ページ）、賠償請求することすらできます（353ページ）。これらが一般の会社員と公務員との大きな違いです。
そのため、**その職員が雇用関係にある主体が行政主体かどうかはかなり重要**になります。
では宇宙飛行士が雇用関係にあるのは行政主体なのでしょうか。

■独立行政法人や公共組合とは

宇宙飛行士になるには「ＪＡＸＡ（宇宙航空研究開発機構）」という宇宙開発を担っている機関が行う宇宙飛行士候補者の選抜試験に合格する必要があります。試験に合格すればＪＡＸＡの職員として雇用されます。つまり、このＪＡＸＡが行政主体であれば、宇宙飛行士は公務員ということになりますが、ＪＡＸＡは国立研究開発法人という日本でも数少ない法人格を有しています。

この国立研究開発法人というのは、独立行政法人通則法という法律に基づく「独立行政法人」です。独立行政法人とは、通常の役所のように**公的な事務や事業を行っているものの、国からは独立して機能すべきとされる法人**です。

もう少し詳しくいうと、**国民生活や公共上、必須とされる行政事務や事業ながら、「国が自ら主体となって直接に実施せず、さらに一見、民間が行うほうが良さそうでも、放っておいたら民間は取り組まない可能性がある」**ものなどです。

逆にあえて民間に国から独占して行わせたほうが良いと思われるものもあります。

◎特別行政主体の種類

種類		概要	例
独立行政法人	中期目標管理法人	「中期目標（3～5年）」に基づき国民への優良なサービスの提供を主な目的とする法人	国民生活センター 国立美術館
	国立研究開発法人	「中長期目標（5～7年）」に基づき我が国の科学技術水準向上を目的とした研究開発を主な業務内容とする法人	宇宙航空研究開発機構 情報通信研究機構
	行政執行法人	国の行政事務と密接に関わる公共的事務等の確実な執行を主な目的とする法人	国立公文書館 造幣局
国立大学法人	国立大学法人	国立大学やその附属学校を設置、運営する法人	北海道大学 神戸大学
	指定国立大学法人	世界最高水準の教育研究活動の展開が相当程度見込まれるとして文部科学大臣が指定する国立大学法人	東京大学 京都大学
公共組合		公共の利益をはかる目的で、特定の行政事務を行う法人	国民健康保険連合 土地区画整理組合

「国が自ら主体となって直接に実施しない」わけですから、ストレートに「行政主体」とは呼べず、独立行政法人は「特別行政主体」と呼ばれます。特別行政主体は、独立行政法人以外にも国立大学法人や公共組合などがあります。

公共組合はサマリーでもお伝えした国の監督下のもと行政活動を行う国民健康保険連合や土地区画整理組合などです。さらに独立行政法人自体も、国立研究開発法人以外に「行政執行法人」と「中間目標管理法人」があって、とてもややこしいので、ここでは上記の図表をざっとだけ把握しておいて、とりあえず「国」や「地方公共団体（都道府県・市町村）」以外に、「独立行政法人や公共組合という特別行政主体がある」ということだけ理解してください。ここで大事なのは「独立行政法人に雇用されている者は公務員か否か」ということです。

■公務員と準公務員

結論からいいますと、**独立行政法人の職員は公務員ではなく**「**準公務員**」とされています。**準公務員というのは、公務員ではありませんが、公務に準ずる公益性や公共性を有している職務を遂行する者**です。

公益性や公共性のある職務を遂行することから、贈収賄罪や公務員職権濫用罪、守秘義務（秘密保持義務）など、刑法上では公務員と同等の扱いを受けます。

このことから第三者が準公務員の業務を妨害すれば公務執行妨害も成立します。

ただし、争議行為の禁止や兼業の禁止といった国家公務員や地方公務員の制約は課されません。

準公務員は宇宙飛行士以外でも多く存在します。例えば、**郵便局員や駐車場の監視員、公共交通機関の職員、公共図書館職員、電気会社職員、ガス会社職員など**です。

すなわち宇宙飛行士は国民や社会に広く貢献するという極めて公益性や公共性のある職務を遂行する反面、その事業内容や専門性の高さから民間に国から独占して行わせたほうが良いと判断された**独立行政法人（国立研究開発法人）と雇用関係のある準公務員**ということになり、公務員にかなり近いですが、**厳密には公務員ではない**ということになります。

ADMINISTRATIVE LAW 4

ヒトが行う行政業務をAIに置き換えられるか？（行政のデジタル化）

■急速に進化する人工知能（AI）の技術

2021年9月にデジタル庁が創設されました。**デジタル庁は行政サービスの電子化の遅れや、バラバラな国と地方自治体の行政システムの課題などを解消することを目的**としています。

よくある誤解は、こういった行政のデジタル化が2020年1月からの新型コロナウイルス感染拡大を受けての政策と思われることです。

日本では2013年にインターネット技術の進歩や民間事業者におけるデータ連携の進展といったIoTの普及に伴い「世界最先端IT国家創造宣言」、さらに2018年には「デジタル・ガバメント実行計画」としてコロナ禍の前から行政デジタル化は志向されていました。

これは、それまでAIの主流であった機械学習がさらに発展し、ディープラーニングと呼ばれる「人間が結論を導く過程と同様の論理構造を用いてデータ解析ができる」AI技術が登場

◎ AIの種類

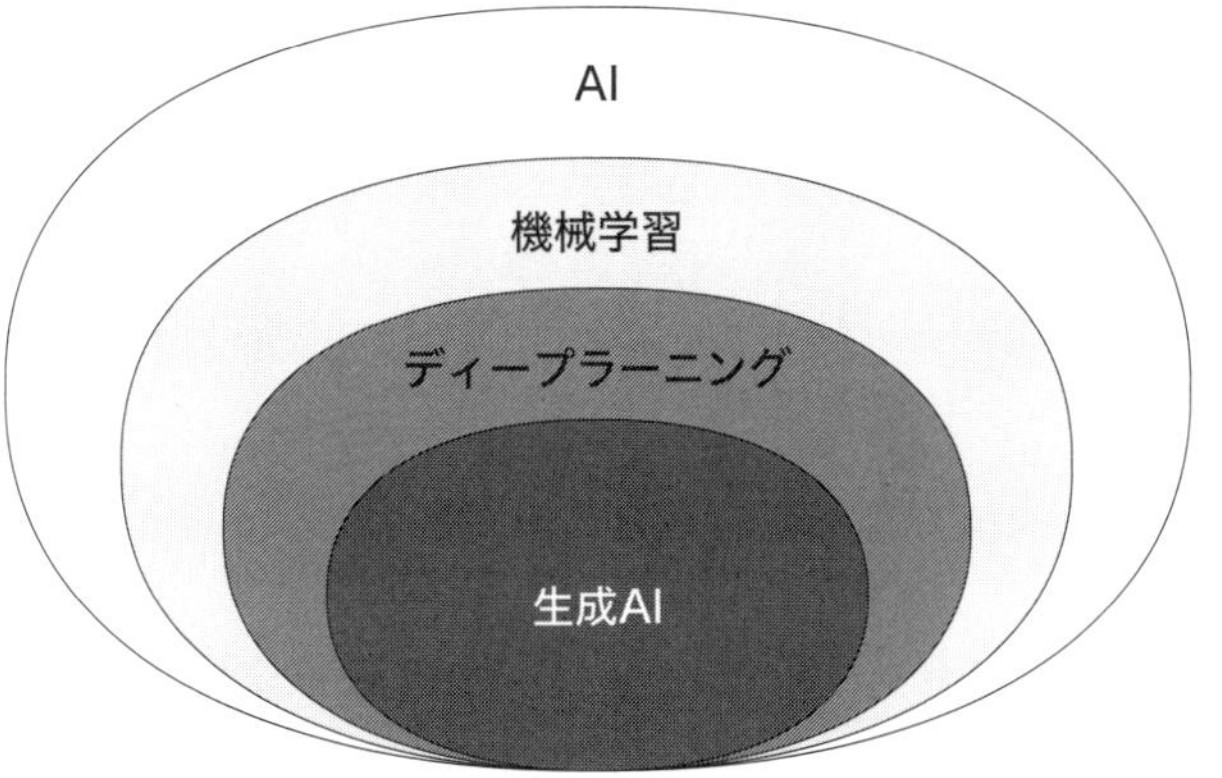

したためです。

そして、２０２２年頃から日本で一気に生成ＡＩ（Generative AI）が普及しています。

生成ＡＩとは「大量のデータを学習させることで文章や画像、音楽など多様な成果を自動で生み出せる」ＡＩ技術です。

代表的なものとして、言語による指示に呼応して自然な文章やプログラム言語などを生成する「ChatGPT」、「Bard」などの大規模言語モデル（LLM）や、入力した文章に基づいてイラストやＣＧなどを生成するStable Diffusion（ステーブル・ディフュージョン）」や「Midjourney（ミッド・ジャーニー）」などの拡散モデルがあります。

ＡＩの有する機能は音声認識、画像（動画）認識、言語解析という「識別」、数値予測、マッチング、意図予測、ニーズ予測という「予測」、表現生成、デザイン、最適化、自動化という「実行」

という大きく分けて3種類の機能があります。

これらの機能を行政活動に導入する試みは盛んに行われており「行政業務の効率化」や「国民（住民）サービスの向上」の実現が期待されています。

２０２１年12月時点の「地方自治体におけるＡＩ・ＲＰＡの実証実験・導入状況等調査（総務省）」によれば、地方公共団体で導入が盛んなＡＩ機能は音声のテキスト化といった「音声認識」、手書き文字や活字を自動で判読する「文字認識」が圧倒的に多く、次いで総合案内サービスとしてのチャットボット活用くらいで、他の機能の導入はあまり多くはありませんでした。

しかし、２０２２年から生成ＡＩが爆発的に普及したため、それぞれの地方自治体においてChatGPTをはじめとする生成ＡＩ導入意識が高まりました。

事前に用意した回答をユーザーの問い合わせに対して自動返答する「チャットボット」とは違って、自然な文章による対話が可能なChatGPTを導入すると、これまでよりも質の高い行政手続の補助を住民に提供することができます。

ChatGPTやBardなどの大規模言語モデルは、膨大な学習データを入力させることで、その情報を基にした自然な会話ができます。

ChatGPTは、OpenAI社（アメリカのＡＩ開発を行う非営利研究機関）が集積したデータを学習データとしていますが、日本で普及した２０２２年11月頃は、集積データが２０２１年

９月までの古いものでした。

しかし、２０２３年11月のバージョンアップでデータが更新され、さらにＷｅｂブラウジング機能（インターネット上のデータをChatGPTが探しにいく機能）や、ユーザーからの学習データアップロード、そして外部ＡＰＩにアクセスする機能（特定のシステムの機能やデータを共有する仕組み）が実装されました。

今後、行政手続に関連する法律や規則、自治体の条例や要綱、それまでの窓口相談内容やその対応例などを学習させれば、行政職員と同程度の対応がオンラインで可能になるはずです。

他方で行政目的を達成させるための助言や指導、勧告の文書、あるいは行政処分に関する決定や拒否などの通知まで生成ＡＩに担わせるかという論点は重要となります。

さらに、**ＡＩ導入に関して行政法学の観点では、必ず検討しなければならないことがあります。**

それは、**ＡＩによる行政業務の補助を許容したとしても、ＡＩ自体が「行政主体」となりうるか否かということ**です。

例えば、京都府城陽市が行った「職務プロセス分析」（次ページ）によれば、行政業務は「公権力の高低」「政策判断の高低」という２つの軸で４つの領域に分類することができるとされています。

「公権力」とは、行政主体が国民（住民）に対して一方的に計画、命令、給付といった一定の

◎職務プロセス分析

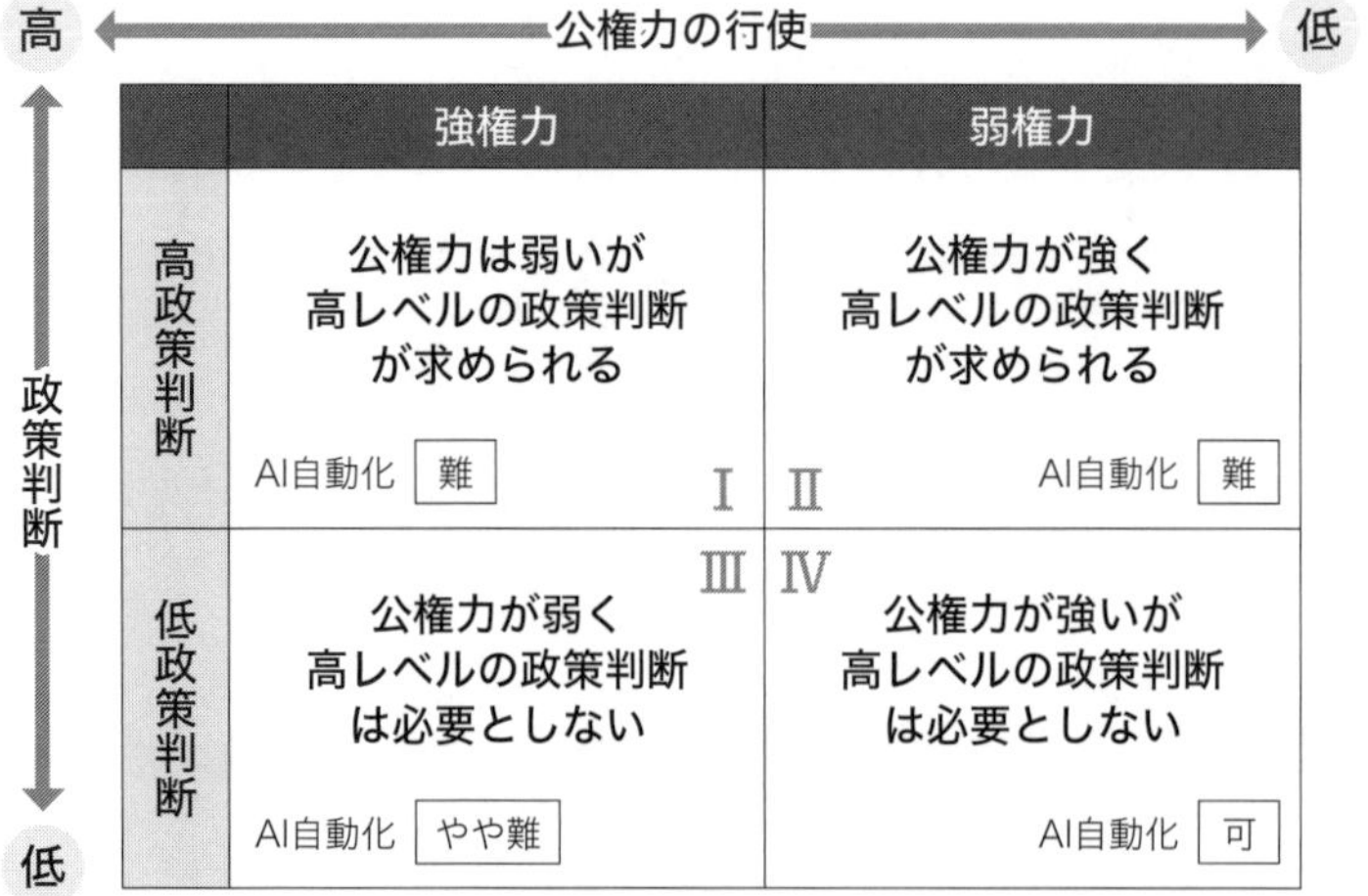

	公権力の行使 高 ←―――――→ 低	
	強権力	弱権力
高政策判断	公権力は弱いが 高レベルの政策判断 が求められる AI自動化 難　　Ⅰ	Ⅱ　公権力が強く 高レベルの政策判断 が求められる AI自動化 難
低政策判断	公権力が弱く 高レベルの政策判断 は必要としない AI自動化 やや難　Ⅲ	Ⅳ　公権力が強いが 高レベルの政策判断 は必要としない AI自動化 可

〈出所〉有川利彦「城陽市／職務プロセス分析による自治体改革」（2011年）を基に作成

法律関係を形成したり、指導・強制する権力的な作用をいいます。

「政策判断」とは、社会的課題の解決を目的として、実現すべきことや対応方法、それらの優先順位などを判断することです。

この原稿の執筆時点の生成ＡＩの実情では、まだ実現は不可能ですが、先に書いたような、法律や規則、その自治体の条例や要綱、それまでの窓口相談内容やその対応例などを膨大な学習データとして入力することができれば、ある程度の政策判断を生成ＡＩによって文章生成することは、難しくなくなるでしょう（「職務プロセス分析」図のⅢ・Ⅳ領域）。

一方で高いレベルの政策判断が求められる領域は、生成ＡＩに全てを委ねて文章作成を自動化することはできません。

なお、ここでいう高いレベルの政策判断とは、法律・規則をはじめ、その自治体の条例や要綱、過去に蓄積された窓口相談やその対応例といった学習データ、これに加えて日本や他の自治体の様々な統計データや行政サービス提供体制、他自治体との比較データなどを入力したとしても自動での判断が難しいと考えられることです。

例えば、利害関係が衝突する複数当事者が存在し、調整が必要な分野であったり、過去のデータから傾向が判断できない、従来なかった社会的課題などです。

では、Ⅲ・Ⅳ領域であれば今後、全てＡＩに自動生成を委ねることは可能でしょうか。

通常、行政業務を行う行政職員は、住民との間でその専門性に基づいて適切な公権力を行使する責任や、公権力の行使をした場合（あるいは、することを防止するために事前に）、生じるメリットやリスクについて、住民が理解できるように説明・導く責任を負っています。

つまり、ＡＩによってⅢ・Ⅳ領域の作業自体が完全に自動化されたとしても、その**行政業務に対する「責任の所在」という課題**が生じます。

これは第7章でも取り上げる「行政救済」にも共通する論点です。

行政主体の行う行政業務の遂行によって住民の権利利益が侵害された場合には、いくつかの救済手続の審査において「行政主体側の責任の所在」が重要になることもあるからです。

いくらＡＩがヒトに近しい成果を出せるからといって、ＡＩが責任をとることはできません。

結果、ヒト（行政職員）が完全にＡＩに行政業務を委ねることは難しいのです。

実現の可能性が高いものとして考えられるのは、行政業務の大半をＡＩに委ね、その成果に対して行政職員が関与してダブルチェックするという方法です。

この方法により生じる結果をさらに、効果や成果を評価して蓄積することで、少なくともⅣの領域であれば、将来的にＡＩに行政活動を委ねることができる可能性はあるでしょう。

それらを見据えた場合、現在における「行政主体」の定義付けや「行政作用」「行政救済」に関する各種法律を大幅に見直す必要が生じると思います。

ADMINISTRATIVE LAW

第3章

要素❸ 行政客体とは何か

第3章　サマリー

前章では行政活動の担い手としての「行政主体」について説明しましたが、次はその相手方である「客体」にスポットをあてます。

行政活動の相手方として行政主体に対置する第一は国民（住民）です。

行政客体としての国民（住民）は、行政活動の種類によって様々な対象が考えられますが、例えば、自動車を運転するための免許の交付やハローワークによる就業相談、知識・スキル修得のための講座提供など、いち個人（自然人ともいう）が挙げられます。

また、行政活動といえば所得税や住民税など課税処分のイメージも強いと思います。**会社員の場合、勤務先の会社が対応するため、課税の場面では間接的な行政客体ですが、いち個人という立場では、個人事業主が直接的な行政客体**です。

他方で、課税の場面で行政客体としてわかりやすいのは会社などの法人（法律によって権利義務を認められた団体・組織）です。

さらに、個人事業主や法人の場合は、先に例を挙げた許可や免許などを得て事業活動を行う、いわゆる「業法」に関して行政客体となる場面が非常に多くあります。

なお、**業法とは特定の業種の営業に対して公共の福祉のために規制をかけている法律の総**

称をいいます。
そのほかにも**いち個人でもなく、法人でもない団体（権利能力なき社団等）があり、収益事業などを営めば法人税が課税される（行政との関係が生じる）ため、行政客体になりえます。**

行政活動の中でも、ある個人や法人が第三者と行う契約に関与して法律効果を完成させる「認可」という行政活動や事業者に対する「許可」などは、授益的な活動です。

しかし、これは別の第三者に対しては不利益な相互関係となる可能性もあり、ひとくちに国民（住民）といっても、その対象ごとの検討は重要です。

なお、**行政活動の対象は人に限らず、不動産やその他の有体物にも及びます。**

例えば、私たちの周りに溢れている道路や河川・公園などは、多くの人が気づいてないだけで行政が管理していますし、その他の有体物も行政が管理しているものが多くあります。

例えば、渋谷駅の前にある忠犬ハチ公銅像は渋谷区のもので、忠犬ハチ公銅像維持会というところに管理を委託しています。

今後の重要性が増す行政客体という視点では、不動産や有体物だけでなく、**情報やデータ、さらにはデジタル技術によって生まれるネットワークや仮想空間など**についても行政の規制をどのように及ぼすべきか、深く議論する必要性が生じています。

ADMINISTRATIVE LAW 1

家の近くにピンクなお店を作って欲しくない（国民を規律対象とする行政）

■行政法は国民の自由を制限できる？

我が国の**最高法規である憲法には「何人も、公共の福祉に反しない限り、居住、移転及び職業選択の自由を有する」と書いてあります。**

「公共の福祉に反しない」とは簡単にいうと「他人の権利を不当に侵害しない限り」ということです。

つまり、国民（住民）は、**犯罪行為に繋がるとか、誰かを奴隷にするとか、そういう誰にも迷惑をかけないのであれば、どんなことをビジネスにしても構わないとされているわけです。**

2021年5月、秋葉原の複数のメイド喫茶が一斉に摘発されるニュースがありました。摘発の理由は風俗営業法違反です。**風俗営業というと、性的なピンク産業をイメージする人も多いかもしれませんが、性的なピンク産業は、法律上「性風俗営業」といって、通常の風俗営業とは区別**されています。

◎風俗営業・性風俗営業の類型

- **風俗営業**
  - **接待飲食等営業**
    - 1号営業…社交飲食店（料理店、キャバクラ、ラウンジ）
    - 2号営業…低照度飲食店（10ルクス以下）
    - 3号営業…区画席飲食店（見通し困難、$5m^2$以下）
  - **遊技場営業**
    - 4号営業…パチンコ、マージャン
    - 5号営業…ゲームセンター
- **性風俗特殊営業**
  - **店舗型性風俗特殊営業**
    - 1号営業…ソープランド
    - 2号営業…ファッションヘルス
    - 3号営業…ストリップ、個室ビデオ
    - 4号営業…ラブホテル
    - 5号営業…店舗型アダルトショップ
    - 6号営業…1号～5号に該当しないもの（出会喫茶等）
  - **無店舗型性風俗特殊営業**
    - 1号営業…デリヘル
    - 2号営業…アダルトビデオ等の通信販売業
  - **映像送信型性風俗特殊営業**
  - **店舗型電話異性紹介営業**
  - **無店舗型電話異性紹介営業**

最も風俗営業の中でも「キャバレー、クラブ、パブ、スナック、ラウンジ、キャバクラ」などはストレートに性風俗営業と思う人は少ないでしょうが（看板やチラシの色の影響か）「ピンクなお店」と認識されることは多いかもしれません。

しかし、法律上の風俗営業は、料亭やクラブ、その他、ゲームセンター、パチンコなど、身近なお店が多く該当するので何もかもがピンクなお店ではないことにも注意が必要です。

いずれにしても、これらがいきなり「公共の福祉に反する」ことはありません。

なぜ、メイド喫茶が摘発されることになったのでしょうか。

そのキーワードは「**接待**」です。

メイドカフェのように、ジュースやカレーなどを提供する飲食店に属するものであっても、**法律上「接待」と解釈される行為があれば、風俗営業の許可をとっていないお店は「無許可営業」として罰せられる**ことになります。

ちなみに、この「罰する」という行為は行政活動の一つです（186ページ）。

行政主体が行政活動を行う対象のことを本書では「行政客体」と呼称します。

また、お店と書きましたが、法律上「お店」自体には権利が認められていません。このことから、この場合の「行政客体」は、**お店を経営している者**ということになります。

誤解されやすいこととして、お店の建物自体（あるいは建物が建っている土地）の所有者が行政客体とは限りません。

建物や土地の所有者自身がお店を経営していることもありますが、**所有者から賃貸借契約をしたうえで別の者がお店を経営していることも多いから**です。

所有者と賃貸借契約をしている者がいち個人（個人事業主）であれば、その人そのもの（法律上は自然人といったりします）が行政客体ですし、会社などの法人であれば、その法人が行政客体となります。

先に、お店（メイドカフェ）が摘発されることになったキーワードが「接待」といいましたが、**風俗営業法という法律では「歓楽的雰囲気を醸し出す方法により客をもてなすこと」が法律上の「接待」**にあたると定められています。

このような法律に定める要件に該当した場合に、行政客体に「不利益的な効果」あるいは「授益的な効果」が発生することを「行政作用（144ページ）」といいます。

特定の業種の営みに対して**公共の福祉のために不利益的な行政作用を及ぼすといった規制をかけている法律の総称を「業法」**といいます（本書では、多くの人がイメージしやすい「法規制」と呼称することもあります）。

ところで、お店で「歓楽的雰囲気を醸し出すことが公共の福祉に反するのか」と疑問に思う方もいらっしゃるかもしれません。

「歓楽的雰囲気を醸し出す」とは簡単にいえば、お客さんに「何となくイイ雰囲気」を出して、もてなす行為です。

この「何となくイイ雰囲気」というのは、男女間のいかにもな「イチャイチャ」した空気感はもちろん、お客さんが「何か、楽しく過ごしたいなぁ」という気持ちに沿って、ワイワイ談笑したり、お酌する行為も該当します。

もう少し、**法的な説明をすると「慰安や歓楽」を期待して来店する客に対して「その気持ちに応えるため」に、営業者側が「特定の相手に積極的に」もてなす行為**になります。

これは私見ではなく、1964年5月11日当時の警察庁次長から出された「警察庁乙保発第7号」を読み解く限り、こういった行為が「少年の健全な育成に障害を及ぼす」ものであったり「少年非行の温床」となると考えられているようです。

一方で、一人の女性が複数のお客さんにお酒を注ぐようなガールズバーは、風俗営業の許可はいらないという解釈にもなっています。

なかなか両者の違いを判断するのは難しいですが、**警察庁作成の「風営法解釈運用基準」によれば、「特定少数の客の近くにはべり、継続して談笑の相手となる」場合はアウトで、「お酌をしたり水割りを作っても速やかにその場を立ち去る」場合や「カウンター内で単に客の注文に応じて酒類等を提供するだけ（付随して社交儀礼上の挨拶を交わしたり、若干の世間話をしたりする程度は可能）」はセーフ**、とされています。

少なくとも、風俗営業法では、こういった基準に該当する行為を行うお店を「風俗営業」として厳格な要件をクリアした個人事業主や法人にのみ営業許可を与えるようにしています。

また、許可を与える際に詳細なお店の情報を提出させて、都道府県の警察が、そのお店を適正に管理することができるようになります。

なお、許可をとったお店も、営業開始後に深夜0時まで（地域によっては1時まで）という営業時間を守ったり、18歳未満を入店させないようにしたり、経営者が引っ越したら報告したり、管理者の情報を随時報告したりといった「守るべきこと（義務）」が増えます。

それだけでなく、**風俗営業法は、該当するお店の営業可能な場所がかなり制限されています。**

まず都市計画法という都道府県や市町村（自治体）が地域ごとに定める「その地域の用途（用途地域といいます）」の制約に左右されることです。

具体的には自治体が「住宅を建築することを目的」として用途を定めた地域（「第一種住居地域」など用途地域名に「住居」が付く地域）では営業することができません。

また、学校、図書館、児童福祉施設、病院、診療所といった「保全対象施設」から一定の距離（例えば１００ｍ）範囲内では営業することができません。

このことから、自分がピンクなお店の近くに住みたくない場合は、「住居」と用途地域名についている場所を選ぶか、学校、図書館、児童福祉施設、病院、診療所など「保全対象施設」の近くに住めば良いのです。

このように、**行政法は公共の福祉のために国民の自由を制限することが可能**です（公共の利益と私的利益のバランスについては２０３・２０４ページに詳細を取り上げています）。

ADMINISTRATIVE LAW 2

いつも公園が綺麗なのは誰のおかげ？（不動産や有体物を規律対象とする行政）

■身近な存在だけど意義の高い「公園」

誰でも住まいの近所で見ることができる公園。公園を利用したことがないという人はいないのではないでしょうか。

また、休日にアスレチックなども備えた少し大きめの遊具が設置されている広大な公園に出かける方も多いと思います。

こういった公園は法律上「都市公園」と呼ばれます。**都市公園は国が管理するものと地方公共団体が管理するものと両方があり、いずれも都市公園法という法律で規律されています。**

また、優れた自然の風景地を保護するためになるべく人工的な施設を多く加えない「自然公園」や、京都御苑や新宿御苑といった、元々皇室苑地だった場所を環境省所管のもと、公園として開放されている「国民公園」などもあります。

公園は住宅地の中に溶け込んで存在する身近なものから、大自然の中に設けられているものまで様々ですが、いずれも**共通しているのは「公（パブリック）」な「園（ガーデン）」、すなわち「誰でも利用できる建物に囲まれない開かれた場所」**ということです。

わかりきったことを書いているように思われるかもしれませんが、**都市公園法という法律の制定は、戦後に日本が復興していく中で公園に相当する場所が住宅や学校といった公園と無関係な建物で占拠されていったこと（公園の荒廃）を反省した経緯から**なのです。

つまり、放っておくと「建物に囲まれない開かれた誰でも利用できる場所」はどんどん人工物に浸食されてなくなってしまうという前提があります。

国の考えとして**都市公園は「屋外における休息の場」「レクリエーションを行う場」**として考えられており、同時に**「都市環境の改善」や「生物多様性の確保」**などが重要視されています。

このように見ると、公園は自然のありのままが原則で、元々存在している場に対して後付けで「定義付け」や「規律」を加え、そして公園に馴染まない人工物を工作しないように規制すれば、それで事足りるようにも思えます。

イメージしやすいものでお伝えすると、元々存在する「河川」に対して「河川法」で規律するのと同じ感覚です。ところが、都市公園はそれだけでは足りないと考えられています。

都市公園は、河川と異なり面積や子供にとって意義の高い使われ方を考慮し、さらに実際の利用状況と照らしあわせながら（廃止や統合なども含めて）整備しなければならないと考えられているのです。

■「公園」の意義とは何か

国土交通省によれば、公園の意義は主に「**存在効果**」と「**利用効果**」の2つがあるとされています。

〈存在効果〉

- 無秩序に市街化が加速したり、都市化が発展しないようにする
- 人工物の増加による都市部の気温の上昇、騒音や振動、大気汚染などを予防する
- 災害時の避難所利用。火災時の延焼防止、洪水調節
- 自然による心理的安定。美しい景観、郷土への愛着
- 地域文化や歴史資産と一体化した観光資源等への付加価値

〈利用効果〉

- 心身の健康維持増進
- 子供の健全な育成
- 競技スポーツ、健康運動の場所提供

・教養、文化活動など余暇の場所提供
・地域コミュニティ活動への寄与

こういった様々な公園の意義を創出するためには、公園の意図的な整備は必須であり、河川以上に設備の設置や管理なども積極的に行わなければならないとされているわけです。

通常であれば、こういった整備、設備の設置・管理というのは、その対象（今回であれば「公園」）の受益者が行うべきです（管理者と受益者が一致）。

しかし**「公（パブリック）」**な**「園（ガーデン）」**である**「都市公園」**については、そう単純な話にはなりません。

その理由として、**通常の「物」とは異なる「公物」という概念を理解する必要があります。**

■公物という行政客体

サマリーで行政活動の対象（行政客体）として「（様々な）自然人」があることを説明しましたが、**公園や河川、道路といった「有体物」**もまた、行政活動の対象（行政客体）となります。

行政法上、こういった有体物を「**公物**」といいます。

ただし、**公物に関する統一的な法律は存在せず「都市公園法」や「河川法」「道路法」「海岸**

法」などを総称して「公物法」や「公物管理法」と呼び、その対象（客体）を「公物」と呼んでいます。

ただでさえ、統一的な法律がない「行政法」の中に、さらに統一的な法律のない「公物法」が論じられるので「公物」という行政活動の対象（行政客体）を理解するのは困難です。

伝統的な行政法に限らず、現代的な行政法学においても「公物」に対する学説は、あまり明瞭ではなくスッキリとしていません。

しかしながら、行政活動の対象として「人」以外に「有体物」としての「公物」がある以上、それがどういうものなのかを考えることに意義はあります。

◎公物の種類

利用目的
公用物
公共用物

自然に供されているか
自然公物
人工公物

所有権の所在
国有公物
私有公物
公有公物

〈公物の種類〉

公物とひとくちにいっても、**公物は「公共用物」と「公用物」の2種類に分類**されます。「共」という字があるかないかで意味はまったく異なってくるので注意が必要です。

公共用物…公園、河川、道路、海岸など「公衆の用に供される」ものをいいます。
公用物……役所の土地や建物など直接、国や地方公共団体など「官公署の用に供される」ものをいいます。

両者の違いは**官公署が直接利用するもの**か、**公共的なもの（国民や住民も利用する）**かという違いですが、いずれも「**自然公物**」と「**人工公物**」があります。

「誰でも利用できる土地は自然公物の公共用物」
「官公署のみが利用する土地は自然公物の公用物」
「誰でも利用できる建物は人工公物の公共用物」
「官公署のみが利用する建物は人工公物の公用物」

といった具合です。

わかりにくいですが、国公立学校の校舎などは、国民や市民も利用できるものではありますが、必ず誰でも利用できるわけではないので「**公共用物**」ではなく「**公用物**」です。

慣れるまではかなり混乱するので、現段階でこんな細かい違いまで覚える必要はありません。

一方で**重要なのは「公物の所有権を持っているのは誰か」**という点です。

国に所有権があるものを「国有物」、地方公共団体に所有権があるものを「公有物」、私人（会社も含む）に所有権があるものを「私有物」と呼びます。

特に公物であっても、決して私人の所有物（私有物）である状態が否定されていないことに注意が必要です。

また、少し異なる表現として公物の管理者と所有者が一致しているものを「自有物」、一致していないものを「他有物」と呼ぶことがあります。

例えば大阪城公園の所有者は国ですが、管理しているのは大阪市（地方公共団体）です。つまり、大阪市にとって大阪城公園は自然公物を公共用物として管理・供用しており、国有物を他有物として管理・供用しているわけです。

■公物はいつから公物となるか

では、こういった公物は何を基準に、またはいつから公物と考えることができるのでしょうか。簡単にいうと公物には成立要件があるとされています。

〈公用物の成立要件〉

役所の土地や建物など直接、官公署（公務員）などが使用する公用物については、単純です。**行政が使用できる状態（一定設備が備わっている状態）で、事実上、使用していれば公用物**

となります。

〈公共用物の成立要件〉

公共用物は、公物の中でも、公園など「公衆の用に供されるもの」なので、公用物よりも誰にとっても明確な要件が2つ必要です。

一つは、対象の公共用物が**一般公衆の利用に供し得る形態となっていること**です。もう少し簡単にいうと、対象物が自由に使用できる状態（使用を妨げられない状態）であることです。

公園が新たに作られた場合に、まだ出入口が封鎖されていたり、遊具が使用できないようにロックされているような状態ではなく、明らかに一般開放されているような状態です。

もう一つが行政主体による**「公の目的に供する」という「公用開始行為」が必要**とされています。「もう、みんな使っても良いよ」という意思表示です。

1つ目の要件で例を挙げたような公園における出入口の封鎖を解放することや、遊具のロック解除などは、1つ目の要件に加えて、2つ目の要件も兼ねるといえます。

なお、公園や図書館などの人工公物ではなく、河川や海岸などの**自然公物については、2つ目の要件である「公用開始行為」は不要**とされています。

■公物を管理する責任

では、このように公物の詳細を知ることが、私たちにどのような意義があるのでしょうか。

行政法学では、行政主体（あるいは行政から公物の管理を任された者）には「公物を管理する権利（権限）がある」とされてきました。

つまり「公物」とされるものには、**国や地方公共団体の管理権が及び、対象物に対する支配権があることを明確化する**考えです。

この場合に検討対象となりやすい論点は、公物管理権の根拠について、法定化されているものと、されていないものの扱いをどうするか、または、物に対する（行政主体の）所有権有無や、使用権有無などになりがちです。

しかしながら、私たちが国や行政との利害関係や影響の観点で行政客体を捉えるためには、「公物に対する行政の管理権」というよりも、むしろ**「公物に対する行政の管理責任」と捉えるほうが有意義**であると考えています。

このように考えると、「公物の管理権」と「公物の管理責任」は強く関連するものの、別の論点と考えることができ、より国民や住民にとって実務的な理解をすることが可能です。

本書の整理でいえば「公物の管理権」は第6章の「行政と私法領域」の〝官民連携〟で検討する（313・314ページ）こととなり、「公物の管理責任」は第7章の「行政救済の手段」

の〝営造物責任〟で検討する（３６１ページ）こととなります。

本項では「公園が綺麗な理由（ワケ）」を例に、第7章「行政救済の手段」の前提となる事柄について触れておこうと思います。

〈公物の管理責任とは〉

国家賠償法という法律には、**公の営造物の設置・管理の瑕疵《かし》により国民（住民）に損害が生じた場合には、国（地方公共団体）に賠償責任が生じる**ことを定めています。**「公の営造物」は「公物」と同義**です。また、**「瑕疵」とは、通常あるべき機能や性質が欠けていたり、欠陥がある状態**をいいます。

つまり簡単にいえば、公物の欠陥で国民が被害を被った場合には、国や地方公共団体がその被害を償わなければならないと法律で決まっているのです。

逆にいえば、**国や地方公共団体は常に公物が通常有すべき機能や品質を保ったり、欠陥が生じないように管理する責任がある**ということになります。

では、国や地方公共団体がどの程度保つ必要性があるのか気になりますが、詳細は第7章に譲る（３６１ページ）として、ざっと基本的な考え方で説明すると、公物の建造や維持・修繕などに不完全がないようにしておかなければなりません。

例えば、ブランコが老朽化し、壊れた状態であれば、そのまま放置せずに修繕しなければならないということです。

このような誰の目から見ても明らかな瑕疵でなかった場合でも、**人的損害（生命や身体に対する損害）や、物的損害が生じることが予見できることに関しては、未然に防ぐための措置をすることも必要**です。

例えば、一般的な幼児であれば転落する危険性のある箇所に防護柵を設けるなどです。

さらに（公園ではなく、市道の事例ですが）水たまりを放置した結果、自動車が転覆した事例などでも賠償責任が生じた例があることから、道路や公園、学校といった公物は、単に物の損傷などを修復したり、安全措置を施すだけでなく、常に安全性が万全な状態に（国や地方公共団体が）維持しなければならないということです。

これを踏まえると、いつも行政がしっかり管理している公園の存在にも納得がいくのではないでしょうか。

ADMINISTRATIVE LAW 3

暗号資産やメタバースなど無体物に対する規制（デジタル社会の新たな規律対象）

■無体物とは何か

これまでお伝えしたように、**行政法は、社会における公共の利益の実現を目指しています。**法規制によって「私人の権利や自由を制限」したり、政策的に特定の業種や分野に「補助金や助成金」を出すことで、成長促進させたりします。

この対象である行政客体は、原則的には「国民」「不動産やその他の有体物」だったわけですが、近年のこの態様に大きな変化が生じ始めています。

それが本項で扱う「デジタル社会の新たな規律対象（行政客体）」です。

これまで触れてきた**「国民」や「不動産やその他の有体物」は誰でも見ることが可能な「物理的に存在する」有体物**です（民法などの議論では「空間の一部を占める有形的存在」と説明されています）。

一方で、**「デジタル社会の新たな規律対象」は物理的な存在を確認することができない「無**

体物」となります。

具体的にいえば、実際に手にとることができない「仮想通貨（法律上は「暗号資産」といいます）」や「仮想空間（ヴァーチャル・スペース）」などです。

そもそも、これら「**暗号資産**」や「**仮想空間**」などが出始める前、日本では1990年後半のインターネットが普及した以後も、ネット上のデータなどの法律上の取り扱いについて、様々な課題が生じていました。

有体物とは異なる性質を持つ無体物に対して、適切な保護や規制をいかに行うべきかは社会的にも、政治的にも、もちろん経済的にも非常に重要な論点といえます。

ですが、インターネットが普及してから30年経過した現在でも、日本では情報やデータといった無体物を「行政客体（行政の規律対象）」とした場合の議論が不十分であると感じています（デジタル技術の変遷に沿った時系列の説明は第8章を参照、394〜448ページ）。

そこで本項では、これから起こりうるデジタル社会の課題とともに、無体物としての行政客体を考察します。

■デジタル社会の本質

無体物のことが何となくわかったとしても「**デジタル社会の新たな規律対象としての無体物**」と書くと、何のことかさっぱりわからないと思います。

そもそも、「通常の社会」と「デジタル社会」の違いもわからないし、「デジタル」の意味ですら、厳密に考えるとよくわからないのではないでしょうか。

じつは政府は「デジタル社会」や「デジタル庁」など、「デジタル」という用語をたくさん用いながらも、**法律上でハッキリと「デジタル」という用語を定義していません。**

つまり、「デジタル」の捉え方に関しては極めて曖昧《あいまい》なまま、我が国のデジタル政策が進められているのです。

おそらく、一番最初に「デジタル」という用語を用いた法律は、2004年施行「コンテンツ促進法」に規定された「デジタル化」です。

言い回しとしては、国や地方公共団体が、インターネット等の利用を通じて**コンテンツが適切かつ有効に発信されるように**、コンテンツの制作、収集、保存、発信または「**既存のコンテンツのデジタル化**」を行う体制や施策を講じましょうということで記載しています。

簡単にいうと、紙に書いたイラストや、現実世界で流れている音楽などがインターネット上でコンテンツとして発信される際には「デジタル化」というものがなされることを前提としているということです。

その後、2009年には地上テレビジョン放送のデジタル化完全移行に伴い、電波法が改正されて「地上デジタル放送」という用語が定義付けされました。

この言い回しとしては、**デジタル信号によるテレビジョン放送**のうち〝静止・移動する事物の瞬間的映像〟と、これに伴う〝音声その他の音響を送る放送〟のことを「地上デジタル放送」としています。

簡単にいえば、デジタル信号による映像や音声を送信するテレビ放送を「地上デジタル放送」と定義付けているわけですが、これでは当たり前すぎて、結局「デジタル」とは何なのか、釈然としません。

そして、この電波法に記載されている「デジタル信号」と同義としていると考えられるのが、2012年の著作権法改正の際に規定された「自動公衆送信（インターネット上の送信など）を受信して行う**デジタル方式の録音又は録画**」という言い回しです。

やはり、こちらも何らかのデジタル的な録音や録画があることを前提としています。

さらに2017年には、IT総合戦略本部が「デジタル・ガバメント推進方針」というものを掲げました。このIT総合戦略本部は内閣府内にIT国家戦略をとりまとめる目的で設置された機関ですので、政府（国）のデジタル施策を定めている機関といっても過言ではありません。

いうまでもなく、この「デジタル・ガバメント推進方針」の中にも翌年、具体的に定められた「デジタル・ガバメント実行計画」の中にも「デジタルとは何か」という定義そのものは謳《うた》われていません。

法律的な解釈とは離れて、これらの用語が一般的な理解である「デジタル」を想定している

◎アナログとデジタルの違い

アナログ

ある量またはデータを、連続的に変化しえる物理量で表現すること（電圧・電流など）。

デジタル

ある量またはデータを、有限桁の数字列として表現すること（2進数など）。

とすれば、「デジタル化」というのは「ある量または情報を有限桁の数字列（例えば0と1のみで表す2進数）として表現すること」を指しているかもしれません。

簡単にいえば、何らかの物量（耳で感知できる周波数や、目で感知できる光量など）を数値化することが「デジタル化」なのです。

自然界に存在するあらゆる物量を数字で表すことは不可能ですので「デジタル化」には、必ず「区切り」が生じてしまい、連続性が失われます（逆にいえば、アナログとは連続性のある物理量です）。

例えば、針表示のアナログ時計には○秒と○秒の間に数値化が不可能な連続性のある「間（あいだ）」がありますが、液晶やLED表示されたデジタル時計は明確に数値化されているため、曖昧《あいまい》な「間（あいだ）」は存在しません。大胆にカットしているのです。

余談ですが、この理解から導くとコンピュータとは無縁な「そろばん」は、アナログではなく、数字をデジタル化した器具です。

とはいえ、政府の「デジタル」の理解は、少なくとも**情報などをコンピュータが処理を行えるように「0」と「1」といった電気信号に変換し、さらにインターネットなどの「オンライン上に載せること（オンライン化）」を踏まえたもの**であると理解して良いでしょう。

そしてさらに深掘りすると、「デジタル・ガバメント」という呼称以前に、政府の政策に「電子政府」という言い回しがされていました。

この「電子政府」は2001年当時のＩＴ総合戦略本部が策定した「e-JAPAN戦略」で謳われたものです。

当時の解説では、電子政府のことを「行政内部や行政と国民・事業者との間で書類ベース、対面ベースで行われている**業務をオンライン化し、情報ネットワークを通じて省庁横断的、国・地方一体的に情報を瞬時に共有・活用**する新たな行政を実現するもの」と説明しています。

簡単にいえば、行政活動や、国民・事業者とのやりとり（行政手続）を簡略化するために、**情報ネットワークを使って省庁間、国、地方を繋いだ状態**（データ連携）を「電子政府」としているのです。

現在の「デジタル・ガバメント」という呼称もこれを踏まえていると考えられます。

2021年に成立した「デジタル社会形成基本法」の中では、**デジタル社会とは「インターネット等を通じて多様な情報・知識を世界的規模で入手・共有し・発信するとともに、人工知能やクラウドなどを活用し、あらゆる分野で創造的で活力ある発展が可能な社会」**としています。

つまり、少なくとも現在では政府の「デジタル化」という用語理解の背景には「オンライン化（インターネット上に情報を接続させること）」と「データ連携（インターネット上にあるデータが繋がること）」のいずれもが含有されていると考えられるのです。

にもかかわらず、近年の行政法学や、政府関係者、政治家の議論でも、**「デジタル化の本質」が踏まえられていない**ものもよく見られます。

■デジタル社会で生まれた新たな規律対象

ここまでを踏まえたうえで「デジタル社会の新たな規律対象」を挙げていきます。

まず、**デジタル社会で新たに検討すべき規律対象は「無体物」**です。

なぜなら、デジタル化の本質は、オンライン上に接続された情報やデータであり、デジタル社会の背景には、これら**情報やデータが繋がることで生まれる「何か」**があるということを前提にしているからです。

これらはいずれも法律上でいう「空間の一部を占める有形的存在」ではありませんので「無

体物」と言い切れます。

繰り返すと**デジタル化の本質は「オンライン化」と「情報やデータの繋がり」**です。

現実的な空間とは別にオンライン上で「情報やデータが繋がる」ことで、**これまでになかった様々な価値や権利などが生じます。**

そこでこれからのデジタル社会で、国民の権利利益の保護と社会の秩序や安定・維持を実現するために知っておく必要がある「無体物」としての行政客体をいくつか取り上げます。

〈メタバースという仮想空間〉

本項の冒頭で「仮想空間（ヴァーチャル・スペース）」について触れましたが、仮想空間とは、文字通り「インターネット上に作られた仮想の空間」をいいます。

また、似た言い回しで「仮想現実（ヴァーチャル・リアリティ）」という呼び方もあります。VRとも省略して表現しますが、仮想空間に対して「仮想現実（VR）」というのは、**仮想的な空間を体験するための技術（自体）**を指すことが多いです。

さらにARと省略する「拡張現実（オーギュメンテット・リアリティ）」という技術もあります。

これは仮想的な空間を体験するVRとは違い、現実的な空間にデジタルで表現した映像などを組み込むものとなります（ポケモンGOなど）。

◎メタバース・VR・ARの特徴

名称	意味	代表例
メタバース (仮想空間) 「Meta verse」	デジタル空間上の仮想アバター(化身)を通した体験や交流	Fortnite Decentraland cluster　など
VR (仮想現実) 「Virtual Reality」	仮想世界を現実のように体験できる技術	ゴーグル ヘッドセット (Meta Quest、PICOなど)
AR (拡張現実) 「Augmented Reality」	現実世界に仮想世界を重ね合わせて体験できる技術	スマートフォン (ポケモンGOなど)

近年では**「仮想空間」のことを「メタバース」と呼ぶ**ことがあります。

メタバースというのはアメリカのSF作家ニール・スティーヴンスンが1992年に発表したSF小説「スノウ・クラッシュ」が由来です。

この作品内で「メタバース」と呼ばれる「仮想空間」が登場するのですが、現在の「仮想空間＝メタバース」という用例は、この「スノウ・クラッシュ」から影響を受けています。

しかし、**厳密にいえば「仮想空間」であれば、イコール全てが「メタバース」というわけではありません。**

これは**無体物を行政客体として考える場合には重要事項**です。

ではよくある仮想空間、あるいはオンラインゲームやSNSと「メタバース」は何が異なるのでしょうか。

現時点でメタバースには次のような要素が必要とされています。

①没入感のある3次元の仮想空間であること
②多数のユーザーがリアルタイムに仮想空間を共有すること（同時接続性）
③自らのアイデンティティを投影する分身を持てること（アバターともいう）
④ユーザーが主体的にアイテムやコンテンツを生成できること
⑤ユーザー間で自主的にコミュニケーションやアイテム交換、取引などができること

①の要素を踏まえると**ARではなくVRがメタバースの要素になりやすい**といえます。さらに②の要素にあるように**多数のユーザーがリアルタイムで同時接続できる**VRでなければなりません。

また③はメタバースの要素として特に重要なもの、しかも現実世界では様々な制約によって、実現できないものです。

本来的に「なりたい自分」を仮想空間で実現できることがメタバースの本質なのです。

例えば、男性が女性のアバターになったり、子供が大人のアバターを使ったり、普段は躊躇《ちゅうちょ》しているファッションやヘアカラーを試してみたり、場合によっては動物や架空のキャラクターになったりなどを楽しめる空間です。

これらは④にあるように、特定の運営会社の提供するものではなく、自ら生成したり、⑤のようにユーザー間で自主的に交換できなければならないわけです。

もうお気づきかもしれませんが、これらは「国家や行政機関などの行政主体によって国民の権利利益の保護と社会の秩序や安定・維持を実現しようとする」**行政法の目的とは真逆に位置する空間**といえます。

言い換えれば**行政法とは「中央集権の最適化」**であるのに対して、メタバースによる仮想空間は「**非中央集権（自律分散ともいいます）の具現化**」といえるのです。

しかし、仮想空間とはいえ「情報やデータの繋がり」、それどころか、多くの人同士が繋がるわけですから、**現実世界と同様の「権利利益の保護と秩序や安定・維持の実現」は必要**です。実際に現在進行形でメタバース内において、誹謗中傷や侮辱行為がなされたり、アバターによるアバターへの痴漢行為・つきまといが行われたり、詐欺・盗難や著作権侵害がなされたり、と解決すべき迷惑行為も横行しています。

したがって、このような**仮想空間という無体物に対しても行政客体としての規律が非常に重要**となります。

一方で、地方自治体に対する地域コミュニティ（町内会や自治連合会など）以上に、自主性の高い空間ですので、これまでにない規律のバランスの検討も必要です（433ページ）。

〈暗号資産という通貨の代替手段〉

非中央集権の具現化であるメタバースにつづいて、次は権限と規制に反発して生まれた「暗号資産」を取り上げます。

国が社会の秩序や安定・維持を実現するために重要な役割を担っているのが「通貨（法定通貨）」です。法定通貨は**国家がその価値を保証したり、コントロールすることによって取引や経済市場の調整や安定をはかっています。**

いうまでもなく、**「法定通貨」**の**「法定」は法律で定めている**という意味であり、その法律「日本銀行法」ももちろん行政法です。

日本銀行法には「日本銀行が発行する銀行券は、法貨として無制限に通用する」という規定があります。

つまり、**国家は銀行券に無制限の強制通用力を与え、銀行券の発行量（流通量）をコントロールすることで一定の経済コントロールが行える**わけです。

「通貨」や「お金」というと本質が見えなくなりますが、**お金とは「日本銀行券」という名の「信用を表した証《あかし》」**にすぎず、我々の**取引の目安（価値の尺度）となる法定通貨は、国家による信用や担保のおかげで安定・維持して**いたわけです。

一般的に**法定通貨**には**「価値の保存」「価値の尺度」「交換の媒介」という3つの機能がある**といわれています。

例えば、自分がリンゴを欲しいと思っていて、手元には魚があるとします。相手が魚1匹とリンゴ1個を交換しても良いと思っているなら、物々交換によって取引は成立します。

しかし、生きている魚ならまだしも、死んだ魚であれば、時間が経つと腐ってしまい、へたをすればリンゴと交換できなくなります。

もし生きている魚だとしても、常に水槽に入れて持ち歩くわけにもいかず、エサを与えたり、水を交換したりと、リンゴ1個では釣り合わないコストがかかるかもしれません。

そこで魚1匹という「価値を保存」するために通貨に交換しておくと便利です。

さらに、通貨に交換するために「魚1匹に対する通貨はどれくらい」という価値を設定する必要が生じます。

これは交換したいリンゴ1個はもちろん、卵、水、衣服など、あらゆる物に対しての価値設定がなされることになります。

その結果、魚1匹100円、卵1個20円といった「価値の尺度」機能を通貨が担うこととなり、その結果、**通貨には安定した「交換の媒介」機能を有することにもなり、個々の資産管理を容易にしています。**

これらを振り返ってみると**「価値の保存」「価値の尺度」「交換の媒介」**という3つの機能を担えるのであれば、お札のような「日本銀行券」や、硬貨のような形以外であっても、資産管理のための法定通貨の役割を果たせるようにも思えます。

実際に、古代バビロニアの遺跡から「AとBが交換された」とか「XがYに○○の貸しをしている」などの内容が記録された粘土板が発見されており、最古の「通貨」と考えられています。もっとも、通貨といっても銀行券や硬貨というよりは「台帳」というニュアンスであり、契約書や会計帳簿に近いものではあります。

いずれにしても粘土板に「楔形文字《くさびがた》」の型を押し付けて台帳を作り、**「価値の保存」「価値の尺度」「交換の媒介」**機能を記録していたようです。

これらは**「トークン」**と呼ばれていますが、デジタル社会においても「オンライン上」で「情報やデータの繋がり」が明確化されるに伴って、この台帳式のトークンが脚光を浴びています。

これが近年、よく耳にする「暗号資産（仮想通貨とも呼ばれます）」です。

暗号資産は、**インターネット上で取引などの情報を記録した台帳を鎖状に繋げて、それら一連を「ある法則で暗号化」して改ざんできないようにしている仕組み**（この技術は「**ブロックチェーン**」といいます）で成り立ってます（次ページ）。

古代のトークンとの違いは、オンライン上で「暗号化」された状態で台帳が繋がっているため**「不特定多数」の者同士が「同じ権限を持ちあった状態で」「信用できる記録（情報）」を「共有」できる**ようになっている点です。

このことにより、銀行券のような中央集権型で、特定の者（日本銀行）に依存することなく、

◎ブロックチェーンの仕組み

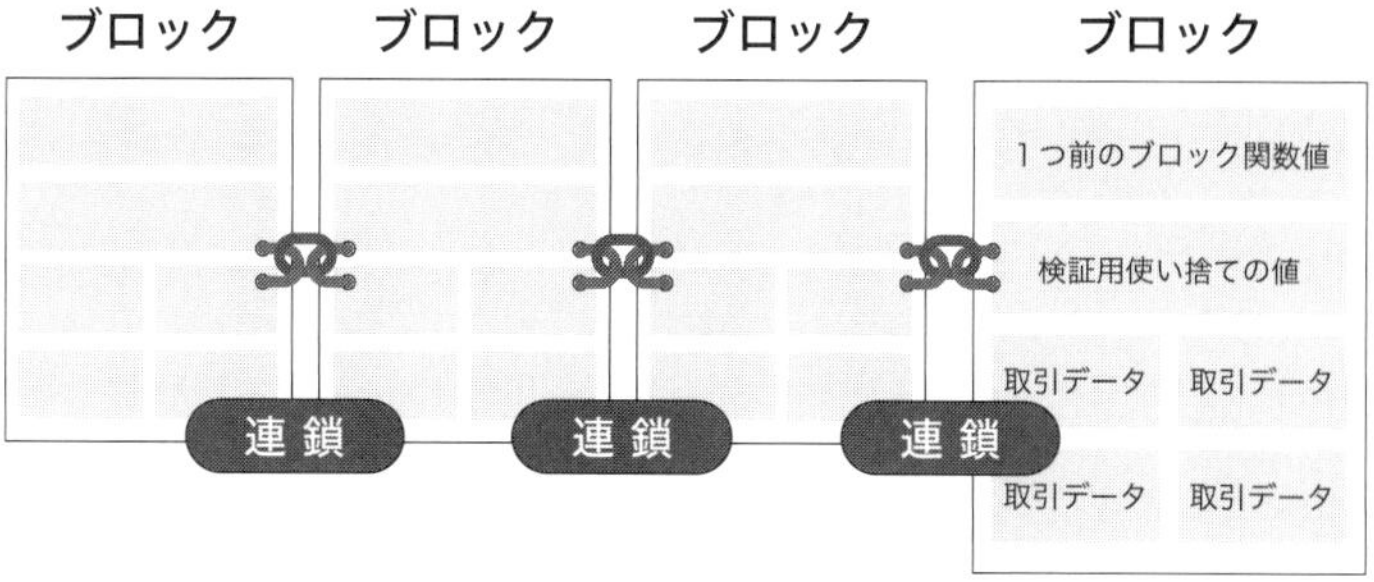

安定した**「価値の保存」「価値の尺度」「交換の媒介」**という3つの機能を実現することができるようになりました。

さらに設定により「全体の発行量」や「発行条件・方法」なども定めることができます。

つまり、**暗号資産は国による規制や権限（中央集権）に縛られることなく、安定した「価値の保存」「価値の尺度」「交換の媒介」**を実現できてしまうのです。

また法定通貨とは異なり、単純な価値の尺度に限らず、**現実世界の有体物（資産）や、個人の信用、様々なデジタルデータなどと紐づけることが可能**です。

これによって「オンライン上」で行う「情報やデータの連携」が高度化しており、「地域通貨（独自通貨）」や「為替」をはじめ、「契約自動化」「権利証明」「真偽証明」「取引記録」「商流管理」など、様々な活用事例が生まれてきています。

これらデジタル社会で生まれた新しい「暗号資産」を活用している分野は、現実世界におけるほとんど全てにおい

て行政法によって規制されていたものであり、現状暗号資産を除いて、規制のあり方の検討が不十分とされています。

これらもこれまでになかった無体物としての行政主体として、様々な現行法とともに検討していく必要があります（暗号資産に関する法規制の詳細は433ページ）。

ADMINIST
RATIVE
LAW

第4章

要素④
行政作用を知る

第4章　サマリー

第4章では、本書でクライマックスにあたる「行政作用」を取り上げます。

行政作用とは国や地方公共団体などの行政機関が行政目的を実現するために国民や住民に対して影響を及ぼす活動全般をいいます。

行政法の目的は、国民（住民）の権利利益の保護と社会の秩序や安定・維持を実現することですが、その中でも第1章で「ジャイアニズム」を例に説明したように、国（地方公共団体）が好き勝手にふるまって、国民の自由や権利を侵害しないようにする「**権利利益の保護**」が最重要なトピックであることは間違いありません。

そういう意味でも、行政活動の中で**国民（住民）の権利利益に対して直接影響を及ぼす行為**は「どのようなものか」「どう影響が及ぶのか」「どのように行われるのか」を理解することが重要です。行政作用の中でも、このような行為を「**行政処分**」あるいは「**行政行為**」と呼んで区別しています。私人間《しじんかん》の「個人と個人」あるいは「会社と個人」というような対等な関係であれば、契約などのわかりやすい事例のように「権利」や「義務」は原則、当事者の合意（意思と意思の合致）がなければ発生しません。

ところが、国（地方公共団体）と国民（住民）との関係では、行政側の一方的な意思により、「権利」「義務」の発生や変動、消滅が起きてしまいます。

さらに行政作用には、見るからに国民（住民）に影響を与えそうな権力的な働きかけ（行政処分）に限らず、国会の委任に基づいて政令や省令、規則といった規範を制定したり、訓令、通達といった規則を制定する「**行政立法**」があります。

これらは法律とは似て非なるものですが、**法律を具現化したり、補足する形で制定**されるため、やはり国民（住民）に少なからず影響がある活動といえます。

行政立法に近いながらも少し趣旨の異なるものとして、行政機関がその**活動に関する目標を設定して、目標実現のために様々な政策手段を盛り込む計画**を作って公表することがよくあります。例えば、都市の将来あるべき姿を想定したうえで、必要な誘導、整備などを盛り込んだ「都市計画」や、自然的条件を考慮した国土利用や整備・保全の総合的施策を盛り込んだ「国土形成計画」など様々な計画があります。

このような**行政機関が策定する計画を**「**行政計画**」と呼びますが、行政立法にしても行政計画にしても、法律の趣旨目的を踏まえて、それを具現化し、国民に影響を与える度合や詳細を左右する作用ともいえますので「**基準設定作用**」とも呼びます。

いわば**行政立法や行政計画が、我々に直接影響を与える**「**行政法**」**の基準を設けているようなもの**だからです。

基準設定作用に対して、行政機関が直接、国民や住民に働きかける活動は、先述した「行政処分（行政行為）」以外にも、様々なものがあります。

行政が国民（住民）や事業者などの**情報収集**、**整理**、**分析**などを行う「行政調査」といった活動や、「行政処分」「行政手続」などに先がけて**助言**、**指導**、**勧告**といった国民（住民）サイドに有益となりうるアドバイスを行う「行政指導」といった活動です。

これらは、権力的な作用である「行政処分（行政行為）」とあわせて「**執行作用**」といいます。「執行」というネーミングの迫力から特に「行政指導」にも権力的なイメージを持ちますが、**行政指導はあくまで対象の任意の協力によって実現されるものとして非権力的な作用**です。

他方で「**行政調査**」には、**税務調査のように権力的な性質を持つ行政調査**と、警察官が通行人等に行う職務質問のように（相手方の協力不可欠である）**権力的な性質を持たない行政調査**があります。

これらに対して、いかにも権力的な執行作用が「行政罰」と「行政強制」です。

行政作用は、**行政目的を実現するために国民や住民に対して影響を及ぼすもの**ですが、国民や住民が思いどおりに行動してくれない時に、行政機関は必要に迫られれば、**強制的な手段によって行政目的を達成しようとすることがある**のです。

例えば、火災現場において消防士が消火や逃げ遅れた人を救出するために施錠された扉を破壊して侵入することがあります。

◎行政作用の全体図

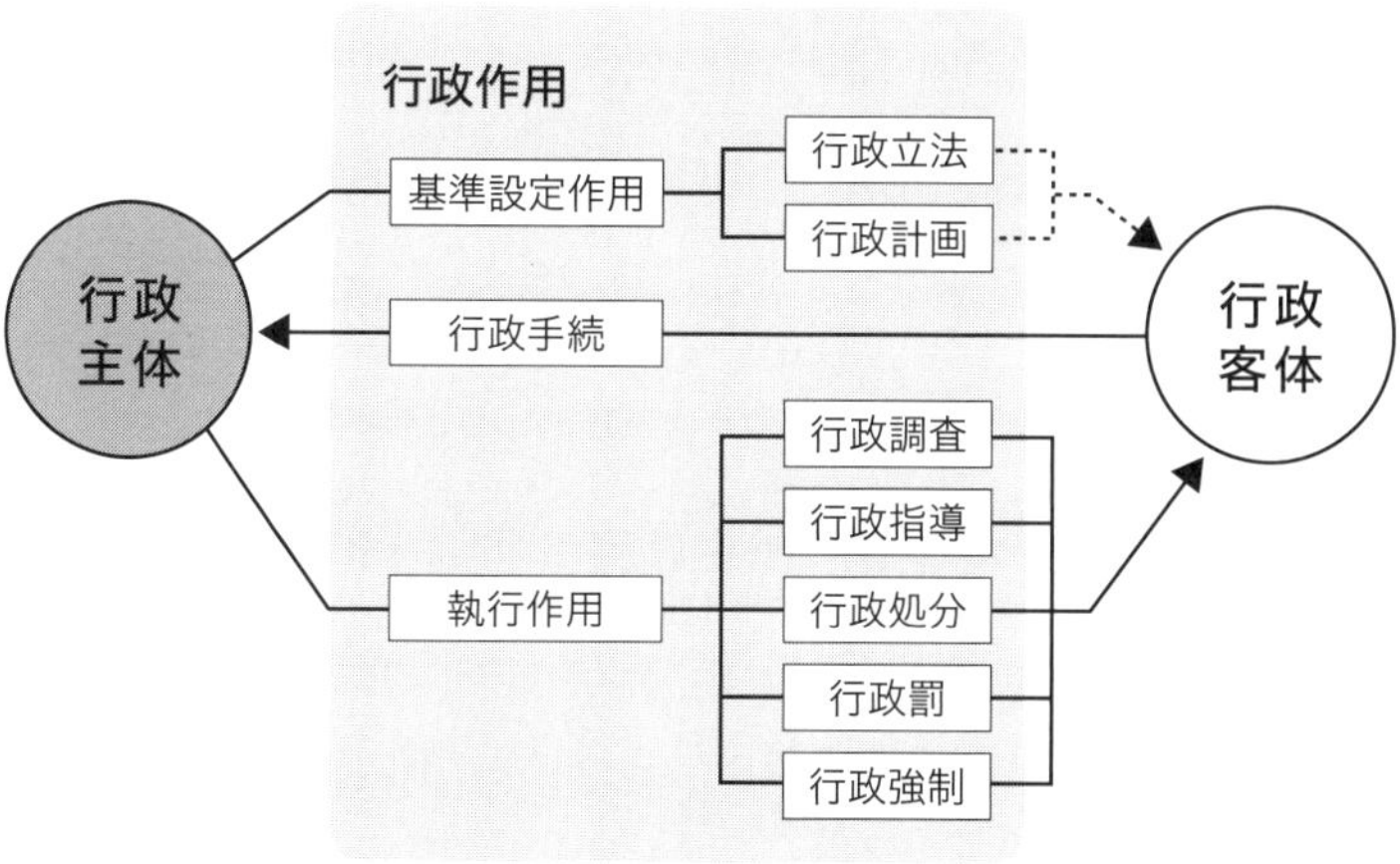

いくら家主が「壊さないでくれ！」と叫んだとしても、消防士は「消火や延焼防止、人命救助」という消防法に規定された行政目的を達成するためであれば、強制的に破壊することができるのです。

このような行政活動を「行政強制」といい「即時強制」と「行政上の強制執行」の2種類があります。

「**即時強制**」というのは、先ほどの消防士の例にあるような**相手方に何ら義務などがない状態**（**関係性に前提がない状況**）で、**相手方の身体や財産に実力行使をする**ことです。

他方で「**行政上の強制執行**」は、税金未納に対しての差し押さえのように、すでに**相手方に何らかの義務が課されているにもかかわらず、その義務が履行されない場合に実力行使がなされる場合**をいいます。

一方で、行政強制のように直接働きかけずに、間接的に働きかける権力的な執行作用が「行政罰」です。

「罰」というくらいですから、相手方に何らかの落ち度がある場合に対するペナルティが行政罰なのですが、**「行政目的の実現」という前提がある**ため刑法に定められている犯罪を犯した者に対する刑事罰とは趣旨が異なることに注意が必要です。

あくまで「行政目的の実現」言い換えれば「国民（住民）の権利利益の保護と社会の秩序や安定・維持を実現」のために、これらをおびやかすと考えられる行為等について、あらかじめペナルティを示して、行政目的を実現しようとするものになります。

これらを行政法学的には「**行政上の義務違反に対して科される罰**」と説明しています。

相手方と何らかの「義務違反（前提がある関係性）」を踏まえてペナルティを示して間接的に行政目的の実現を目指すわけですが、行政罰には、刑法上の犯罪（「自然犯」ともいいます）ではないものの「反社会性の強い重大な義務違反（これを「自然犯」に対して「法定犯」ともいいます）」に対して科される「行政刑罰」というものがあります。

ややこしいのですが、行政法上の罰であったとしても**行政刑罰については、刑事訴訟法が適用され、刑事裁判にて罰が言い渡される重大なもの**です。

一方で**軽微な義務違反**として行政機関（国や地方公共団体）から罰を言い渡す「秩序罰」というものもあります。

これらの違いは道路交通法の例で考えるとわかりやすいです。

道路交通法は「道路における危険防止と交通安全をはかることや交通障害の防止」を目的とする法律です。

例えば、あなたが時速30キロ以上のスピード違反をして捕まったとすれば、警察から検察庁に事件送致され、検察官が裁判所に起訴をして、裁判所があなたに行政刑罰を下します。

このようなペナルティがあるのであれば30キロオーバーなんて、しようとは思わないはずです。

また、車の免許を取得して道路で車を運転するのであれば、「交通ルールを守るという義務」が課されていることは、免許を取得する際に理解しているはずです。

このような道路交通法上の義務違反の中でも**「反社会性の高い重大な義務違反」に科される罰が「行政刑罰」**です。

一方で同じ道路交通法上の義務違反でも、車を停めてはいけない場所に停めていた場合(駐車違反)は、駐車違反を行ったドライバーが行政刑罰を科されるというのは先の例と同様ですが、もし、このドライバーが出頭しないなど不明なままで終わった場合(駐車違反はドライバーがその場にいないので)、車の使用者(車両登録をしている人)に「放置駐車違反金」が科されるのです。これは車の使用者**本人が駐車違反という「反社会性の高い重大な義務違反」をしたとはいえないので軽微な義務違反として「秩序罰」**とされるわけです。

このように**行政作用には大きく分けて行政計画や行政立法などの「基準設定作用」と「執行作用」があり、中でも「権利利益の保護」に特に関わる最重要な執行作用が「行政処分（行政行為）」**です。

そして、行政処分にも関わる「行政調査」や「行政指導」「行政罰」「行政強制」といった行政機関が行政目的を実現するために行う他の執行作用もあります。

また行政作用を考える際に、もう一つ重要なのが「行政手続」です。

第1章で「国民の権利や自由を権力的に侵害する行政活動のみ法律の根拠が必要」という侵害留保説を取り上げましたが、それ以外の観点として日本の最高法規である「日本国憲法」に「何人も、**法律の定める手続によらなければ**、その生命若しくは自由を奪はれ、又はその他の刑罰を科せられない」という規定があります。

この憲法の規定はストレートには「刑事手続」に関するものですが、他方で国民や住民の権利義務に直接関わる行政手続が対象となるかが明確ではありませんでした。

そこで行政活動が正しい手続によってなされるよう、**1993年に「行政手続法」が制定**されました。

◎行政手続法の対象範囲

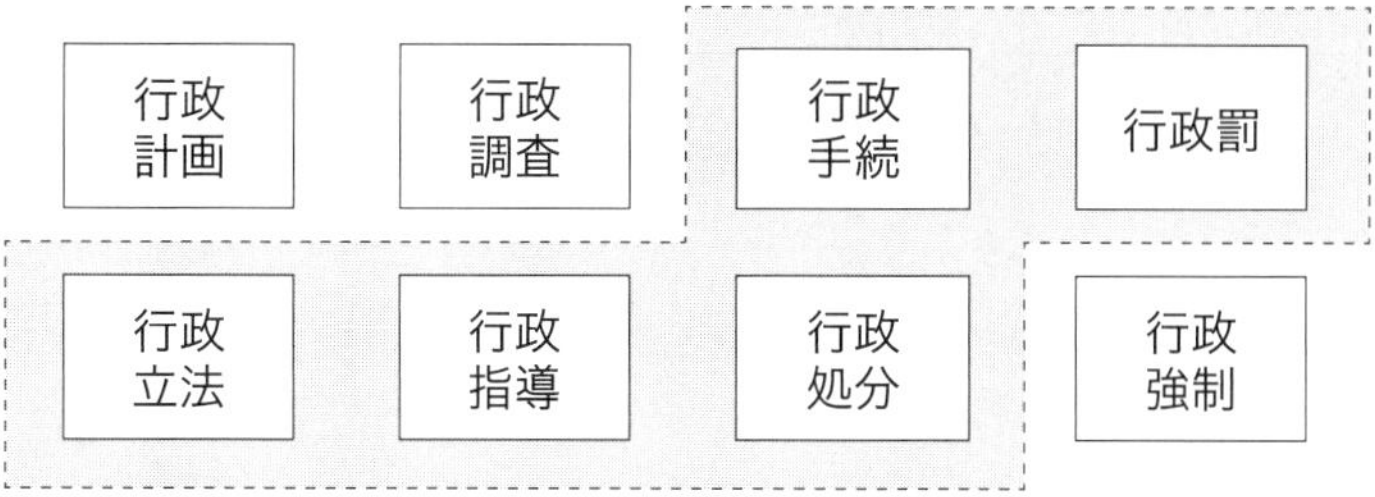

これはつまり、行政作用の相手方や利害関係者の権利・利益を保護しようとするもので、行政手続法には「行政処分」をはじめ「行政指導」「命令等（審査基準や処分基準）」について定めてあることから、行政作用全般に関する手続を定めた法律と考えることもできるのです。

そこで第４章では行政作用に密接に関わるものとして「行政手続法」についても取り上げています。

ADMINISTRATIVE LAW 1

新型コロナウイルス対策は行政作用の縮図（規制×給付×調達）

■新型コロナウイルス感染症拡大に対する政策

2019年12月の中国における発見を皮切りに1000日以上も世界中の人々が試練に立たされた「新型コロナウイルス感染症拡大」。**日本においても2020年の1月に初の感染確認があり、同年4月には「新型インフルエンザ等対策特別措置法（新型インフル特措法）」に基づき緊急事態宣言**が出されました。

これは、国民の外出の自粛や学校の休校、百貨店などの施設の利用制限などもされるようなものでした。また必要がある場合は、臨時の医療施設整備のために土地や建物を所有者の同意を得ずに使用することが可能になるものでした。

実際に新型コロナウイルス感染症拡大当時、繁華街から人の姿はなくなり、テーマパークや百貨店などは休業となり、京都市などの観光地は閑散とし、全国の小中高校が一斉休校する事態にもなりました。

元々、新型インフル特措法は、東南アジア等で散発的に発生していた鳥インフルエンザが変異してヒトからヒトに感染するおそれを受けて2012年に施行された法律です。

新型インフルエンザ等が発生した場合に、内閣総理大臣が対策本部長となって対処方針を定め、地方公共団体と対策の調整を行い、地方公共団体は事業者や住民に対して対策の要請ができます。

また、感染が拡大しないように緊急事態宣言を行い「**外出自粛要請**」「**予防接種の実施**」「**医療体制の確保**」「**緊急物資運送の要請・指示**」「**医薬品等特定物資の売渡しの要請・収用**」その他、生活関連物資の価格安定や行政手続の期間延長、特別な融資設定といった国民の生活を安定させる措置をとることが定められています。

新型コロナウイルス感染症拡大を受けた2020年4月には、政府が「特別定額給付金交付要綱」を制定し、全ての国民（住民）に給付金10万円を給付したり、「持続化給付金給付規程」を制定して、一定の要件を満たす事業者に最大200万円の給付金を給付しました。

■行政作用の大枠は3種類ある

行政法学者によってやや異なる意見もありますが、行政作用は大きく分けて「①規制行政」と「②給付行政」の2つ類型に分類したり、この2つにさらに「③調達行政」を加えた3つの類型に分類することができます。

「①規制行政」とは、国民や事業者などの権利や自由を制限することによって行政がその目的を達成しようとする活動です（詳しくは203ページ）。

「②給付行政」は、規制行政とは反対に国民や事業者に対して一定の権利や利益を与える行政活動となります（詳しくは206ページ）。

第1章では少し抽象的に「私人に便益を提供する活動」と説明しましたが、いずれにしても規制行政と対になる関係です。

復習にはなりますが、**実務上で取り入れられている侵害留保説（65ページ）に立てば、規制行政には法律の根拠が必要で、給付行政には法律の根拠が不要**とされています。

また「③調達行政」は、行政活動に必要とされる物品、人材、サービスなどを確保することをいいます。

本項で取り上げた「新型コロナウイルス対策」は行政作用の要素をイメージとして理解する一助となりますので、このあとに紹介していく行政作用の要素も踏まえたうえで、ざーっと説明していきましょう。

法律を考える際、はじめに必ず重視すべきは第1条に規定される「法律の目的（制定趣旨）」です。

新型インフル特措法の制定趣旨は、「国民が免疫を持っていない新型インフルエンザ等」に

◎新型インフル特措法の全体イメージ

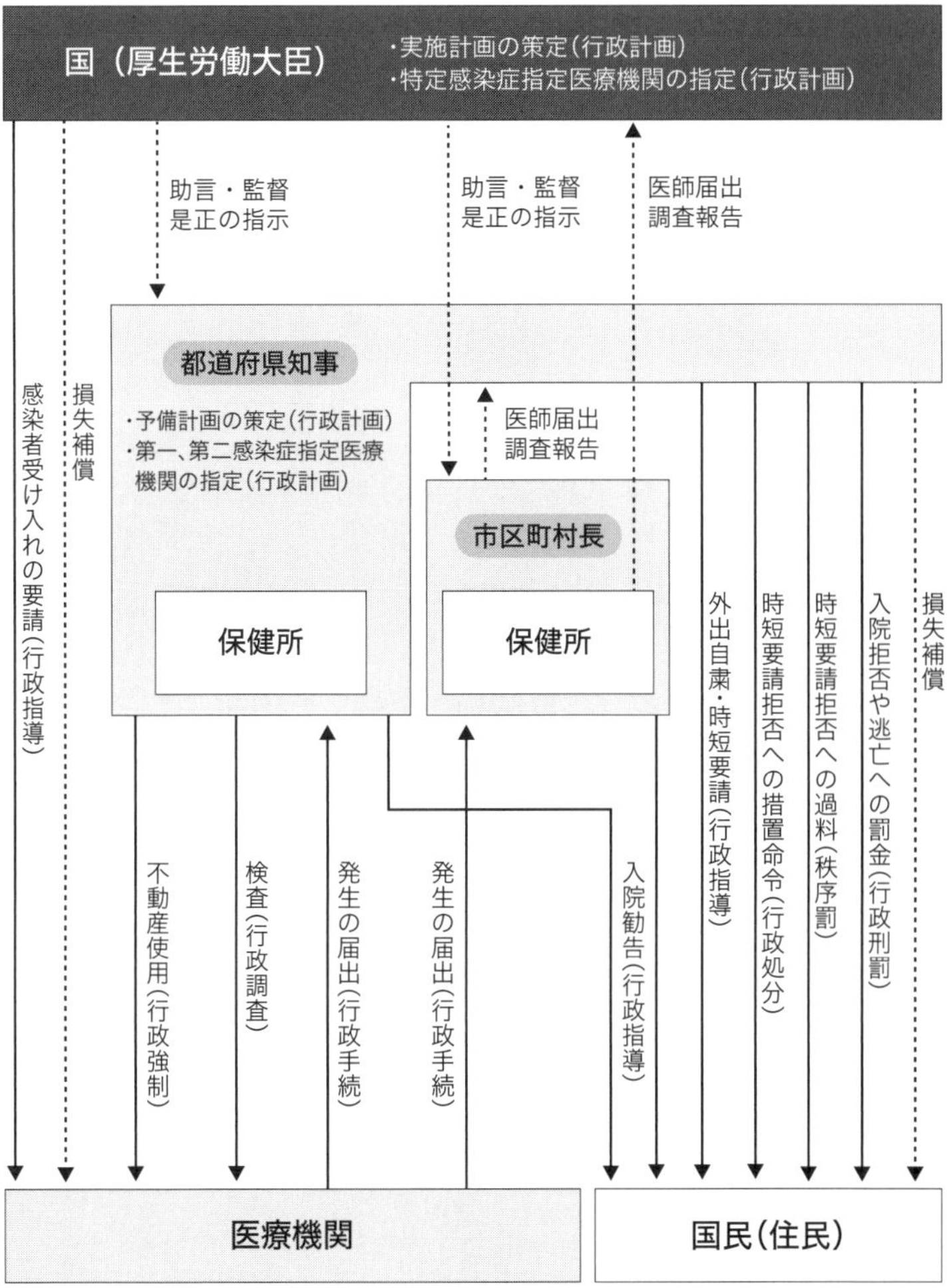
国（厚生労働大臣）
・実施計画の策定（行政計画）
・特定感染症指定医療機関の指定（行政計画）
助言・監督
是正の指示
助言・監督
是正の指示
医師届出
調査報告
都道府県知事
・予備計画の策定（行政計画）
・第一、第二感染症指定医療機関の指定（行政計画）
医師届出
調査報告
市区町村長
保健所
保健所
感染者受け入れの要請（行政指導）
損失補償
不動産使用（行政強制）
検査（行政調査）
発生の届出（行政手続）
発生の届出（行政手続）
入院勧告（行政指導）
外出自粛・時短要請（行政指導）
時短要請拒否への措置命令（行政処分）
時短要請拒否への過料（秩序罰）
入院拒否や逃亡への罰金（行政刑罰）
損失補償
医療機関
国民（住民）

関して、**「対策の実施計画作成」「発生時における措置（緊急事態措置・その他特別措置）」**を施し**「全国的に感染やまん延」させないことと「国民生活・経済に重大な影響」を及ぼさないようにすることを目的**とすると規定されています。

第1条以外に規定されている規定も拾いながら、序章で説明した「行政法（個別法）の型」にあてはめた場合

①「行政主体」…内閣府・厚生労働大臣・地方公共団体・その他指定された公共機関
②「目的」………全国的な感染拡大やまん延の予防
③「行政客体」…全ての国民と事業者（171ページ参照）
④「行政活動」…行政計画、要請（行政指導）、届出・報告・通報（行政手続）、検査（行政調査）、過料（行政罰）、土地建物の使用（行政強制）
⑤「要件」………国民が免疫を持っていない新型インフルエンザ等の発生確認
⑥「効果」………命令・不作為義務・財政上の措置（行政処分）、損失補償

という風に整理することができますが、④と⑥にあるように、新型インフル特措法には行政作用の要素が全て含まれています。

なお、**行政作用の類型を3分類にした場合の「調達行政」とは、行政活動に必要とされる物品、人材、サービスなどを確保することを**いいますが、新型インフル特措法の場合、④の行政

◎「新型インフル特措法」を行政法の型にあてはめた場合

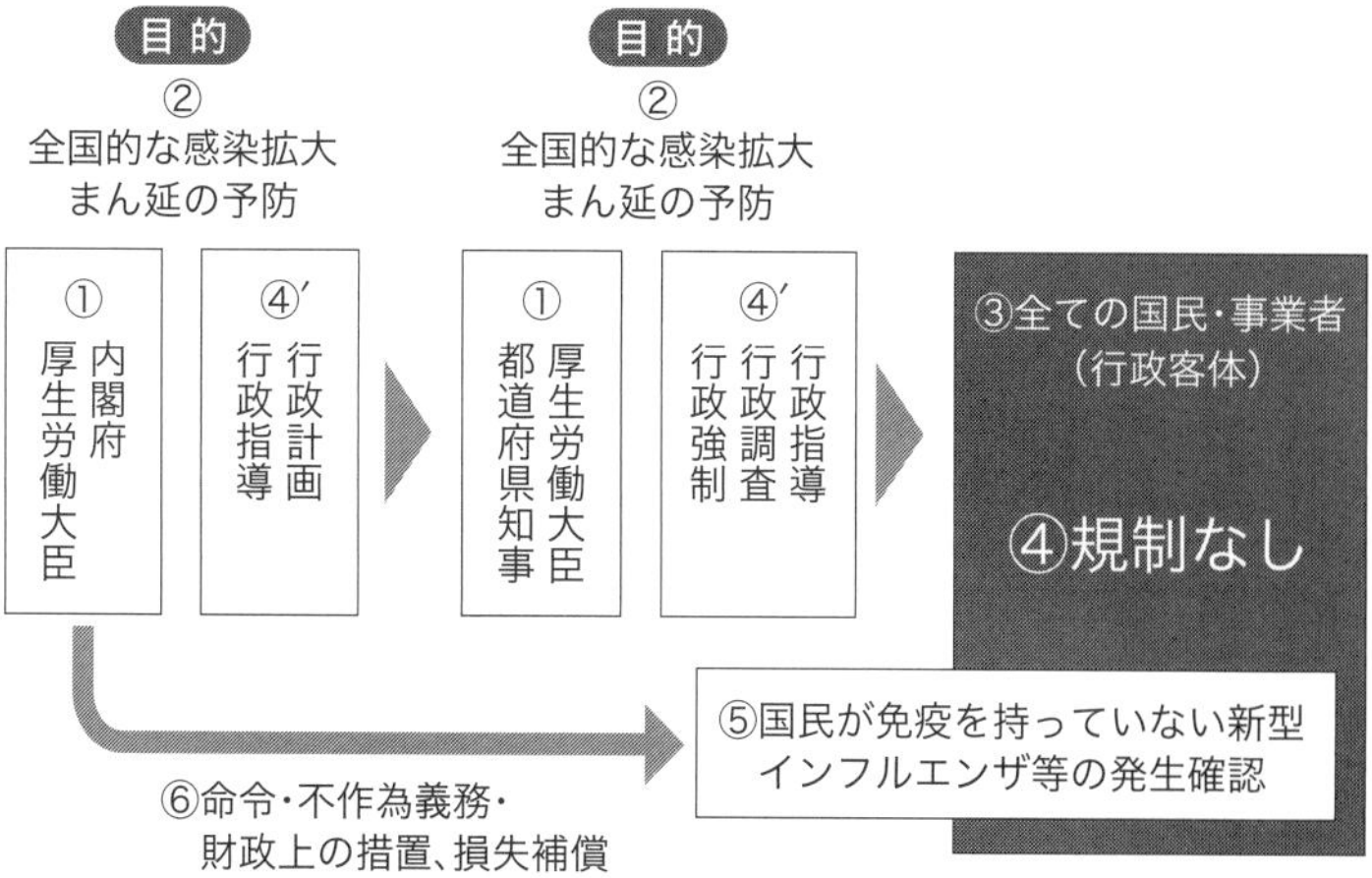

活動に記載した「土地建物の使用」が該当します。

これは臨時の足りない医療施設を開設するために、国や地方公共団体が国民や事業者から土地や建物を借りて臨時の医療施設を設置しようとするものです。

所有者が正当な理由なく、同意しない時は強制的使用をすることもある、かなり強烈な規制法です。

さて、④と⑥にあるように、新型インフル特措法には行政作用の要素が全て含まれているわけですが、これら各要素の詳細は次項以降で解説していきますので、ここでは全体の流れとそれぞれの行政作用の関係に触れておくにとどめておきます。

今回であれば、まず国（厚生労働省）が「新型インフル特措法」に基づき「基本指針」

を作成し、これを受けて**都道府県（地方公共団体）**などが「**行動計画**」を**作成**します。これらは「**行政計画**」にあたります。

また都道府県（地方公共団体）は、同じく「新型インフル特措法」に基づき責務を果たすための、**体制作りや対策に関する運用・基準などを策定**していきます。これらは「**行政立法**」にあたります。あわせて**都道府県（地方公共団体）は都道府県内や医療機関などの情報を収集したり、調査を実施**しますが、これらは「**行政調査**」にあたります。

そして、都道府県（地方公共団体）が、事業者に時短営業などの要請を行いますが、この要請を行ったにもかかわらず、それに従わない事業者がいた場合に、必要な場合は「命令」を出すことができるとされています。

事業者がこの命令にも従わない場合は30万円以下の過料に処されるわけですが、この場合の要請は「行政指導」であり、命令は「行政処分」、そして過料は「行政罰」となります。

反対に事業者が時短営業の要請に従った場合で、その他の要件に合致した時は「協力金」が支払われていました。

この協力金を受け取るには一定の「行政手続」を行うことで可能となりましたが、この協力金の支給も「行政処分」です。

「行政処分」というとネガティブなイメージが先行しますが、このようにポジティブな行為についても該当する作用です。

なお、「新型インフル特措法」に基づくものではありませんが、「感染症予防法（感染症法）」では感染症まん延を防止するために必要がある場合、都道府県（地方公共団体）から感染症患者に対して入院を勧告することとなっています。

そして、この患者が勧告に従わない場合、入院させることができるとされており、これは行政作用でいう「行政強制（即時強制）」と考えられています。

以上のように、**実際に２０２０年から直面した政府の新型コロナウイルス対策**に触れてきましたが、**これらは行政作用の縮図**といっても過言ではありません。

ADMINISTRATIVE LAW 2

不動産価格も行政法の影響を受けている（行政計画）

■不動産を少しでも高く売りたいが…

「いざという時にお金に変えられるから」あるいは「突然、相続で不動産を手に入れた」など、家や建物といった不動産を売買する対象として意識している人は少なくないと思います。

しかし、いざ不動産を手放そうと思ってみても、「そもそも不動産の価格ってどうやって決まっているのか、全然わからない」という方が大半なのではないでしょうか。

不動産の価格形成にはかなり様々な要素が絡み合っているので、もちろんひとくちにいくらと算出されるものではありません。

しかし、あまり知られていませんが、じつは**土地や建物といった不動産の価格形成には少なからず行政法が影響を与えています。**

■不動産価格を形成する要素

一般的に**不動産価格の形成要素には「社会的要因」と「経済的要因」「行政的要因」の3つの要因の相互的な関係から形成されている**といわれています。けっこう驚きですが**不動産価格形成の3分の1は行政的な要因**なのです。なお「社会的要因」とは、その不動産を取り巻く社会的な事象によるものです。例えば、人口の増減や、世帯構成、地理的な位置関係や人口の移動などがあります。「経済的要因」とは、売買を行う時期の経済情勢の変化によるものです。

景気をはじめとする消費の動向や貯蓄の状況、税や金融の状態などがあります。

そして「行政的要因」ですが、これは金利等の金融政策が大きく影響しますが、それだけにとどまらず、規制の状態や土地利用に関する計画、都市開発、都市計画、区画整理といった行政法に基づくものばかりです。そして、そのほとんどが「行政計画」という行政作用となります。

〈行政計画とは〉

行政計画は、**行政主体が一定の目標を設定して様々な手段によって目的を達成しようとするもの**をいいます。計画の期間に応じて「長期計画」「中期計画」「年次計画」といった時間的な分類をするものや、計画の地域的範囲に応じて「全国計画」や「都道府県計画」「市町村計画」などの区別がなされます。先述の新型インフル特措法の例でいえば厚生労働省が作成する「基本指針」が全国計画となり、都道府県が作成する「行動計画」が「都道府県計画」や「市町村

◎行政計画の種類

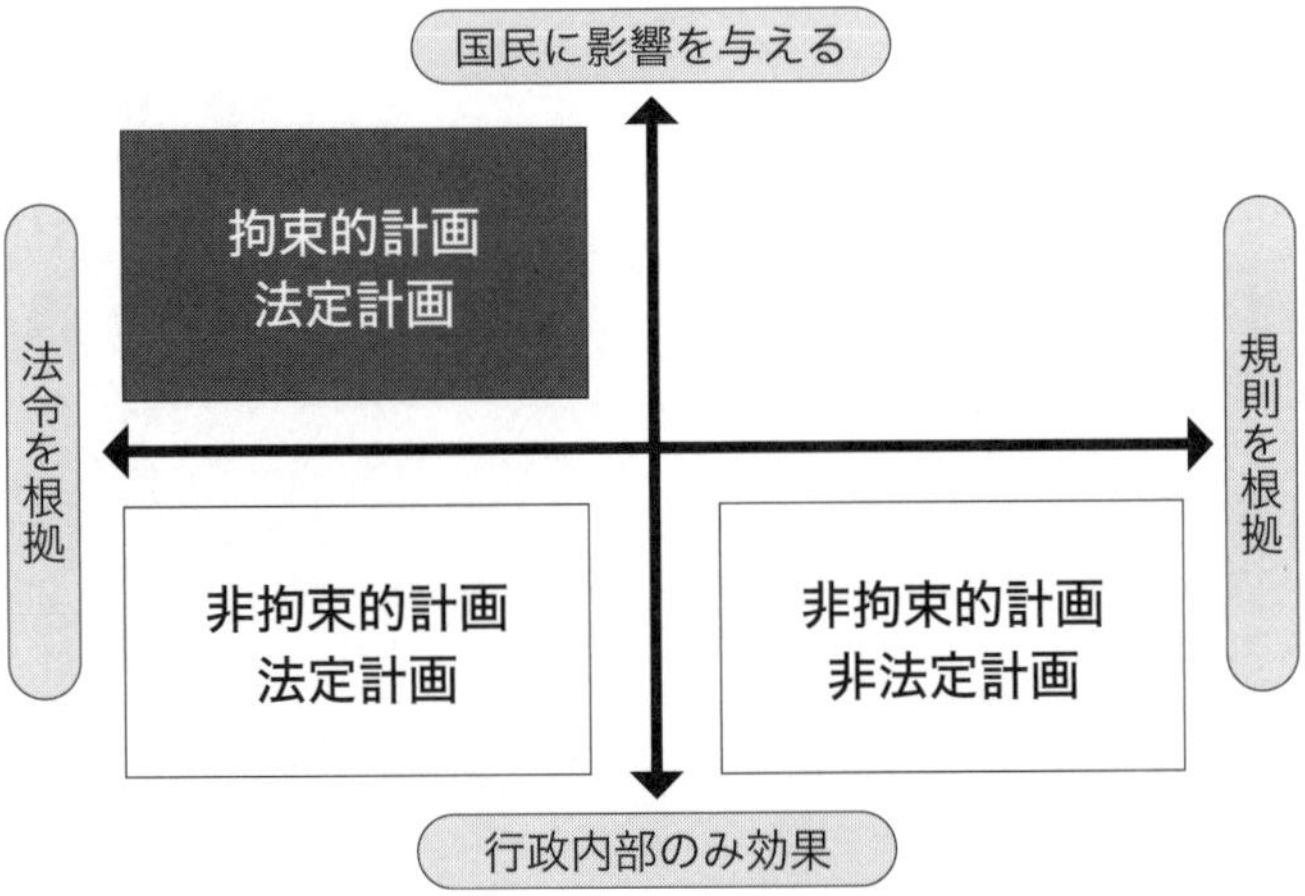

計画」にあたるわけです。また、行政計画には**法令の根拠を有するものを「法定計画」といい、行政規則等の根拠を有するものを「非法定計画」**といいます。

さらに、外部に効果を与えられる「拘束的計画」と、行政内部にのみ効果が限定されている「非拘束的計画」があります。新型コロナウイルス感染症拡大時に作成された計画は新型インフル特措法という根拠法令を有する「法定計画」であり、外部に効果が生じる「拘束的計画」ということになります。

〈不動産価格にも作用する行政計画〉

これらのうち、土地や建物などの価格に影響を与える主だった行政計画は「国土利用計画」と「都市計画」「地区計画」「土地区画整理事業計画」などになります。

「国土利用計画」とは、土地投機の過熱化の予防をはじめ、地価の異常な高騰に国民が振り回されないように、**土地投機の抑制や国土の総合的・計画的に利用させることを目的とした「国土利用計画法」に基づく計画**です。

地方公共団体が特定の区域について、総合的・計画的な国土利用の構想を立て、指針などを明確化します。

また土地取引の目安を提供するため、年1回各地方公共団体より調査した土地の標準価格が公表されます。

この内容は、誰でも閲覧することができますので、当然市場における不動産価格に多大な影響を与えています。

なお、「国土利用計画法」では一定の面積以上の土地の売買などをする際は「届出」をしなければならないとされていたり、都道府県が定める「規制区域」にある土地を扱う場合には、あらかじめ許可を得なければならず、無許可の取引は無効となります。

このことから、土地が「規制区域」にある場合（扱いの大変さから）市場価格にネガティブな影響を与えることになります。

つづいて「都市計画」ですが、これは**都市の健全な発展と秩序ある整備をはかるために行う土地利用や、都市施設の整備と市街地開発事業に関する計画**です。

もっと砕いていうと地方公共団体ごとの地域特性を踏まえた「あるべき姿」を実現するために行政が「誘導」「整備」そして「規制」を行う方向性を定めた「まちづくりルール」です。どんなルールが定められているかというと「建物の種類や大きさ」「建物の構造」「道路や鉄道などの規模・配置」「公園や緑地などの規模・配置」といった都市を作るために必要な様々なものになります。

都市計画は、まず「建物が建てられるところ」「建てられないところ」を定めます。

前者を「市街化区域」といい、後者を「市街化調整区域」といいます。

市街化調整区域は建築行為や開発行為が原則禁止されているのです。

また「用途地域」や「用途制限」という言葉を聞いたことがある方も多いと思います。

「用途地域」とは「ここは住居系の建物を建てる」「ここは商業系の建物、あそこは工業系の建物を建てる」といった具合に、**地域内に建築できる建物を色分け**していきます。

これで必然的に地域の用途も色分けされていくわけです。

「用途制限」は、さらに具体的に、**地域ごとに建てられる建築物を分ける**ものです。

例えば、住居系の建物を建てようとする地域に対して「麻雀・パチンコ」や「風俗店」などは建てられないなどが制限されます。

スポーツ施設や宿泊施設、場合によっては大学や病院なども建てられない制限がなされる地域もあります。

用途地域は「住居専用地域」「住居地域」といった具合に全部で13種類に分けられます。

このような用途地域などの環境によって不動産の価格が大きく影響するのです。

一例ですが、京都市でいうと「宿泊施設」が建てられる地域の建物が２０１４年頃から異常に高騰した時期がありました。

これはインバウンド（外国人観光客増加）を受けて旅館業法の改正（規制緩和）が行われ一気に民泊（住居を使った宿泊事業）ブームが起きたからです。

都市計画などの知識に加え、こういった他の行政法にも精通した不動産屋さんは当時、かなり大儲けしたことでしょう。

都市計画にさらに地域特性を反映するのが「地区計画」です。これは各地方公共団体の地区の特性に応じて良好な環境を整備・開発・保全することを目的として計画が策定されます。

例えば「綺麗な景観を維持しよう」というビジョンを掲げた計画などです。

他にも、「道幅が狭い地域で災害が発生すると被害の拡大が危惧される」といった安全面などに配慮した（住民が安心して暮らせる）地区計画などもあるでしょう。

興味深いのは**「地区計画」は住民の意見が反映されること**です。あらかじめ住民による「案」を受けたり、話し合いなどをし、これらを勘案して「地区計画」は作られます。

いずれにしても、地域性にあわせたビジョンや課題にあわせた方針が示されるわけです。

そして**地区計画に基づき「一定のまとまり（地区）」に対して規制**が行われます。

「ここに建てる建物はこんなデザインじゃないとダメ」とか「ここには地域の名物である○○の花を植えましょう」といった具合です。

先ほどの都市計画で定められた用途制限よりも細かい（厳しい）制限がなされるということも可能でしょう。

最後に「土地区画整理事業計画」です。これは**地方公共団体によって「道路や公園などが未整備の区域」を広範囲に再配置する計画**です。

古い市街地は道路が狭かったり、入り組んでいたり、境界線が曖昧《あいまい》だったりします。このような状況で各々の土地の所有者による自発的な売買や、建物の建て直しを待っていても、いつまでもいびつな土地の状況は改善しません。

そこで地方公共団体が区域の土地所有者から少しづつ未整備の土地を提供してもらい、区画を整理していくのです。

対象の土地は新たな区画にあわせて再配置されるため、面積が減少したりもしますが、地形や形状の改善によって、土地の価格が上昇することもあります。

なお、不公平が生じる場合は、不足分を金銭でまかなう（清算する）こともあります。

このように、**我々が普段意識しないところで作られる行政計画が、じつは収入（あるいは資産価値）の増減に大きな影響を与えている**のです。

◎区画整理事業のイメージ

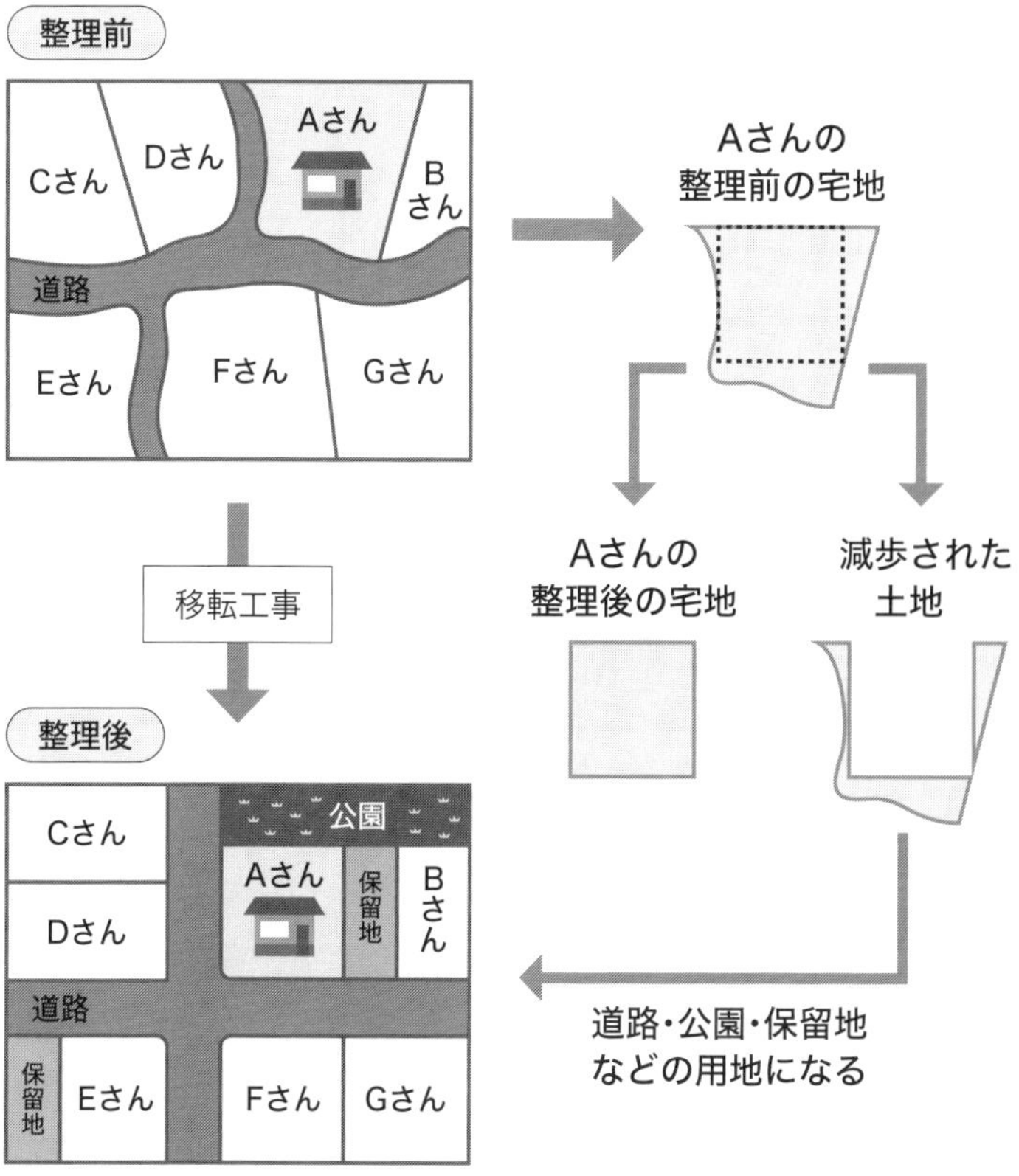

区画整理事業は、住宅地や工業地を計画的に造成したり、街並みを整えて、街をより機能的に美しくしようとするものです。
道路、公園、広場、排水施設などの公共施設を整備することで、個々の宅地が整形され、有効に活用できるようになります。

ADMINISTRATIVE LAW
3

日本人が帯刀するのは日本刀に限る!?（行政立法）

洋装で刀を帯刀する日本人

売れる少年漫画の鉄則の一つに「日本刀を持たせる」というものがあるそうです。

史上最速で映画の興業収入１００億円を達成した「鬼滅の刃」の登場人物はみんな日本刀を持って戦いますが、彼らは鬼殺隊という政府非公認の組織であり、本来、刀の帯刀は許されません。

そもそも**刀を帯刀することが許されたのは江戸時代までであり、しかも武士に限られたもの**です（一部、家柄や功労によって庄屋や商人にも許されていた）。

明治時代に入って、身分制度を撤廃する目的で「大礼服並軍人警察官吏等制服着用《たいれいふくならびにぐんじんけいさつかんりとうせいふくちゃくよう》の外帯刀禁止《ほかたいとうきんし》の件《けん》」という法令が出されて武士も含め、全ての国民に帯刀することが禁止されました（廃刀令）。

ただし「大礼服並軍人警察官吏等制服着用の外」とあるように、皇族や華族の大礼服や、警察官の制服など、正装として刀が含まれる（セットといえる）服を着用する場合には、例外的に帯刀することが許されました。

おもしろいもので明治時代に入って帯刀できたのは侍を象徴する着物などの和装ではなく、洋装とセットだった場合のみということになります。

このイメージが影響しているのか、大正時代が舞台である「鬼滅の刃」の鬼殺隊は、みんな警察官の制服のような（イメージをした）恰好をしています。

反対に明治時代が舞台となっている人気漫画「るろうに剣心」の主人公、緋村剣心は帯刀しているにもかかわらず和装です。

これでは、誰がどうみても禁を破っていることが一目瞭然だったわけですね。

話を戻しますが、明治時代の廃刀令のあとに帯刀できたのは、治安維持を担っている警察官や軍人などに限られ、これまで日常的だった武士の帯刀が禁じられたことになります。

非政府公認、つまり一般人にすぎない鬼殺隊などの庶民はどうだったのでしょうか。

庶民の場合は、それまであった冠婚葬祭や年始の挨拶などの儀礼の際に風習であった脇差しすら禁止されていました。

言い換えれば、（元武士を含む）**国民全てが刀そのものの取り扱いができなくなった**のです。

ただし、それまで持っていた**刀を廃棄する必要まではありませんでした**。

というのも**廃刀令はあくまで刀を帯刀して往来することが禁止**されただけですので、これまで「武士の命」であった刀を廃棄することまでは求めていません。

もっといえば**帯刀さえしなければ（箱や布にくるみ）持ち運ぶことも可能**だったようです。

こうして、それまでの武士は明治以後、家宝として家に刀を飾ることになりました。

刀そのものの所持を禁止する規制は、70年後、１９４６年（昭和時代）に太平洋戦争に敗れた日本に対して武装抵抗を防止するためにＧＨＱが「銃砲等所持禁止令」を出すよう要請した以後となります。そして１９５８年「銃砲刀剣類所持等取締法（銃刀法）」という法律の形として成立しました。

■銃刀法は差別する？

銃刀法は、**人が他者に危害を加えることを防止することを目的とした法律**ですが、廃刀令とは違い、**銃砲や刀剣類などの持ち歩きはおろか所持も禁止**されています。

しかし、資料館や美術館などで真剣や鉄砲が展示されているのを見た方も多いはずです。

これは、銃刀法が例外的に「美術品」として登録すれば「鉄砲」や「刀剣」を所持することができる仕組みとなっているからです（つまり展示することも可能）。銃刀法はいうまでもなく規制行政です。おなじみの「行政法の型」にあてはめてみましょう。

①「行政主体」…警察庁

②「目的」………鉄砲、刀剣類の所持・使用を禁止することで危害を予防する
③「行政客体」…全ての国民と事業者
④「行政活動」…禁止
⑤「要件」………美術品や骨董品としての美しさや特色と資料的価値があり「刀造り、剣造り、槍造り、薙刀造り、あいくち造り」であること
⑥「効果」………登録（公簿に記載）

ここで**問題となるのが「登録（公簿に記載）」されなければ、刀を所持することができないこと**です。

まず、この法律が対象にしている刀剣類は「刃渡り15㎝以上の刀・槍・薙刀、刃渡り5・5㎝以上の剣、飛出しナイフ」です。

飛び出しナイフを除けばいかにも「日本刀」なものを想定した規定となっています。

それ以外の刃物類は「美術品や骨董品」として該当しないと決められているのです。

しかし、「実際にカッターナイフや、包丁、キャンプナイフなど、誰でも所持しているではないか」と思われるかもしれませんが、これは「⑤要件」「⑥効果」にあたる本来の銃刀類の登録制度とは別に「④行政活動（禁止）」の部分で、対象を広げて規制がなされています。

簡単にいえば**登録されていない「刃渡り6㎝を超える刃物類」については所持できても、**「正

当な理由」があれば携帯することができないという規制です。

逆にいえば「（板前などが）業務で使用する」「キャンプで使う」「購入した店から持ち帰る」などの正当な理由があれば所持可能ということですね。

とはいえ、結局**「防犯目的」「護身用」「観賞用」などは正当な理由になりません**ので、携帯がかなり広範囲に規制されていることは間違いありません。

少なくとも銃刀法については西洋のサーベル、ソード、ブレイド、ランスなどは美術品や骨董品として登録できません（登録の審査対象は日本刀のみ）。

■鑑定基準は命令に委ねられる

そんな、日本刀には美術品や骨董品としての価値を認めておいて、西洋のサーベル、ソード、ブレイド、ランスなどは認めないなんて誰が決めたんだ、と思われるかもしれません。

じつは**銃刀法の中では具体的に「日本刀はＯＫだけど、西洋刀はＮＧ」といった規定の仕方はしていません。**

銃刀法では登録に関する規定がありますが、その中に「鑑定の基準など登録に関し必要な細目は文部科学省令で定める」と書かれているのです。

この「文部科学省令」というのは「法規」です。

「行政立法」のうちの「法規命令（59ページ）」にあたります。所管の警察庁ではない文部科学省が「銃砲刀剣類登録規則」という法規命令を定めています。

すでにお伝えしましたが、行政法（法律）は、立法機関である国会で制定されるため、あまりに詳細な専門的視点でルールを作れないので、専門的な知見のある専門の行政機関（今回の場合は所管の警察庁ではなく文部科学省）に命令として具体的な事項を定めることを委任しているのです。

なお、行政立法には他にも訓令や通達などの「行政規則」がありますが、こちらはあくまで国民の権利義務に関わらないことを定めるもの（行政内部の規範が多い）であり、法律の委任は不要です。

銃刀法では鑑定基準の内容が、そのまま国民の権利義務を左右するため、このような委任の形式がとられているわけです。

国民にとっては、自分に利する場合は良いのですが、このような委任の内容が自分にとって不利に働く場合は納得できないかもしれません。

「法律で決まっているならともかく、なぜ、行政機関が作ったルールに縛られないといけないんだ」と…。

実際に、こうした**法律の委任に基づく行政立法に対しては「法律の委任の範囲を越えているから無効ではないか」という争いがよく起こされます。**

第1章で取り上げた「薬機法（旧薬事法）」に対する「（旧）薬事法施行規則」の例もその一

つです（60・61ページ）。

また、「委任を受けて作成された法規命令が合理性に欠ける」という主張もあり得ます。今回の「銃刀法」に対する「銃砲刀剣類登録規則」はその最たる例といえます。

主張としては銃刀法に定める「美術品として価値のある」は鑑賞の対象としての価値を有する」という意味で、「日本刀、西洋刀の区別をすることに合理性がない」という主張です。外国の刀剣にも、美術品としての高い文化的価値はありますし、愛好家の鑑賞、収集、保存などの対象とするニーズは社会的にも高そうに思えます。

この点につき、実際に裁判で争われた際の判旨は次のようなものでした。

「規則が文化財的価値のある刀剣類の鑑定基準として、**日本刀に限った**ことは、戦後占領期から銃刀法の制定に到るまでの**立法経緯を踏まえて**『美術品としての価値のある刀剣類を日本刀』とすることは**銃刀法の趣旨に沿う合理性を有する鑑定基準を定めたもの**というべきで、法律の委任の趣旨を逸脱するということはできない」

これはつまり、**法律制定時の議会の議員らが（当時の状況から見て）「国民らが外国製の「刀剣類」を所持していると想定するわけない」**として合理性を認めたわけです。

これらを見てわかるように、我々が**行政法を意識する時は、該当する条文だけにとどまらず、詳細な定めを委ねる「法規命令」はもちろん、議会における制定趣旨などにまで目を配らなければならない**ということになります。

ADMINISTRATIVE LAW 4

行政機関の調査はどこまで調べられる？（行政調査）

大事件の理解にも行政法の知識が不可欠

本書の執筆中に、衝撃的な報道が目に入りました。

大手の中古車販売会社にて保険金の不正請求が横行しており、さらに道路運送車両法違反も視野にいれた全国34店舗への一斉立入検査が行われたという事案です。

報道自体はたくさん目にした人も多いと思いますが、この事案の背景を正確に理解するのはかなり難しい複雑な事案です。

というのも、中古車販売会社が行った行為自体は「ヘッドライトのカバーを故意に割る」「ドライバーで車体を引っ掻く」「ローソク、サンドペーパーなどで車体に傷をつける」「ゴルフボールを靴下に入れて振り回して車体を叩く」といった自動車への損傷をわざと作り出し、大手損害保険会社に対して、自動車保険の保険金を不正に水増し請求していたというものです。

これらの行為は刑法に定める「詐欺罪（刑法第２４６条）」や「器物損壊罪（刑法第２６１

条）」の問題であり、さらには自動車修理の依頼を行った依頼者との関係では民法に基づく不法行為（民法第７０９条）」を根拠にした損害賠償請求の問題です。

ですが、報道では全国34店舗への**一斉立入検査を行っていたのは国土交通省（運輸支局職員）**となります。

通常、多くの方がイメージするのは「詐欺罪」や「器物損壊罪」の疑いがあるのなら、警察官や検察官が物々しく会社に押しかけてきて、有無もいわさずに証拠品などを大量に段ボールで運び出すものではないでしょうか。

しかし、実際の報道映像では穏やかな雰囲気で職員が数名、店舗にやってきて、何やら書類を見たり、従業員と会話をしている様子が映されていました。

また、**実際に行われた検査内容も「整備記録の確認や従業員へのヒアリングが行われた」**という説明がありました。

この違和感を解消するためには行政法、その中でも「行政調査」に関する理解が必要です。

■犯罪捜査と行政調査の違い

今回、中古車販売会社に行われた**立入検査は行政法上の「行政調査」**にあたります。

この検査はあくまで**道路運送車両法違反の可能性であり、道路運送車両法を所管しているのは国土交通省**になります。

この場合の違反の内容ですが、道路運送車両法施行規則に規定されている「行っていない点検や整備の料金を請求してはいけないこと」あるいは「依頼されていない点検や整備を不当に行い、その料金を請求しないこと」に違反したと考えられたわけです。

これら、道路運送車両法に基づく自動車特定整備事業者を規制するのは行政法ですから、この事案では国土交通省が行政調査を行うに至りました。

この行政調査は、通常よく「家宅捜査（犯罪捜査）」として報道されるものとは似て非なるものです。

家宅捜査は正式には「強制捜査」といって刑法上の刑罰を科すために「司法警察職員（被疑者を検挙したりする警察職員）」が行います。

この**強制捜査の特徴は相手方の意思に反してでも実施できること**です。相当な権利侵害にあたることから、当然、法律の根拠が必要ですし、厳格な手順を踏まなければ行うことができません。

これを「令状主義」といって司法警察職員は強制捜査をしなければ、目的を達成できない捜査について、事前に裁判官の審査を受け、捜索差押許可状の発付を求めなければなりません。これは家宅（会社も含む）に限らず、自動車の中などを捜査しようとする場合も同様です。

一方で「行政調査」の場合には、通常令状は不要です。

というのも、行政調査は**相手方の任意の協力のもとに行われ、相手方が拒否した場合に無理**

矢理立入検査をすることはできないのです（なお、警察官も行政調査としての「職務質問」や「所持品検査」などを行うことはあります）。

これが中古車販売会社に対する捜査に関して報道映像で穏やかな雰囲気で書類を見たり、従業員と会話をしていた理由となります。

任意で拒否もできるなら検査に応じなければ良いと思われたかもしれませんが、強制力がない分、行政調査の場合は、**行政調査に応じなかった者に行政罰が科されることが多く、間接的な強制力で調査に応じざるを得ない**ようになっています。

今回の道路運送車両法違反に関する立入検査の場合も、これを拒んだり妨げた場合には30万円以下の罰金（行政罰）か科されることが定められています。

なお、実務上は行政機関が行政調査を行ったことや、行政機関からの情報提供を受けて司法警察職員が犯罪捜査に乗り出すことが多く、今回の中古車販売会社に関しても結局は「詐欺罪」や「器物損壊罪」などの訴追は免れないといえます（今回の場合、少し別件になりますが、行政調査のあとに地方公共団体からの被害届出を受けて店舗周辺街路樹への除草剤頒布に基づく器物損壊罪の家宅捜査が先に行われました）。

ADMINISTRATIVE LAW 5

一方的な恋愛に対するイエローカード（行政指導）

イマドキの交流はオンライン

近年は数多くのＳＮＳが流行しており、また若い世代に限らず様々な世代が利用することも当たり前で、人との交流や知り合うきっかけもオンライン上ということが珍しくなくなってきました。

ＳＮＳは「Social Networking Service（ソーシャル・ネットワーキング・サービス）」の略で、「情報収集や情報共有」「友だちや仲間を見つける、増やす」「日常生活や趣味などを共有したり、交流する」「自分の意見や思想を発信して意見交換する」など、そもそもＳＮＳの目的は社会的ネットワークを築くことです。

そのことから、ＳＮＳ上には自分の顔写真や日常生活の様子、生活圏内の場所、持ち物などを掲載していることも多く、発信者の人柄や素性が誰にでもわかるようになっています。

ＳＮＳは無料で利用できるにもかかわらず、気軽に他者の人柄や素性も知ることができて、簡単に交流もできるため、近年では交流開始のきっかけがオンライン上だったということも少なくありません。

非常に便利でメリットの多いSNSですが「気軽に他者の人柄や素性も知ることができる」ということは、反面、トラブルの原因となることも少なくありません。

■アプローチのつもりがストーカーに

同性・異性に限らずSNS上で気になる人を見つけたら「**まずフォロー**」して、やがて交流を持つために「**コメントをして、返信をもらう**」ということは、当たり前すぎる行為となっています。

さらに親しくなると、誰でも閲覧できる「**コメント機能**」から「**DM(ダイレクト・メッセージ)**」に移行することも珍しくありません。

お互いが「信頼できる」「強く関心が持てる」と感じたら、リアルの場で会うということも、今時はよくあることです。

こうなってくるとSNSを「恋愛目的」で利用する人が一定数出てくるのもやむを得ません。

一方で、「**自分にとってはアプローチ**」のつもりでも、相手にとっては「**迷惑なストーカー行為**」と思われてしまうこともよくあるのです。

〈ストーカー行為は法律で決まっている〉

じつは「ストーカー行為」の判断基準は法律である程度、明確化されています。

法務省が所管する「ストーカー行為等の規制等に関する法律（ストーカー規制法）」という法律があり、その中に「つきまとい等」という定義が挙げられています。

「つきまとい等」は、「**特定の者に対して恋愛感情を持って**」または「**恋愛感情が満たされなかったことに対する怨恨の感情を充足する目的を持って**」次のような行為をすることをいいます。

（1）つきまとい、待ち伏せ、立ちふさがり、見張り、押しかけ、むやみやたらにうろつく
（2）行動を監視していると知らせる
（3）面会や交際などの要求
（4）乱暴な言動
（5）無言電話、拒否されたのに連続して電話や文書送付、ＦＡＸ、メール、ＤＭなどを送信
（6）汚物や動物の死体など不快になるものを送付したり知らせる
（7）名誉を害する行為
（8）性的羞恥心を害する行為

ひとことでいって、相手に「気持ち悪い」と思われる行為ばかりなのですが、重要なのはこれらの行為をただ、行うだけでなく、**これらの行為が「恋愛感情に端を発して」行われているということ**です。

これらの行為が恋愛感情に端を発して行われているのであれば、**たとえ1回の行為であっても（5）を除いて「つきまとい等」に該当**します。

さらに、**これらの行為が反復して行われれば「ストーカー行為」に該当**するのです。

なお、ここまではSNSを例にして解説していましたが、いうまでもなくこの「つきまとい等」や「ストーカー行為」にあたるか否かの定義はオンライン上に限らず、日常のあらゆるリアルの場面も想定しているので注意が必要です。

本項ではまず、「つきまとい等」に該当した場合にどうなってしまうのかを解説します。

■つきまといオジサンにはイエローカード

先ほどの行為について、恋愛感情に端を発して（1）～（4）、（6）～（8）の行為を行えば、それがたとえ1回だったとしても、**「つきまとい等」に該当し、もう一度行えば警察本部長等から「警告」**されます（（5）については反復して行った場合）。

この「警告」は警察から口頭で行われる場合もあれば、警告書が交付されることもあります。

これらはつまり、恋愛感情に対するイエローカードです。

警察から「あなたの行為は『つきまとい等』に該当するから、以後注意するように」とジャッジが入ったということです。

この警告は「行政指導」に該当します。「行政指導」という名称は、かなり物々しいのですがあくまで、**行政主体からの「アドバイス」**であり、**「何らかの義務を課すものではない」**ことに注意が必要です。

言い換えれば、アドバイスにすぎないので、**行政処分と異なり法律や条例の根拠を必要としません。**

少し複雑なのですが、「行政指導」それ自体が相手方の権利・義務に直接、影響を与えるものではないものの、何らかの**「法律を背景にした不都合」が相手方に生じるからこそ、アドバイス**することが多いので、**従わなければ結果的に困ったことにはなります。**あくまで行政指導自体には何の法律的効果はないということです。

このあたりは、178ページで解説した「行政調査に応じなかった者に行政罰が科される法律が多く、間接的な強制力がある」というケースとのニュアンスの違いを理解して頂きたいと思います。

■行政指導の性質

行政指導は、実務上「指導」「助言」「勧告」「警告」など、いろいろな呼ばれ方をしますが、あくまで**相手方の任意の協力を前提とした「すること（作為）」または「しないこと（不作為）」のお願い**ということになります。

ですが、行政指導は歴史的にかなり問題含みの概念でした。「アドバイス」あるいは「お願い」と簡単にいっても、行うのが行政主体（今回のケースでは警察）である以上、**行政指導をされる側にとっては、相当のプレッシャー**であることは想像に難くありません。

行政主体がむやみやたらに行政指導を行うことで、**行政の公平性や平等性に疑問が生じたり、行政客体側に不自由さが生じたりする可能性**があります（ただし、今回の事例「ストーカー規制法」とは別の話として考えてください）。

せっかく行政処分などに法律の縛りをかけても、行政指導による事実上のジャイアニズムが実現してしまうおそれが生じるのです。

そこで、多くの場合は住民と直接関わることの多い地方公共団体が「行政活動のために定める内部基準」である「要綱」を定めたりして、**行政指導自体の標準化・一般化**を試みました。

また、１９９３年には行政手続法（詳細は２１７ページ）の中に、行政指導の一般原則を明示することで、ジャイアニズムが実現されないよう工夫がされています（行政指導自体は政府が行う行政指導を対象としていますが、行政手続に倣《なら》って各自治体も行政手続条例に反映させることとなった）。

一方で**行政指導を要綱にとりまとめて行政運営の効率化・均一化をはかろうとすることに対しての批判**もゼロではありません（こういう状況を「**要綱行政**」という）。

地方公共団体で多いパターンとして、ある行政手続に関して、事実行為（法律効果が発生しない行為）としての行政指導により、申請者に様々な「やって欲しいこと」をお願いレベルで負担させておき、それをまとめた「**要綱**」**として均一化**し、一定の社会規範化を経たうえで「**条例**」**に格上げする**といった流れを経ることがあります。

これらが本当に公共的側面から考えられており、社会的な課題解決に結び付くのであれば歓迎ですが、そうでない行政側の都合に根差した既成事実の積み上げにすぎないこともあり、我々、国民（住民）がしっかりと**行政法の理解を深めたうえで、あるべき政策か否かを選別**していかなくてはなりません。

ADMINISTRATIVE LAW 6

危険な恋愛にはレッドカード（行政罰）

■レッドカードは自分の恋愛観の危険性を認知するもの

前項で「恋愛感情に端を発して」8つに分類した行為を行えば「つきまとい等」に該当し、それらの行為が反復して行われれば「ストーカー行為」に該当することをお伝えしました。

本項では「ストーカー行為」に該当した場合に、どうなるかを解説していきます。

すでにお伝えしたように「つきまとい等」に対して行われる「警告」は行政指導であり、「警告」自体が相手方の権利・義務に直接、影響を与えませんが、**警告相手方に何らかの不都合が生じるから、事前に「アドバイス」ともいえる「警告」を発している**わけです。

この場合の「警告」は行政指導なので法的な拘束力がないとタカをくくり**「警告」に従わなければ、公安委員会より「禁止命令」が出される**可能性があります。

この「禁止命令」は被害者からの申告や、申告がなくても状況に応じて公安委員会の職権によって出されることがあります。

この「禁止命令」は口頭でなされることもありますが、通常は「禁止命令書」が交付されます。これは恋愛感情に対するレッドカードといえます。

この禁止命令は、行政指導ではなく「**行政処分**」です。行政処分の性質については後述（198ページ）しますが、ストーカー規制法の禁止命令は「行政法の型」にあてはめると次のようになります。

①「行政主体」…公安委員会
②「目的」………ストーカー事案による被害者の身体、自由、名誉に対する危害の発生予防
③「行政客体」…「つきまとい等」に該当するとして「警告」を受けた者
④「行政活動」…禁止命令（行政処分）
⑤「要件」………警察による「警告」に違反し反復して「つきまとい等」を行うこと
⑥「効果」………自らの行為がストーカー行為であることの確定、行為が反復できないための措置

このように「行政法の型」にあてはめると、ストーカー規制法における行政処分は独特なものがあります。

一般的な行政処分は、

（１）行政客体の対象が広い
（２）要件が人的要件、物的要件、場所的要件、資産的要件
（３）行政処分の効果が明確

といった傾向にあります。ストーカー規制法の場合、すでに「警告」を受けている「つきまとい等」を行った者に限定されていることから、行政客体が特定的ですし、また要件も限定的（しかも「行為」）で、さらに行政処分による効果が極めて抽象的です。

一般的なものであれば「禁止が解除される（許可を取得）」とか「公簿に記載される（登録）」といった効果がありますが、ストーカー規制法では、対象者が自らの行為がストーカー行為に該当することを認知して、今後の同様の行為（を反復すること）を止めることに期待したものとなります。

妙な言い方ですが、行政が**対象者の行為に「ストーカー行為」であるとお墨付きを与える**というニュアンスです。

また「ストーカー行為を反復できないように措置をさせる」という、相手方に行為（言動の抑制）を促すことに効果を求めています。

具体的には「つきまといであれば、もう被害者の生活圏内に近づかないように約束する」とか「しつこいメールであれば、メールアドレスを消去する」といった具合です。

これは事業における許可取得等とは違い、加害者の協力が不可欠である「行為をやめさせる」ことを目的とした法律のため、ある程度はやむを得ません。

まさか、逆に加害者を常時監視するわけにもいきませんし、行動をとれないように拘束するわけにもいかないからです。

このあたりは刑法と異なり、行政法が抱えるジレンマといえますが、このジレンマに対しては、ここまで本書の解説で幾度か触れた「**間接的な強制力**」である「**行政罰**」の出番となります。

■行政罰は強力な抑止力となる

ストーカー規制法の例で明らかとなったように、いかに行政が「警告」や「命令」という強いプレッシャーを与えたとしても、**相手方がそれに従うことがなければ、行政の目的は決して達成できない**わけです。

そこで行政からの「警告」や「命令」、言い換えれば「**守らせようとする義務**」を履行させるための手段として用意されているのが「**行政罰**」です（本事案ではやむなく「行政指導」と「行政処分」を一緒くたに語っています）。

行政罰には、**刑法上のしっかりとした刑を科す**「**行政刑罰**」と、**軽い制裁を与える**「**秩序罰**」、の2種類があります。

「刑法上のしっかりとした刑を科す」というと、ついつい「禁固」とか「死刑」とか、おそろしいものを想像してしまいますが、**行政法上の義務違反として科される「行政罰」は「罰金」と「懲役」となっています**（懲役は充分におそろしいですが）。

このことから、行政罰が科される場合、刑事訴訟法上の手続に則った正式な流れで科されます。

一方で**「秩序罰」は、簡単な手続で科すことが可能で、国の法令に基づく場合は裁判所によって、条例や規則に基づく場合には、地方公共団体の長によって「過料」として科されます。**

なお、よく履歴書などで「**賞罰**」を記載する欄があります。

行政手続でも一定の許可や登録、届出をする際に記載する必要がある場合がありますが、この場合に記載する「罰」とは前科にあたるものですので、行政刑罰を科された場合は記載する必要がありますが、秩序罰の場合は記載する必要はありません。

このように、行政罰は本人次第で従わない可能性がある義務履行に対して促す効果を持たせたり、逆に違反させたくない行為などに対して抑止力を持たせる効果があります。

ADMINISTRATIVE LAW 7

空き家を放置したら役所に破壊されるの？（行政強制）

■空き家は最近の大きな社会問題

近年、管理の行き届かない空き家が増加しています。総務省統計局の「平成30年住宅・土地統計調査結果」によると、２０１８年時点で住宅の空き家総数は８４９万戸もありました。

これは、総住宅数に対して、じつに13・６％の住宅が空き家だということです。

空き家が増加する原因には様々なものが考えられます。

例えば、地方過疎化による人口の流出や新築住宅の供給過剰、遺産分割で揉めた結果、空き家を相続する者が決まらない、あるいは相続する者が決まっても相続した空き家を解体する工事費用が捻出できないなど、様々です。

行政法的な視点でいうと、建築基準法などの建物に関する法規制が原因であることもあります。

建築基準法が施行される前に建てられていた建物には「建築物の敷地は、道路に２ｍ以上接しなければならない（接道義務）」という規制がかけられていませんでした。

そこで、現在建っている建物が空き家になったからといって、取り壊してしまうと、もう新築することができないとか、以前よりも小さい建物しか建てられないといった問題にぶつかることも多いのです。そのため放置されている空き家も大変多く存在します。

■法律による空き家問題への対策

管理の行き届かない空き家は、草木が生い茂って付近の景観を悪化させるにとどまらず、害虫や害獣が発生したり、老朽化で崩れ落ちた外壁や柱で通行人や隣地の住民がケガをするといった危険性が生じます。

近隣住民にとっても、放火や空き巣などの犯罪を招き、治安が悪化するおそれや、浮浪者やノラ猫が居座る、不法投棄がなされるといった防犯面、衛生面の問題も引き起こされます。

なお、**空き家が増えている地方公共団体は、人口減少とも比例していることが多い**ため、税収入の減少で財政状況が悪化し、行政サービスが低下しているおそれもあります。

これら空き家の問題に対応するための法律として、２０１７年に「空家等対策の推進に関する特別措置法（空家対策特措法）」が施行されました。

この法律では、地方公共団体に「国の基本指針」に即した**「空家等対策計画」を策定するよう求めています**（これは「行政計画（１６０ページ）」にあたります）。

そして、空家対策特措法では、**居住などの使用がなされていないことが常態化（1年以上）している住宅などを「空家等」と定義**しています。

地方公共団体は、この「空家等」に対して、情報収集のために調査を行ったり、所有者等を把握するために固定資産税情報を利用することができます（これは「行政調査（175ページ）」）。

行政調査の結果、次のような状態の「空家等」については**地方公共団体により「特定空家」に指定**されます。

（1）そのまま放置すれば倒壊等著しく保安上危険となるおそれのある状態のもの
（2）著しく衛生上有害となるおそれのある状態のもの
（3）適切な管理が行われていないことにより著しく景観を損なっている状態のもの
（4）周辺の生活環境の保全をはかるために放置することが不適切である状態のもの

この「特定空家」に指定された建物に対しては、まず地方公共団体より「改善の勧告」がなされます（これは「行政指導（179ページ）」）。

ここまで来ると、前項までに説明していた「道路運送車両法」や「ストーカー規制法」との類似性を感じた方も多いのではないでしょうか。本書で幾度かお伝えしましたが、このように行政法には「統一的な仕組みや考え方（型）」があり、多くの法律に類似性が見られるのです。

ただし、空家対策特措法は行政法の中でも結構、強力な法律で、ここからは少し趣きが異なってきます。

まず、地方公共団体から**「特定空家」に指定された建物は「住宅用地の特例措置」という固定資産税の優遇措置が適用されなくなってしまいます。**

本来住宅用地であれば、優遇されていた「税負担の軽減」から除外されてしまうのです。

例えば土地・建物をあわせて課税標準額が２５００万円だった場合、優遇措置では年間11万円程度だった固定資産税が年間35万円程度まで増加します。

そして、これだけにとどまらず、もはや行政の常套句《じょうとうく》にも思えてくる「改善の勧告」のあとの「改善の命令（これは『行政処分（１９８ページ）』）」と、命令に従わなかった場合の行政罰、50万円以下の「過料（これは『秩序罰（１８９ページ）』）」も科されることとなります。

ですが、空家対策特措法の法律の趣旨からすれば、これだけでは目的を達成することはできません。

そこで空家対策特措法では、「空き家の所有者が改善の命令に従わなかった時」「改善の命令に従っても措置が不十分、あるいは期限までに完了する見込みがない時」に地方公共団体によって**「代執行」をできることが定められています。**

■行政強制は強力な義務履行手段

「代執行」というのは、**行政作用の中でも最も強力な「行政強制（強制執行）」**のうちの一つ

◎空家対策特措法の全体図

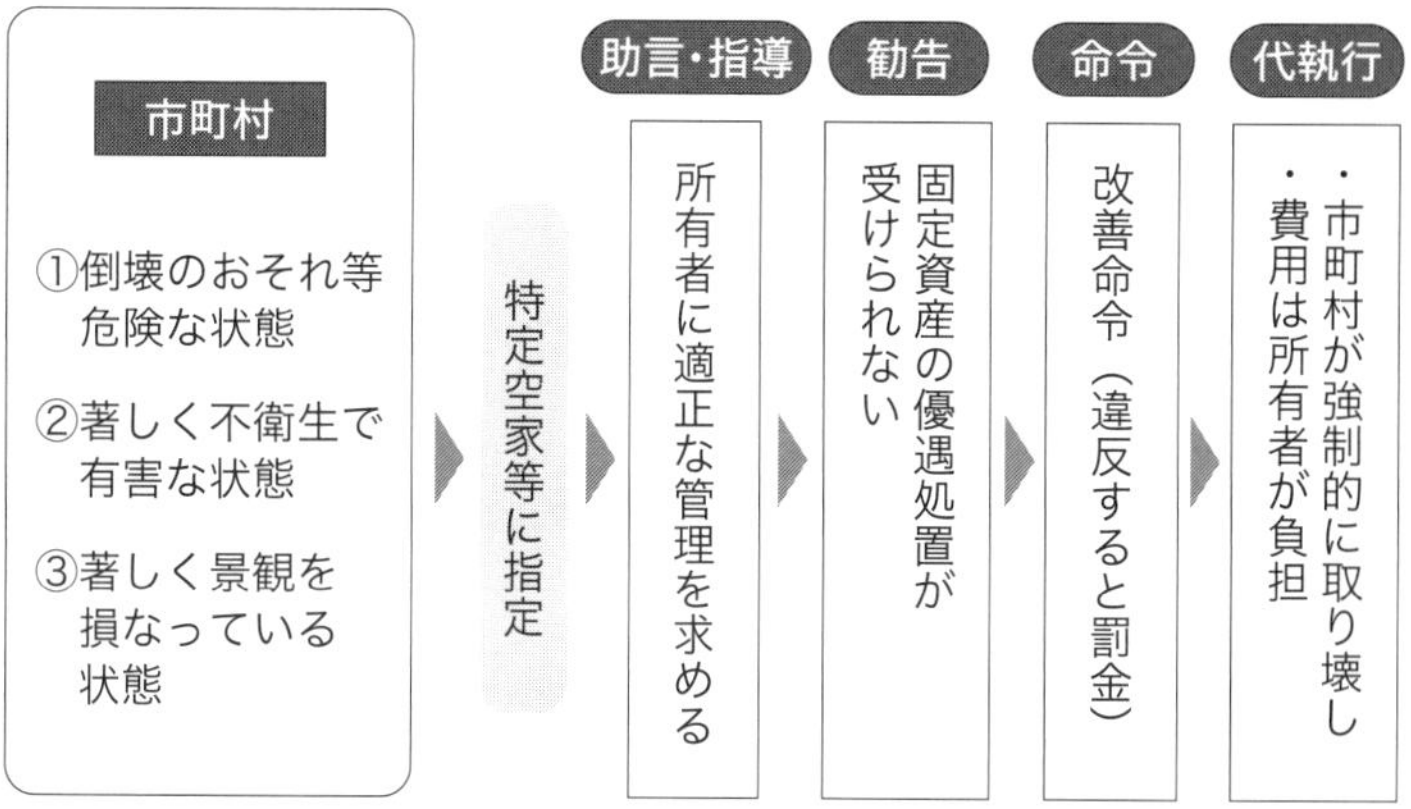

です。

「行政強制」には「代執行」「執行罰」「直接強制」「強制徴収」の4つがあります。

「代執行」は、「『行政客体に何かをする義務がある』＋『第三者が代わって行える』」義務（代替的作為義務）」が果たされない時に、**行政機関（あるいは行政から依頼を受けた者）が代わって義務を果たすこと**をいいます。

今回の事例で「特定空家」の改善措置がなされない場合に行われるのが、この「**代執行**」です。

「**執行罰**」は、「『行政客体に何かをする義務がある』＋『第三者が代わって行えない』」義務（非代替的作為義務）」が果たされない時に、**「義務を果たすまで、何度でも過料を科しますよ」と強制力を働かせようとするもの**です。

「過料を科す」という点で「行政罰」の中にあ

る「秩序罰」に似ているのですが、**執行罰はこれから義務を果たさせるために脅しのように用いる点で異なります。**

「義務を果たさせよう」とすることが目的のため、秩序罰とは違い、何度でも科すことができるとされていますが、正直いってそれではジャイアニズムそのものです。

このことから、執行罰は、現在「砂防法」という法律に規定されるのみとなっています（この砂防法についても古い法律の改正漏れといわれています）。

「直接強制」は、名称からもわかるように、**義務者の身体や財産に対して直接働きかけるもの**です。

これもかなりの権利侵害のおそれが強いものですので、現在「暴力主義的な空港反対派に対する禁止命令が無視された場合の実力封鎖（成田国際空港の安全確保に関する緊急措置法）」と「学校が教育目的以外に使用された場合の返還命令が無視された場合の直接返還（学校施設の確保に関する政令）」くらいしか例がありません。

さらに、権利侵害の度合が強いのが**「行政客体に義務の有無を前提としない」状態での身体や財産に対して直接働きかける「即時強制」**があります。

執行罰や直接強制と異なり「即時強制」については、権利侵害の度合が高いにもかかわらず、現在でも事例は多く存在します。

というのも、**即時強制が認められるのは「義務を命じる暇もないような緊急事態」に限られ**

るからです。

道路上で酔っ払いが寝てしまっている場合、通報を受けた警察は、とにもかくにも酔っ払いの身体を動かさなければ、車にひかれてしまうかもしれません。

食中毒菌が繁殖しつつある飲食店の不衛生な食材を保健所職員が廃棄する例なども同じです。

いちいち義務を課してからとか、了解を得てる場合ではないような限られたケースでは、このような職権の行使が認められることがあります。

このことから、空家対策特措法においても、代執行までの手順を踏まずに即時強制をすることができる「緊急安全措置」という規定があります。

空き家に関しても、建物の倒壊や資材の飛散などによって、**人の生命や身体、財産などに危害が及ぶ可能性があり、これを避けるため緊急の必要がある場合があるから**です。

ADMINISTRATIVE LAW 8

「運転免許」の嘘!?（行政処分）

■運転免許保有者に対する制裁

大人になるにつれて、多くの人が自動車の運転免許を取得します。自動車の運転免許制度は「道路交通法」を根拠にした仕組みですが、道路交通法の目的は「**道路における危険防止や交通の安全・円滑をはかり、道路の交通に起因する障害を防止すること**」です。

当然、運転免許制度もこの目的に基づいています。道路における交通安全を妨げるものや、危険行為、障害といえることには「違反行為」として厳正な制裁が科せられます。違反を犯すと、罰金を支払うことになりますし、より深刻な違反行為に対しては、免許停止や免許取消しの処分が科せられることもあります。

違反行為の中でも特に身近なものがスピード違反です。速度制限を超過するだけでも取り締まりの対象となります。

一般道や高速道路での速度超過には、一定の罰金が科せられます。速度を大幅に超過すると、即座に免許停止や刑事訴追の可能性すら高まるのです。

148ページでも触れたように、免許制度における違反行為に対する報いは、「行政処分」と「刑事処分」の2つがあります。

行政処分では、免許停止や免許取消しなどの免許に関連する制裁が科せられ、刑事処分では罰金や懲役など、刑事的な処罰が適用されます。

■運転免許制度も多くの行政作用で成り立っている

空家対策特措法でも、これでもかというほど振り返りましたが、行政法の「統一的な仕組みや考え方」を身に付けるうえで、とても大事なことですので、運転免許制度においても、あらためて制度を支える行政作用について確認してみましょう。

まず、交通安全基本法という法律があります。この法律では国家公安委員会と警察庁に対して毎年「交通安全業務計画」を作成することを求めています。これは「**行政計画**（160ページ）」です。

また、道路や交通に関するような日常の身近なルールは詳細にする必要があり、道路交通法にはあくまで道路や交通に関する最低限のルールを定め、詳細は道路交通法施行令や、道路交通法施行規則等に委ねています。

道路交通法施行令や、道路交通法施行規則は「**行政立法**（168ページ）」です。

また運転免許を取得しようとする時、必ず交通違反や交通事故に関する統計に基づいた情報提供がなされます。

これは道路交通法に国家公安委員会が「交通事故の防止、交通事故による被害の軽減に資するための調査研究等を行う」と定めてあるからです（実務上は「交通事故調査分析センター」に委ねている）。

このような調査研究は「**行政調査**（175ページ）」にあたります。

例えば、民家から樹木の枝が道路上に大きく張り出し信号や標識が見えにくい状況になっている場合、交通安全の目的を達成することができないので警察や国土交通省職員から、除去するように「**行政指導**（179ページ）」がなされます。

そして、相手方が除去を行わない場合は「**除去命令**」や「**監督処分**」がなされます。

これらはいずれも「**行政処分**」で、監督処分によっても改善されない場合は「**代執行**（195ページ）」がなされることになります。

また監督処分に従わなかったことに対して50万円以下の罰金が「**行政罰**（186ページ）」として科されるのです。

これら道路の交通安全に関する法規制を見ても、本書で幾度となく見てきた「**行政法の統一的な仕組みや考え方**」を見出すことができるはずです。

このように**運転免許制度も多くの行政作用で成り立っている法律**です。

本項では、さらに「行政処分」について、詳しく解説をしていこうと思います。

■行政処分の用語はややこしい

本書の序章で、次のような自動車免許に関する「行政法の型」を取り上げたのを覚えているでしょうか（20ページ）。

①「行政主体」…公安委員会
②「目的」………道路の危険防止と円滑な交通
③「行政客体」…全ての国民
④「行政活動」…禁止（権利制限）
⑤「要件」………一定の適性試験・技能試験・学科試験をクリアした18歳以上
⑥「効果」………許可

この際、自動車の運転免許制度は「**免許**」と称されているものの法律上は「**許可**」であることに触れました。

そもそも「行政処分（行政法学上は『行政行為』と称される）」とは、**「特定の行政客体に対**

して行政主体が一方的に、権利義務やその他の法的地位を具体的に決定する行為（法律行為）」です。

運転免許制度の例でいえば、道路交通法により、全ての国民に「道路上で自動車を運転する」ことが権利制限（禁止）されているわけですが「要件を満たす」「特定の行政客体」に対して「一方的に」この制限を「解除する」効果を発生させる行為、これを「許可」と呼ぶわけです。「自動車の運転免許」という呼称が非常にややこしいのですが、行政法学上「免許」という区分はないのです（行政手続の名称には多い）。

「医師の免許」や「宅地建物取引業の免許」なども、行政処分としては、**一般的に禁止されていることを一定の要件により解除する「許可」**となります。

「許可」に似ているけれど、全然別の行政処分なのが「特許」と「認可」です。

「特許」は「特定の行政客体に特権や特別の地位を与えること」です。

「放送事業者の免許」は、こちらも「免許」という名称がついていますが「特許」にあたります。

特許は**通常であれば、その行政客体が行えないようなことを特権や特別の地位を与えることでできるようにするもの**です。

「放送事業者の免許」以外にも「電気事業の許可」や「一般ガス事業の許可」などが挙げられます。今度は「許可」という名称なのにじつは「特許」なのがややこしいですね。

そのため、実務上は**特許を「公益事業許可」と呼ぶ場合もあります。**

通常の許可が「社会公共の安全・秩序維持」を目的にしているのに対して「特許（公益事業許可）」は、この目的にプラスして「需要調整」や「経済的弱者保護」といった政策的要請から実施されているのです。

さらにこの**「経済的弱者保護」の視点があるのが「認可」**です。

「認可」は「ある者が行った法的な行為に対して、行政がその効果を補充する行為」をいいます。

例えば、電気やガスなどの事業を行っても良いと「特許」を得ている企業が、これらの料金を値上げしたい場合、行政の「認可」が必要になります。

〈規制行政〉

これまで何度か「行政法の型」を使って、いくつかの個別法の要素を説明しましたが、これらには一定の「⑤要件」を満たした「③行政客体」が得られる「⑥効果」に、「前提として『①行政主体』が行政法の『②目的』を達成するために、あらかじめ何らかの『④行政活動』がなされていること」との関係性があることに気づいたでしょうか。

行政活動は、社会における公共の利益の実現を目的としています。

そこで目的を達成するために、一方的にある程度の「私的利益（民間の権利）」の制限を行っています（公共の利益と私的利益のバランス）。

これはある「私的利益」が好き勝手にふるまわれた結果、別の者の「私的利益」が侵害されることを防止しなければならないからこそ、その個別法が制定されているのです。

運転免許制度でいえば、3歳児でも小学生でも、高齢者でも、誰もが「自由だから」と無条件に自動車を運転しても良いことにしてしまったら、多くの人が怖くて道を歩けません。

そこで一旦、**全ての国民に「原則、自動車の運転をすることを禁止」しておいて、一定の条件（年齢や視力、知識・技術など）を満たしたものに限り、この禁止を解除**する（許可を与える）ということをしています。

このような手法で社会の秩序や安定・維持を実現しようとすることを「規制行政」といいます。

規制行政は、人々に対して何らかの作為（して欲しいこと）を命じる「下命《かめい》」と、何らかの不作為（して欲しくないこと）を命じる「禁止」を課すことが前提となります。

この規制のかけ方は

（1）法律や条例により一律に規制を及ぼす
（2）行政の決定により、一定の範囲に規制をかける
（3）特定の対象に限定して規制をかける

などがあります。ここまで見た例でいえば、運転免許の場合は（1）になりますし、道路運

送車両法で見た「依頼されない点検や整備を不当に行い、その料金を請求しない」が（2）、ストーカー規制法の「被害者の生活圏内に近づかない」が（3）、といった具合です。

〈規制行政と公共の福祉〉

「規制行政」によって、全ての人々に「作為」や「不作為」を禁止する（規制する）というのは人権侵害ではないのか？　どうしてそのようなことができるのかという議論があります。

「人権」はたしかに国の最高法規である「憲法」によって保障されていますが、じつは「**いつ・いかなる場合でも無制限に保障されるものではない**」のです。

なぜなら、自分が**人権を主張すれば**、**必ず他者の人権と衝突する**場面が生じるからです。

そこで行政などが行う「規制」もですが、人権を制約できる根拠として挙げられるのが「公共の福祉」です。

この「**公共の福祉**」は、次章以降も頻繁に出てきますので、少し詳しく解説します。

ひとくちに「**公共の福祉が損なわれるから、人々のあらゆる作為や不作為に規制をかけられる**（一元的外在制約説）」とした場合、「公共の福祉」という基準があまりに抽象的（不明瞭）すぎて、ジャイアニズムが実現できてしまいます。

そこで「**公共の福祉が損なわれるから**『**経済的な権利**』**や**『**社会的な権利**』**は規制をかけられるけど、それ以外の自由（精神的自由や身体的自由、参政権など）は規制できない**（内在・

外在二元的制約説)」という風に、経済的な自由や社会的自由は制限できるという考えもあります。

すると「**社会的自由**」にも含まれるはずの「**精神的自由**」と「**身体的自由**」とが分離してしまい、おかしなことになります。

そこで私は、「公共の福祉」はあらゆる**当事者の複合的な権益が衝突・矛盾することを調整するための観念**で、**社会情勢の変化を踏まえて規制対象ごとに個別判断**して「社会全体の利益」を導くべきだと考えています(詳細は379ページ)。

〈給付行政〉

規制行政は本来国民が自由に有するモノ(権利利益)に制限をかけておき、一定の者にこれを解除する視点だったのに対して、給付行政は本来国民が有さないモノを提供します。

その主な目的は貧富の格差やインフラの不足から生じる社会的な課題の解決です。

行政法は国民の「私的利益」を制限するばかりで社会の秩序や安定・維持を実現しようとしているのではなく、**積極的に富の再分配やインフラ整備なども行っている**のです。

給付行政には、いろいろな「国民が有さないモノ」の提供の仕方があります。

(1)ライフラインの提供(水道や下水道、道路等)

(2)各種サービスの提供(学校、図書館、廃棄物処理等)

（3）金銭の授与・貸与（生活保護、年金、給付金や補助金）

規制行政と同じく給付行政についても、対象の範囲や、条件、効果などを法律や要綱で明示されることがほとんどで、実際に給付を受ける際に行政手続が必要となる点も許可や特許と同じです。

〈事実行為と法律行為〉

先に説明した行政処分の定義の最後に「**法的地位を具体的に決定する行為（法律行為）**」という説明がありました。

この「法律行為」という意味合いは非常に重要です。行政機関が一方的に行政客体に対して何らかの法的地位に影響を与えるからこそ、行政処分には重みがあり、行政法としては法律の根拠の有無といった議論もなされるわけです。

反対に、行政機関が行うものですが、**行政客体に何ら法的地位の変動を与えない「事実行為」**というものもあります。

この事実行為は言い換えれば、行政機関の意思が伴わない「ただの作業」ともいえます。

例えば、建築基準法に違反する建物を所有するAさんに対して「違反建築物の除却命令」を出すことは「行政処分」です。

Aさんに「違法建築物を除却しなければならない」という義務を生じさせているからです。

しかし、もしAさんがこの「違法建築物の除却命令」を無視すれば、これまでも触れたように、行政機関は「違法建築物を代執行により除去」することができます。これは、単純に建物を取り壊すということです。

この「取り壊す」という行為自体は「事実行為（ただの作業）」にすぎないので、行政処分（法律行為）としての「除却命令」と、事実行為としての「取り壊し」は似て非なる性質を有しているということです。

〈行政処分が持つ力〉

この行政客体に対して一方的な法的効果を発生させる「行政処分」ですが、それ以外にも様々な効力を持っているとされています。

まずは「**公定力**」です。例えば税務署がBさんに対して「税金の課税」をしたとします。この「税金」に誤りがあったことが判明したとしても、**権限を有する行政主体がこれを取消さない限りは、「有効」として取り扱われ**、Bさんは納税義務に縛られるというものです。

このような考えがなされている理由は行政活動には「円滑で迅速な事務処理」が遂行されることが原則とされているからです。

ただし、**行政処分自体に明らかな問題がある場合は「無効」**としてはじめから、そのような行政処分はなかったことになります。

この「明らかな問題」の判断は「**重大かつ明白な瑕疵《かし》」があった場合**とされています（「瑕疵」とはキズや不具合のことです）。

つまり、課税にちょっとした誤りがある場合は、一応有効として扱われ、権限を有する行政機関が取消しをした場合、はじめに遡って効果がなくなります。

一方で、例えば「そもそも命令の相手を間違えてた」といったような「重大かつ明白な瑕疵」がある場合は、最初から「行政処分」がなかったことになります。

さらに「**不可争力**」というものもあります。これは審査請求（329ページ）や取消訴訟（341ページ）といった**行政処分の違法性を争うことができる期間（審査請求期間や出訴期間）をすぎると、行政処分の効力を争えなくなる力**です（ただし処分した行政機関自らが取消すことは可能）。

他にも、**相手方の意思に反して行政処分の内容を行政機関が（裁判所を通さずに）自力で実現できる力**である「**自力執行力**」。**一度行った行政処分について、処分をした行政機関が自らの判断でこれを変更できない**という「**不可変更力**」があります。

〈取消し・無効・撤回の違い〉

行政処分の持つ力「公定力」の中で「権限を有する行政主体がこれを取消さない限りは有効として取り扱われる」という説明をしました。

また、「行政処分自体に明らかな問題がある場合は無効」という説明もしましたが、これら「取消し」と「無効」、そして「行政処分の瑕疵《かし》」について、もう少し詳しく取り上げておきます。

「瑕疵」とは行政処分のキズや不具合のことですが、この行政処分の瑕疵には「取消しうるべき瑕疵」と「無効の瑕疵（重大で明白な瑕疵）」があります。

無効の瑕疵、言い換えれば**重大で明白な瑕疵には、そもそも公定力が認められない**のです。

一見、瑕疵があればはじめに遡って取消せるんだから、わざわざ無効と線引きする必要がないように思えますが、この取消すための訴訟は出訴期間（訴訟を起こせる期限）が短く、気づいた時にはすでに救済を得られないという人が出てくるのです。

つまり**重大で明白な瑕疵がある行政処分は「無効」として、はなから公定力もなく、訴訟を起こせる期間に関係なく、効力が否定できる**のです。

ここで妙なことに気づきます。

自動車の運転免許制度においても「免許の取消し（免取《めんとり》）」と呼ばれるものがあります。

あの免許の取消しについて、訴訟など起こされている話は聞いたことがありません。

そもそも、行政処分を取消すための訴訟は国民が行政に対して起こすもので、行政が国民に対して起こすものではありません。

さらに、そもそも有効に与えていた行政処分を取消すといっても、取消しは、はじめに遡って取消せるものだし、自分の運転免許に「瑕疵」があった、というのも変な感じがします。「過去に実際に運転してきた事実を否定されても…」という感じでモヤモヤします。

これも行政処分にまつわる用語のややこしさが原因です。

じつは**運転免許の取消しは、法律上は取消しではない**のです。**事後的に瑕疵が生じた行政処分の効力を消滅させることは法律上、「撤回」**といいます。

逆にいえば、取消しとは**〝当初から〟行政処分に瑕疵が存在する**行政処分を消滅させることなのです。

これは運転免許に限らず、飲食店の営業許可の場面でも、飲食店が食中毒事件を起こした場合に「許可の取消し」が行われることが法律に明示されていますが、これも実際は「取消し」ではなく「撤回」ということになります。

なお「瑕疵の治癒」といって、当初は行政処分に瑕疵が存在していたけど、そのあとの事情変動によって瑕疵が消滅することもあります。

この際の行政処分の有効性については、慎重に判断をしなければならないとされています。

ADMINISTRATIVE LAW 9

メルカリ出品にも警察の許可が必要？働いたら負けか？（行政手続）

■サスティナブルと稼ぎを両立させる？

世界的にサスティナブル意識が高まる中、フリーマーケットアプリや、オークションアプリがあらためて注目を集めています。

古着やゲーム機、フィギュアなど「好きで買い集めたけど、置く場所もなくなってきたし、新しいものを買うために使っていないものを処分しよう」と出品をする方も多いと思います。

使わなくなったものを捨てるのではなく、格安で他の人に譲るというのはサスティナブルの観点で見ても相性の良い方法です。

メルカリやラクマ、Ｙａｈｏｏ！オークションといったフリマアプリは聞いたことがある人も多いアプリでしょうし、一度くらいは利用したことがある人もいるのではないでしょうか。

こういったアプリが普及している理由の一つは、本来面倒に感じる出品までの手続が非常に簡単だからです。

不用品を売りたい場合、通常であれば「写真を撮影して」「商品の説明を書いて」「スペックや相場などを調べて」「売れそうなキーワードを並べて」といういくつかのハードルが存在します。

しかし**これらのアプリは商品のバーコードを読み込むだけで「商品名」「商品情報」「キーワード」などが自動で入力され、あとはバーコードを読み取ったその画面のまま、商品画像を撮影するだけで出品できてしまいます**。

あまりに簡単に不用品を処分でき、また想定をこえた売上に結び付くため、どんどんハマって家中の不用品を出品し、中には「これはなぜか高く売れる」という「お宝」を見つけて、その系統の商品をわざわざ仕入れにいって「出品→利益を得る」というサイクルを繰り返す人まで現れています。

最初はほんのサスティナブルのつもりが「**利益の持続可能性**」に気づいてしまうのです。

■持続可能性の落とし穴

法律上、このように**利益を得るため一定の行為を反復継続することを「営業《えいぎょう》」**といいます。

「飲食店営業」とか「風俗店営業」といった言葉は聞いたことがあるはずです。

つまり「**飲食店営業許可**」というのは、**食品衛生法上で「飲食店」として「営業」すること、**

言い換えれば「飲食物をサービスとして提供」して「お金をもらうこと」を反復継続することが「全ての国民に禁止され、要件を満たした者のみ解除（許可）される」ということです。たった7つの「飲食店営業許可」という漢字も法律的に分解すると、こんな複雑な意味が込められているわけです。

メルカリなどで不用品を売る際、多くの場合は自分が購入した金額（仕入値）よりも、低い金額で売れる（売上）ことになります。

利益とは単純にいえば「売上－仕入値」ですから、ビジネスとして見た場合、メルカリは利益のために出品する例は、本来なら多くないはずです。

ですが、まれにとても売値の良いものに出くわすことがあります。

過去、製造数が少ないにもかかわらず、欲しい人が多い「希少品」や、製造されてからかなりの年月を経て価値が高くなっている「アンティーク（骨董品）」などです。

また、これらに該当しなくても、発売日に争奪戦が繰り広げられたものとか、地方なので買いに行けなかった人がいたなどの理由で、自分にとっては容易に手に入れたものが、買値（仕入値）よりも高く売れる（利益が出る）ということだってあり得ます。

こういうものを見つけてしまうと、人によっては真面目に働くのが馬鹿馬鹿しくなって、フリマアプリの出品に没頭してしまうようです。

俗語ではこういう人を「**転売ヤー**」と呼ぶようですが、「**転売ヤー**」の**行うこういった行為**

は法律的には「古物営業」といいます。

営業は「利益を得るため一定の行為を反復継続」することだとお伝えしましたが、新品を買ってきて売る転売がどうして「古物《こぶつ》営業」なのか、疑問に感じる方も多いと思います。

じつは古物営業を規制する古物営業法では、**「使用されない物品で使用のために取引された物」も古物に含まれる**と規定しているのです。

「使用されない物品で使用のために取引された物」という規定がわかりにくいですが、簡単にいえば「使用目的で購入される物（メルカリで落札する人の視点）は、未使用のまま（メルカリで出品した人が未使用）でも古物に含まれる」ということです。

無許可で転売をつづけた場合、「3年以下の懲役または100万円以下の罰金」という、とても重い罰則が科されます。これが「利益の持続可能性」の落とし穴です。

■許可がいる営業になったとたんにハードルが上がる

出品するのが容易だったため、気楽に手を出したはずが**「古物営業」に該当**するとなると、原則的には全ての国民に禁止がなされている行為ですから**「一定の要件」を満たして「許可」を得なくてはならなくなります。**

例のごとく、古物営業法を「行政法の型」にあてはめてみます。

①「行政主体」…警察庁、公安委員会
②「目的」………盗品等の売買防止と速やかな発見、窃盗などの犯罪の防止と窃盗被害の迅速な回復
③「行政客体」…全ての国民
④「行政活動」…禁止
⑤「要件」………営業所の設置、管理者の常勤、人的要件、場所的要件
⑥「効果」………許可

勘違いのないように書いておくと、②にあるように古物営業法の目的は「転売ヤー（不当な利益を得ること）」の防止ではありません。

行政主体が警察庁や公安委員会であることで察しがつきますが、その目的は**「盗難品」が売られて、行方がわからなくなることや、万が一売られた場合の追跡、そして盗難品の売買をしても、すぐに追跡できる仕組み**を作ることで「売るために盗もう」という犯罪を防止することです。

そのため、許可を得る要件も「売買する場所」を明確にしたり、「常に状況を把握できる管理者が常駐」していることを重視しています。

ついでにいうと、許可取得後に課せられる義務も「**売主の身元確認**」や「**売買品、売主、日**

付の管理」「**これら台帳（データベース）の整備**」といった**盗難品の追跡が重視**されています。
このように、自らの行為が「規制の網」にかかったとたん、ハードルが高くなってしまうのが、行政法の真骨頂ともいえます。

■行政処分を受ける事前プロセス（行政手続）

営業許可などの規制行政にせよ、補助金などを受ける給付行政にせよ、行政処分を受けるためには、経なければならないプロセスがあります。

そしてこのプロセスは誰が見ても適正かつ公正である必要があります。

みんなが等しく「営業許可が欲しい」「給付金が欲しい」と思っているにもかかわらず「お前はいうことをちゃんと聞くから、規定の倍あげるよ」とか「お前は顔が気に入らないから、許可なんて出さねぇ」なんてことになっては大変だからです。

これを「**適正手続の原則**」といい、「**法律による行政の原理**（50ページ）」とあわせた形で、**行政処分事前プロセス全般をルール化した法律「行政手続法」が制定**されています。

なお、行政処分事後プロセスをルール化した法律は「行政不服審査法（329ページ）」や「行政事件訴訟法（337ページ）」などがあります。


行政手続法が行政処分の事前プロセスとして具現化しているのは、

◎行政処分に対する事前プロセスと事後プロセス

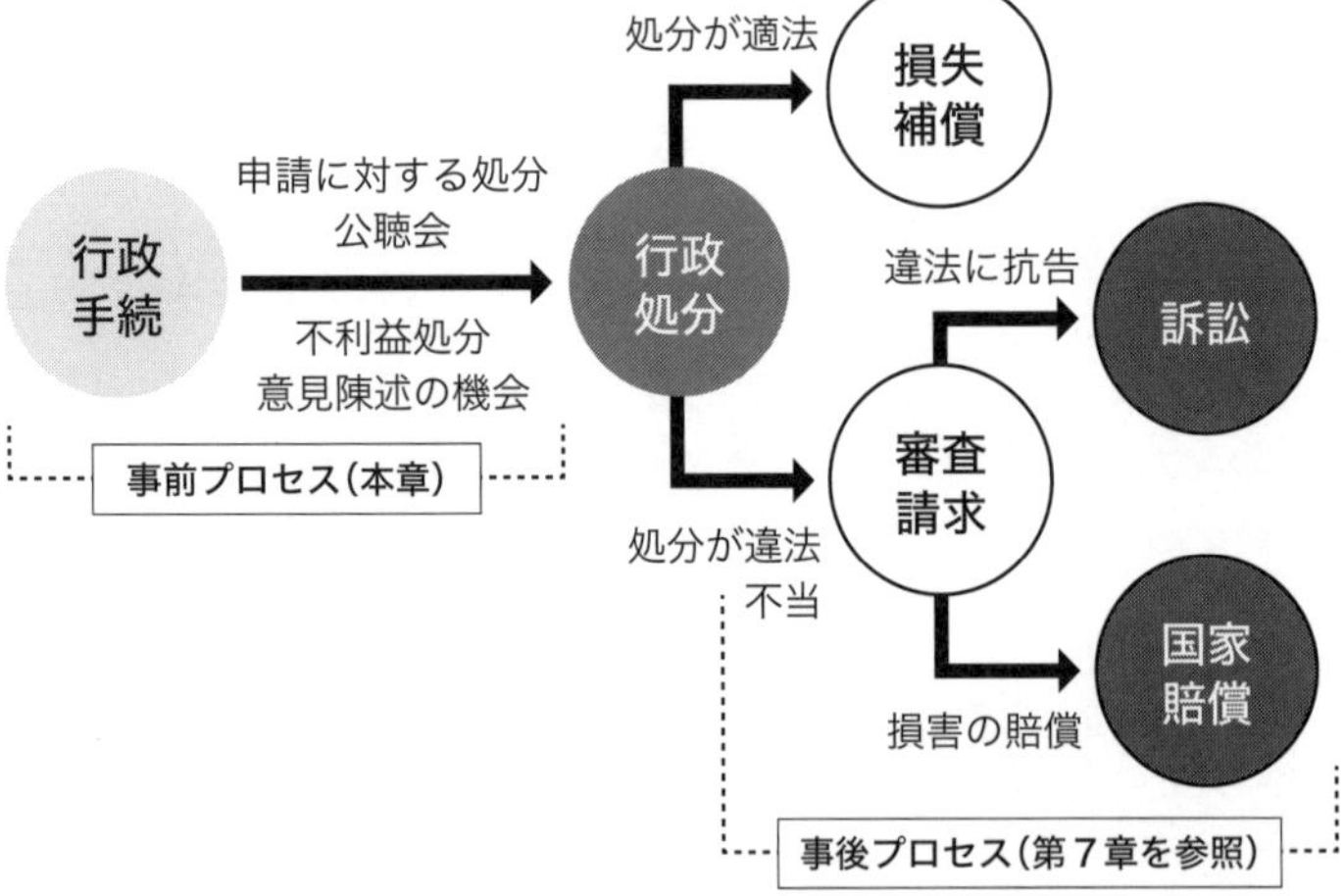

（1）申請に対する処分と不利益処分
（2）届出
（3）行政指導
（4）行政立法

になります。

同じ行政作用でも**「行政計画」「行政調査」「行政強制」などは対象としていません。**

興味深いのは「行政処分を受ける事前プロセス」に**「行政指導」や「命令等の制定」が含まれている**ことです。行政手続法は行政指導や行政立法に関する具現化（実体法としての原則化）ともいえます。特に「行政指導」は元々歴史的にかなり問題含みの概念だったため、行政手続法の制定にあわせて透明性・明確性が打ち出されたといえます。

◎地方公共団体が行う行政作用と行政手続法の適用関係

	法律・政令に基づくもの	条例・規則に基づくもの
処分	適用	適用除外
行政指導	適用除外	適用除外
届出	適用	適用除外
命令等の策定	適用除外	適用除外

また行政手続の基本法であることは間違いないのですが、**地方公共団体が自ら作った「条例」や「規則」に基づいて行う行政処分については、行政手続法の適用が除外さ**れています。

さらには条例、規則に限らず、**地方公共団体が行う行政指導全般も行政手続法の適用除外**です（ただし、全ての地方公共団体は行政手続法を基にした「行政手続条例」を制定しています）。

■申請に対する処分

行政手続の中でも名称のイメージ通りの部分が、この「申請に対する処分」です。

古物商の営業許可が欲しい場合に「**申請**」という手続を行い、これに対して「許可」という行政処分がなされる場面を想定しているのが「**申請に対する処分**」だからです。

「**申請に対する処分**」のポイントは「**行政主体に諾否の応答（応諾義務）がある**」ということと、「**第三者に行政処

分させることを対象としない」ということです。

なお、申請に対する処分は、何らかの行政処分を与えることがほとんどですので「授益的な処分」であり、「規制的な処分」である不利益処分とは異なります。

ここでは大まかに申請に対する処分に関するルールを見ていきます。

〈審査基準の設定・公開〉

「審査基準」とは、法律や規則に従い行政主体が一定の行政処分を「する」「しない」ための基準をいいます。

この**審査基準は、大きく分けて「裁量基準」と「解釈基準」という2つの要素から成り立っています。**

裁量基準は、**行政主体が法律や規則に定められた基準から具体的にどう判断しているかの基準**です。

例えば古物商の許可を取得する際は「品目（扱う種類）」を明示するのですが、その際、自動車を扱う場合には自動車の保管場所を確保して資料を提出する必要があります。その資料が「規則」で求める要件に適合しているかの判断を警察署が行うのが「**裁量基準**」です。

一方、解釈基準は、**法律や規則自体を行政主体がどのように解釈するのかの基準**です。

例えば先ほど「使用されない物品で使用のために取引された物」は古物に含まれると書きましたが、この「使用」とはどういう状態なのかを示したものが「**解釈基準**」です（「衣服の場合は着用」「美術品の場合は「観賞」など、具体的に書かれています）。

これら審査基準は行政機関によって設定され、「政令、省令、告示、訓令・通達」といった様々な形式で公開されます。

〈標準処理期間の設定〉

「標準処理期間」とは、**申請してから、行政処分が下されるまでにかかる期間**をいいます。

標準処理期間があれば、行政機関は申請者に対して迅速な対応をしなければとプレッシャーになります（ただし、標準処理期間をこえたとしても違法ではない）。

標準処理期間の設定は義務ではなく、努力義務（なるべくやらないといけない義務）ですが、設定した場合には、その期間を公表することが求められます（公表は義務）。

〈申請に対する審査〉

行政客体より申請がなされた場合、行政主体はすぐに審査の開始をしなければならないと行政手続法で定められています。申請に対する行政の審査は主に、

（1）形式的な審査：必要な事項の記載はあるか、必要な様式、添付書類などは揃っているか

（2）**実質的な審査**：記載事項や添付書類は適切か、法令で定められた要件を充足しているかの2つがありますが、この場合の「審査の開始」は主に（1）であると考えられます。

実務的には、この際、受付日を確定させたり、受理印を押印するといった「区切り」がなされることが多いのですが、オンライン申請の場合は自動で受信するため「自動返信」がなされるか、「申請完了画面」が表示されることが多いでしょう（受付番号が知らされる）。

その後（2）の審査に入り、**申請に問題（不備）がある場合、行政主体は申請者に一定の期間を与えて、その問題を修正（補正や差し替え）するように求めるか、または求められている行政処分を拒否**しなければなりません。

なお、**申請を受け付けないとか申請を受け付けながらも放置するといったことは許されない**とされています。

このような一連のルールは、行政客体に申請権が保障されていることを示すものでもあります。

〈申請拒否処分の理由の掲示〉

行政手続法では、もし申請しても**行政処分をしない場合は、その理由を説明することが義務付けられています**。

これは、行政手続の透明性を持たせると同時に、申請者に行政側の判断を理解できるようにするものです。

なお、**拒否と同時に理由を示さなかった場合や、まったく理由の掲示がなされていない場合は「瑕疵」のある行政処分とされ**、後々、取消しの対象となることがあります。


〈情報の提供〉

ここまで示したもの以外にも、行政主体は「審査の進行状況」「処分の時期の見通し」などを示したり、手続をするのに必要な情報提供を行うことを努力義務としています（これは行政指導とは異なり申請に対する処分の一環です）。


〈公聴会の開催〉

行政手続法では、**公聴会という申請者以外の者（第三者）の意見を聴取する機会を開催する努力義務**がおかれています。

これも行政法が「国民（住民）の権利利益の保護と社会の秩序や安定・維持の実現」を目的としているからであり、申請者以外の利益も考慮しなければならないことを意識しているわけです。

■不利益処分

「不利益処分」は、古物商の営業許可をもらおうとする場面のイメージとは少し異なります。

不利益処分は、**行政主体が法令に基づき特定の行政客体に対して直接義務を課したり、権利を制限する処分**をすることをいいます。

「申請」という行政客体側からのアクションがない場合です。

例えば、明らかに盗難品だとわかるものが持ち込まれたにもかかわらず、これを警察に申告しなかった場合（不正品申告義務違反）に、行政側から一方的に「営業停止命令」を出すようなケースです。

申請に対する処分に対して不利益処分は「侵害的な処分」ともいえます。

なお、**不利益処分をしようとする場合、その相手方に対して意見陳述の機会を与えなければならない**とされています。

ここでは大まかに不利益処分に関するルールを見ていきます。

〈処分基準の設定・公開〉

不利益処分の場合は、審査基準と違い、**「処分基準の設定・公開」ともに努力義務**です。

不利益処分は、画一的に定めることが難しく、公表することでわざわざ抜け道を与える結果にもなるからとされています。

もし、処分基準を設定する場合はできる限り具体的なものとする必要があります。

〈理由の提示〉

理由の提示は処分と同時に行われなければならないと義務化されています。

また、理由を提示すべき程度については**「処分の根拠法令の規定内容」「処分基準の存否・内容・公表の有無」「処分の性質・内容」「処分の原因」**など**で決定すべき**とされています。

〈意見陳述の機会付与〉

不利益処分をしようとする場合、その相手方に対して意見陳述の機会を与えないといけませんが、これには**「聴聞」と「弁明の機会の付与」という2種類**があります。

聴聞は「簡易な裁判」のような感じで、**口頭でのやりとり**を行います。代理人を選定することも可能です。

「許可を取消す」「資格や地位をはく奪する」「(法人の場合で) 役員の解任や従業員の解任などを命じる」といった**ダメージの大きい不利益処分の場合に聴聞手続**を経ます。

これら以外は比較的軽いものとして、書面によるやりとり「弁明の機会付与」となります。

(1) 聴聞

聴聞では、まず行政機関が当事者に対して次の内容を告知します。

- 予定される不利益処分の内容と根拠となる法令
- 不利益処分の原因
- 聴聞の期日と場所
- 聴聞に関する事務を所掌する組織の名称・所在地

そして、聴聞では当事者の主張や証拠を提出する機会が与えられます。

当事者は**自身の立場や主張を述べ、不利益処分に反対するための理由を説明することができるわけです。**

聴聞の結果、行政機関は**当事者の主張や証拠を考慮し、処分を見直すこともあります。**

聴聞は、市民の権利を保護し不利益処分が適法かつ公平であることを確認するための重要なプロセスといえます。

(2) 弁明の機会付与

弁明の機会付与は相手方が「弁明書」「証拠書類等」を提出して不利益処分をしないように主張するものです。

書面審査が原則で、簡易な手続といえます。

■届出

届出は申請に対する処分に似ているのですが、行政主体側に諾否の応答が予定されているか否かです。

つまり、申請に対する処分の際は、その内容を審査し、許可・不許可の判断などをしますが、届出の場合、**行政客体側が届出（一定の事項の通知）をすれば完結**し、「許可・不許可」といった処分があるわけではありません。

実務上厄介なのは「届出」と名称がついているものの、実際は「申請に対する処分」と同等の運用をしている手続がたくさんあるということです（婚姻の届出など）。

届出は届出者が一定の事項を行政主体に知らせることですが、**届出の形式要件に適合していれば完了で、本来、行政機関の意思や判断は介在しない**とされています。

なお、これらを踏まえると書面によって行う手続では「申請に対する処分」の「申請」と「届出」の違いが大きかったのですが、**今後オンライン申請（届出）が主流になった場合に、両者の規定の見直しが大幅に行われる可能性**があります。

なお、現時点では総務省が「**オンライン化された申請・届出等の手続のことを総称して電子申請という**」と説明しているため、今後は各種の**手続における「趣旨・目的」「要件の性質」「行政処分の内容（効果）」、そして「手続をする者の手続をすべき義務の内容」「裁量の範囲・性質」**

などから総合的に判断して、現状の「申請」か「届出」かのような区分がなされるべきです。

■行政指導

行政指導についてはすでに179ページで詳細を解説していますので、ここでは行政手続法をベースにした解説にとどめます。

行政手続法では、行政指導についても行政処分に近しい権利制限となる可能性を踏まえて一般原則を明文化しています。

また、申請に対する処分や不利益処分と一体として行政指導を用いる場合の、行政客体の（実質的な）権利制限などにも配慮されています。

したがって、行政指導が**行政機関の任務や所掌事務を逸脱するものであってはならない**ですし、**相手方の任意の協力によってのみ、行政指導の目的が実現される**という旨を法律条文として明示しました。

また、**行政指導に従わなかったことを理由とする不利益な取り扱いを禁止**しています。

ただし、本書で長らく触れてきたように、個別法自体に、行政指導としての勧告に従わない者について改善命令や許可取消（本質的には撤回）を行うというものが常であるため、法律の仕組みとしてそのようになっていることをアドバイスすることは問題ないとされています。

その他、**申請者が行政指導に従わない意思を表明した場合に、しつこく行政指導を継続する**

ことや、「行政指導に従わないと（申請者にとっての受益的な）行政処分ができなくなるぞ」と**脅すようなこともできないこと**が明示されています。

さらに、行政指導を行う際には「行政指導の趣旨」「内容」「責任者」を示すように不利益処分の際のルールに似た運用を求めていたり、行政指導をする者が許認可権限等を示す場合には**「権限行使の根拠となる法令の条項」「要件」「権限の行使が要件に適合する理由」なども示さなければならない**とされています。

■行政立法

行政手続法では、行政指導と同じく行政立法（168ページ）についても法律条文として明文化されています。**行政主体が行政立法をする際は、その根拠となる法令の趣旨に適合しなければならないとされています。**

これは一見当たり前のように聞こえますが、実際に過去に幾度も行政立法が根拠法令を逸脱していた例が多く存在します。

委任命令の場合は、具体的で個別的な法律の委任が必要で、そうでない委任は「白紙委任」と呼ばれます。

つまり、法律が詳細規則等に委ねる際に中身の一切を委任することはできないということです（このことから「包括的委任」と呼ばれます）。

このようなことがまかりとおってしまうと、国会が国の唯一の立法機関ではなくなってしまいますし、不当な権利制限を行う行政立法がなされるおそれもあるため禁止されています。

なお、行政手続法では、行政立法がなされたあとにおいても、その規定の実施状況や、社会経済情勢の変化などを踏まえて、必要に応じて行政立法の内容について検討を加え、適正を確保することも求めています。

以上が行政手続法に定められた諸々の基本ルールです。

このように、出品するのが容易だったため、気楽にフリマアプリに手を出したはずが「古物営業」に該当すると、とんでもなく複雑な行政手続を理解しなくてはならなくなるのです。

ADMINISTRATIVE LAW

第5章

要素❺

地方自治という共同体

第5章　サマリー

前章までで、教養として知っておくべき行政法のお話は大部分をお伝えできました。

それは「**国民（住民）の基本的な権利や利益を保護し、社会の秩序と安定を維持する**」という行政法の趣旨・目的に関わる行政法の構造化やスキームの大前提の部分です。

皆さんは本書を読むにあたって幾度となく「行政法の構成図（35ページ）」を参照されたかと思います。

そして、その中で行政活動を行う「行政主体」と、その影響を受ける「行政客体」の間に「行政作用」とは別に「地方自治」と「行政救済」が挟まっていることが気になった方も多いのではないでしょうか。

もっといえば一番気になったのは本章のテーマである「地方自治」のはずです。

なぜなら「行政救済」については、国民や住民の権利義務に影響を与える「行政作用」に対しての「何らかのアフターフォロー」であることは想像に難《かた》くないでしょう。

一方で「**地方自治」は行政主体のようでもあり、行政客体のようでもあり、行政作用のようでもあるという少し不思議な要素に見える**からです。

こう感じていらっしゃった方の感覚は正しく「地方自治」というのは、国（政府）の中央集権と相反する「地方分権」であり、ある意味で行政法のダブルスタンダードになっているからです。

別の表現を使えば「行政法の一般原則」のうえにもう一層重なっているレイヤー（階層）構造といっても良いかもしれません。

この**「行政法の一般原則」と「地方自治の原則」は互いにバランスをとりつつ、互いの目的や趣旨を実現するため、それぞれが機能しているので、本質的に行政法の構造化やスキームを理解するためには避けてはとおれない要素です。**

つまり、基本的な行政法に対して、地方自治は異なる目的や趣旨があるということです。

これまで本書で「国（地方公共団体）」とか「国民（住民）」という記載をしてきたのも、このダブルスタンダードを意識してきたからになります。

「行政法の構成図」においても「行政主体」の中には「地方自治」の要素と繋がった形で「地方公共団体」が「国（政府）」とは別に表現されています。

また、「行政客体」を見ても「国民」が「地方自治」の中では「住民参加」という表現がされています。

これはつまり、**「行政法の一般原則」とは別に「地方自治の原則」においては「地方公共団体」が「行政主体」とほぼ同義であるということであり「行政客体」である「国民」は「地方自治の原則」上では「住民」でもあるということ**です。

序章で行政法は目に見えない酸素のようなものだといいましたが、我々は酸素を吸うかのごとく、知らず知らずのうちに「行政法というレイヤー上の国民」になっており「地方自治というレイヤー上の住民」でもあるのです。

では、これまで学んできた行政法とは別のレイヤー「地方自治」の目的や趣旨とは何でしょうか。

地方自治における趣旨や目的のことを「地方自治の本旨」と呼び、主に「住民自治」と「団体自治」の2つがあります。

「住民自治」とは「行政の運営や政策決定過程に住民が参加すべきこと」をいいます。

国家レベルまで広げてしまうと、行政の行っていることが大きすぎて見えにくく、また自分たちの決定や行った行動がどのように行政の活動に影響を与えているのかわかりにくいのですが、都道府県や市町村といった「地方公共団体（地方自治体）」という範囲であれば、比較的これらが把握しやすいのです。

そして、実際に地方自治のシステムは、政策決定などに住民が参加しやすくなっていますし、国政にくらべて地域全体の民主化も感じやすくなっています。「地方自治は民主主義の学校」とさえいわれているほどです。

「団体自治」は「国（政府）から独立して地方公共団体が地方の事務を処理すること」をいいます。

政府が行うべきことの中には、「外交」や「司法」といった中央集権的に行うべきことも多いのですが、一方で「各々の地域性」を個別に考慮した政策まで練ることはできません。

言い換えると、政策の中には各地方で自主的に処理すべきことがあるということです。

このような事柄を政府から独立して地方公共団体が処理することは、行き届いた政策を住民に届けることにもなりあわせて強大な政府の権限を抑制する意味合いも持つといえます。

本章の冒頭で「行政法の大部分をお伝えした」と書きましたが、本章以降でお伝えしたいことは、行政法の統一的な仕組みや考え方を知ることで、「ただ従うしかない」と思ってきた法律や条例といった制度に我々が主体的に向き合うことができるという話になります。

我々一人ひとりが、自分の目の前に起こることや、存在する政策に対して、本当は自ら選択し、取り組んでいけるのです。

国がある産業の意向を優先して偏った政策を行っているのであれば、これに納得いかない住民は、地方公共団体（都道府県や市町村）を動かして、本当に重視すべき産業、あるいは福祉や社会的課題解決に向けた政策に方向転換させることも可能です。

これは私自身も経験していることですが、じつは**地方公共団体で築いたスタンダードが逆に国のスタンダードとしてアップデートされることも結構あります**（46・366ページ）。

そういう観点で行政法の仕組みや地方自治の本旨を見直した時、地方自治は「民主主義の学校」にとどまらず「民主主義の実験場」と考えることもできるかもしれません。

ADMINISTRATIVE LAW 1

「保育園落ちた日本死ね！！！」にならないためには（地方自治の住民参加）

■日本では待機児童が社会問題化している

覚えている方も多いかもしれませんが、数年前のある日、ネットに投稿された「保育園落ちた日本死ね！！！」と題された匿名のブログ。

このブログの背景には「**保育所不足**」や「**待機児童問題**」がありました。

待機児童問題というのは、保育所の入所条件（住所地や親の求職状況など）を満たしており、入所申請もしているのに、利用できない状態にいる未就学児に関する問題をいいます。

この主な原因として挙げられるのが「**保育所不足**」や「**保育士不足**」です。

元々、このブログが書き込まれるよりもはるか前から、**日本では待機児童問題が顕在化していました。**

そして、国（政府）でも2000年に、それまで認可保育所の運営元が「市区町村」か「社会福祉法人」に限られていた規制を緩和し、民間企業やNPO法人が参入できるようにしていたのです。

さらに2015年には幼稚園や保育所に加え、「**認定こども園**」や「**地域型保育**」といった子供の年齢や地域の特性にあわせた保育の受け皿を増やす「**待機児童対策制度**」もできました（これは先のブログが書き込まれる少し前の時期です）。

それでも、なかなか簡単には解決しないため、今回のような問題がネットで取り沙汰され、テレビでも取り上げられ、やがて国会でも取り上げられる状況となったのです。

■待機児童問題は国任せにできない

待機児童問題や保育所・保育士不足。これは法律であったり、国の対策だったりを国会議員がしっかり練ってくれれば良いと思う人も一定数いたかもしれません。

しかし、このような問題は国だけの問題ではありませんし、法律さえ整備すればうまくいくというようなことでもありません。

そもそも2015年の「待機児童対策制度」では、子育てに関する支援策の実施は自治体の役割であると明確に考えられていました。

保育所の管轄は「厚生労働省」ですが、**幼稚園は「文部科学省」**になっています。

そして、子供手当は「内閣府」といった具合に、省庁で見ると「縦割り行政の弊害（78ページ）」が生じてしまいます。

◎地方自治の全体図

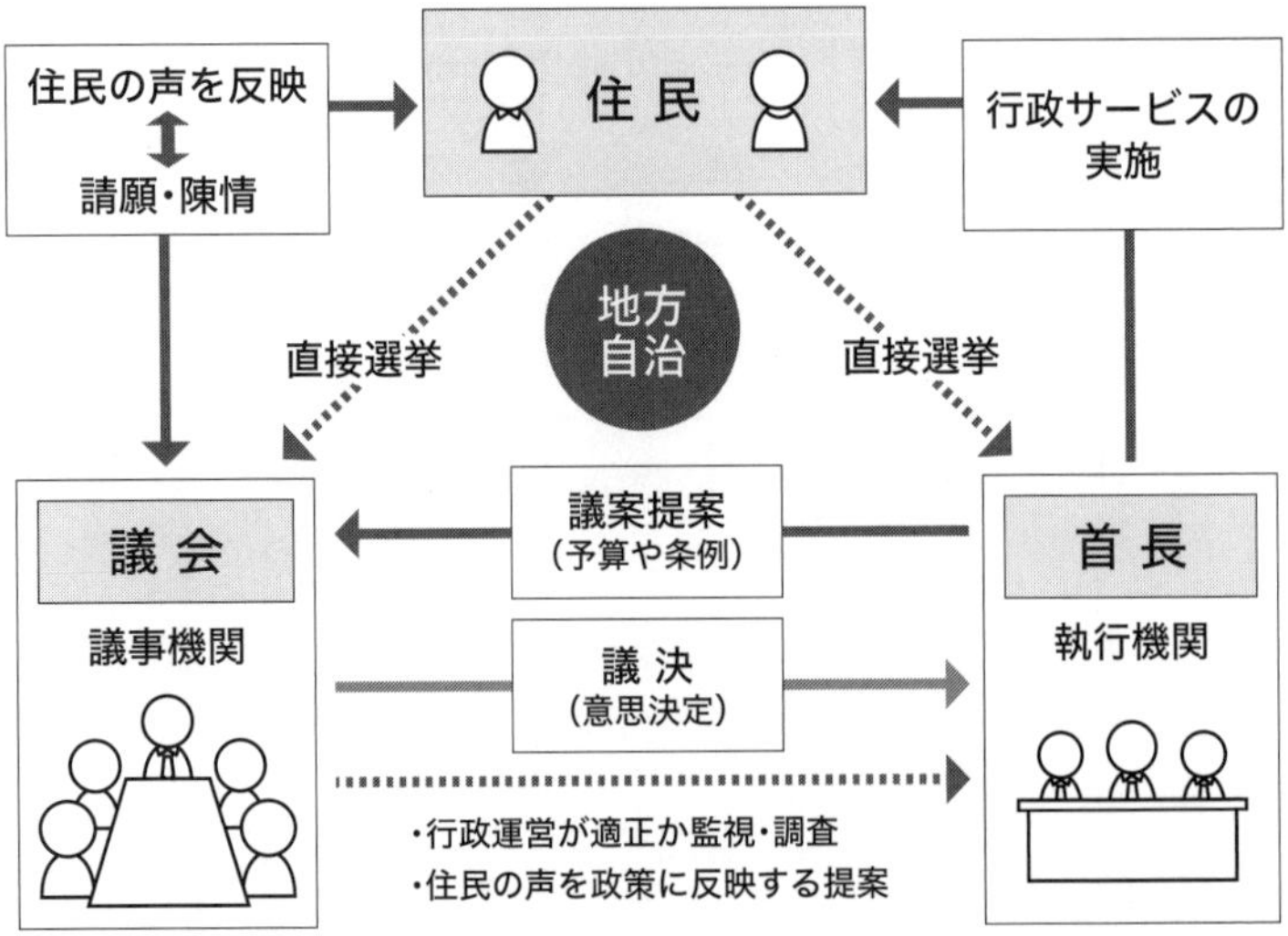

縦割り行政の弊害が生じると制度設計や支援は遅れてしまいますし、国民が相談しようとしても窓口や手続先も煩雑化してしまいます。

こういったことは、それぞれの諸問題について**地域特性を踏まえたうえで、諸問題同士の関係性や重要性を踏まえて統合化して考える必要があります。**

しかし、現実的に見ると、地方公共団体が、そうした認識のもとに能動的に制度設計を考えようとすることは多くありません（これは待機児童問題に限らず、あらゆることにいえます）。

どちらかというと、国の示す政策を所与のものとして受け止めて、その内容をひたすら解釈、判断の拠り所とし、そのまま（国の）法律を適合させようとしがちです。

日本の最高法規である「憲法」では、地方自治が保障されています。

それは**健全な民主主義を実現するためには、地域の住民が政策策定に参加して自らを統制するために自ら判断、決定することが重要**と考えているからです。

そのために、憲法や地方自治法という法律によって、地域性を踏まえた意思決定をするための「議事機関」として地方議会を、その決定された施策を実行していく「執行機関」として都道府県・市町村（地方公共団体）の首長をはじめとする行政機関を用意しています。

そして、住民がこれら地方議会議員や、首長を直接選挙し、政策設計の要求をしたり、監査をするといったことができるようになっています。

大切なのは、国民（住民）それぞれが自ら考える正しい政策設計を実現するために、いかに住民の意思を地方行政システムに反映させるかを考えたり、行動する必要性があるかを認識することです。

身の周りの課題解決には、住民による関与が不可欠なのです。

■住民が積極的に政策参加する

住民が「行政から不公正な扱いを受けている」と感じたり、「行政が提供しないといけないと思う行政サービスがされていない」と感じることは多いと思います。

こういったことは、ただ不満をいうだけではなく、**法律で認められた活用可能な手段を通じて、課題や不満を解消**できます。

保育所の待機児童問題についても、地方公共団体側の法律（今回だと児童福祉法）に対する意識が希薄だっただけでなく、住民の側に、法律によって自分たちの境遇が変えられるという意識に欠けていたことも大きいのです。

せっかく**自分たちの手で自分たちを律することができるように地方自治の制度ができている**にもかかわらず、行政法の知識が不足していたり、自分たちで変える意思がなければ、宝の持ち腐れです。

このような**行政の運営や政策決定過程に住民が参加すべきことを「住民自治」**といいますが、住民自治の中でも最重要なのが「選挙（首長選挙、議会議員選挙など）」です。

また、地方自治制度では、首長などに対するリコール（解職請求）や、条例の制定改廃請求といった「直接請求」制度があります。

■地方政治を理解することの重要性

国会議員と、地方議会議員（市議会議員や町議会議員など）の明確な違いはご存知でしょうか。

国会では、行政を指揮監督する**（内閣の首長である）内閣総理大臣を国会の議決で指名**します（**議員内閣制**）。

言い換えれば議会の多数派から内閣が構成されるわけです。

一方で地方議会は**「首長」も「議会議員」とともに住民が直接選挙で選びます**（**二元代表制**）。住民は選挙を通じて自分たちの代表者を選出し、その代表者を通じて自分たちの意思を実現することができるのです。

もし、選んだ代表者が見込み違いなら、辞めさせることもできます。

なので本来自分たちに不可欠、あるいは直近で解決すべき問題などに、代表者たちが無関心だったり、いつまでも動かないのであれば、自分たちの発意で制度づくりや改正を求めることができます。

地方議会の中で実際に提案されている議員提案の中身を見ると、大半が国などに対して要望を述べる「意見書」のようです。

条例提案で2割ほど、さらに政策的条例提案となると、その条例提案のうち1割にも満たないといわれています。

これは自治体の数から計算すると、年間で5自治体中、1件あるかないかぐらいです。

これらの現実に対して「地方議員の怠慢だ」と愚痴や文句をいって片づけるのは違います。

地方議員も日々、ヒアリングや情報収集、政策議論などを行い、視察などの調査をしたり、住民や業界団体、有識者の意見などを聞いたり、忙しくしています。

一人ひとりの地方議員が、地方に多く住み生活する住民一人ひとりの視点に完璧に立って、政策を形成するには無理があります。

そこで我々、住民それぞれが、しっかり行政法を理解し、まずは**地方議員のヒアリングに理路整然とした提案を述べられるようになること**、あるいは**有識者や業界団体として、的確な政策提言を行うこと**が必要なのです。

そして、これらとあわせて活用すべきが、地方自治制度に基づく住民参加の仕組みでしょう。

■地方自治の住民参加

現代は**「国民の中から選ばれた代表（議員）によって意思決定がなされる代表民主制」の不足を補う形で地方自治法による住民参加という仕組み**がとられています。

主な内容としては、「議員・首長（副知事や副市長村長を含む）の選挙」「条例の制定・改廃の請求、事務監査請求」「議会の解散請求」「選挙管理委員会・監査委員会・公安委員会の委員の解職請求」があります。

また、個人の権利利益に限らず、地域住民全体の利益のために「住民監査請求」を行ったり「住民訴訟」を提起することも可能です。

このように、「保育園落ちた日本死ね！！！」と悩みや愚痴をただ吐露するだけでなく、まず、**国と地方公共団体（行政主体）の関係を理解し、それらが我々国民や住民、事業者（行政客体）**

にどのような影響（行政作用）を及ぼしているのかを知ることが大事です。

日本の法律の９割以上が行政法であることを踏まえても、国に働きかけずとも、直接自らの手で状況を変えていくことができるこれらの住民参加の方法を知っておくことは、全ての人に必要なことだと考えています。

なお、「保育園落ちた日本死ね！！！」が書き込まれた２０１６年頃、最も深刻だった東京都の待機児童数は８５００人弱でしたが、現在では３００人程度になっています。

この成果には様々な原因がありますが、例えば、東京都が率先して行った民間企業やＮＰＯ法人に対する補助金の創出、施設整備費にかかる規制緩和、保育料の差額を補填する制度の拡大など、大規模な政策として予算を組んで保育所の供給を増やしたことが挙げられます。

また、茨城県の家電量販店チェーンを展開する企業と学校法人が連携した企業主導型保育所を展開しました。

他にも、政策起業を推進する認定ＮＰＯ法人が地方公共団体と連携し、半官半民の施設として、地方公共団体内の小規模保育所の取り組みから始めて、全国に展開しています。

この取り組みが注目を集めたことで、小規模保育が認可保育事業へと制度化され、その後一気に小規模保育が拡大するきっかけにもなりました。

行政法を知り、地方公共団体と連携し、議会を活かすことで自分たちを取り巻く環境をどんどん良くしていくことができるのです。

ADMINISTRATIVE LAW 2

日本もじつは大統領制（二元代表制）

■政治のトップは直接自分で決めたい

少し前にアメリカで大統領だったドナルド・トランプ氏。選挙に勝ち、就任を終えた直後でも「ふさわしくない」「傲慢」「不快」「経験不足」といったネガティブな回答が多数でした。

それはトランプ氏の独特で型破りなところが保守派に受け入れられにくかったともいわれています。

しかし、それでもこのように不評であった人物が大統領選を勝利し、大統領になれてしまうのはどうしてなのでしょうか。

トランプ氏は、これまでの歴代大統領の中でも経歴や、コミュニケーション手法、思想、マネージメントなど、あらゆる面で他に類を見ない大統領だったといわれています。

トランプ氏を支持した多くの有権者はそれまでの政治から排除されてきたような層でした。

トランプ氏は政治変革を目指すことを印象付けるため、既成の権力構造やエリート層を批判し、大衆に訴えて、支持を固めていきました。

フランスの歴史人口学者エマニュエル・トッド氏が「トランプ政権の誕生は民主主義の逆襲」とさえいっているほどです。

このこと自体の善し悪しはさておき、すでにある体制に対して、それまで対抗できなかった層が選挙によって対抗手段を得られる、ということに魅力を感じる日本人も多いようです。

すでにお伝えしたように、日本ではそもそも内閣総理大臣を国民が選ぶことができません。自分たちの投票で自国のトップを選べないため、自分たちの想いを直接反映することができ、国民の選挙への関心も非常に高くなる大統領制に憧れを抱くのかもしれません。

アメリカの大統領制は4年に1回、事前に登録した18歳以上のアメリカ国民（有権者）が、大統領にふさわしいと思う人に投票します。

全米の投票数でストレートに決まるわけではありませんが、州ごとに選挙の勝者を決めて、州の勝者は、その州の選挙人を獲得し、過半数以上の選挙人を獲得した者が勝利する方式です。

アメリカの大統領制は、少なくとも日本の「議院内閣制（28・84ページ）」より、自分たちの想いが政治に反映しやすいと思っている人も多いはずです。

かつて、リンカーン大統領が演説の際にいいました。

「人民の人民による人民のための統治を地上から決して絶滅させてはいけない」

本来あるべき民主主義は「人民の意思→政策立案→法律（条例）制定」という、当たり前す

ぎる図式なのです。

■二元代表制も直接選挙

忘れてはならないのは、日本において自分たちが住んでいる**都道府県や市町村（地方公共団体）のトップ（首長）を決める二元代表制は、大統領制と同じ直接選挙**です。

先述しましたが**二元代表制は「首長」と「議会議員」を住民が直接選挙で選べる制度**です。住民は選挙を通じて自分たちの代表者を選出し、その代表者を通じて自分たちの想いを実現できるのです。

そして、選んだ代表者が見込み違いなら、辞めさせることもできます。

アメリカの大統領制にも弾劾裁判という大統領を辞めさせる制度がありますが、こちらは大統領が「反逆や収賄、その他の重大犯罪や非行」を行った場合です。

その点で考えれば、国のトップか、自身の住む地方公共団体のトップか、という違いはあれど、日本の地方自治制度のほうが優れているように思えます。

さらに**「首長」と「議会」は独立対等な立場にあり、お互いを牽《けん》制**しながら自主的に役割を果たします。

その結果、バランスのとれた地方行政が行えるわけです。

◎議会と首長の役割と関係

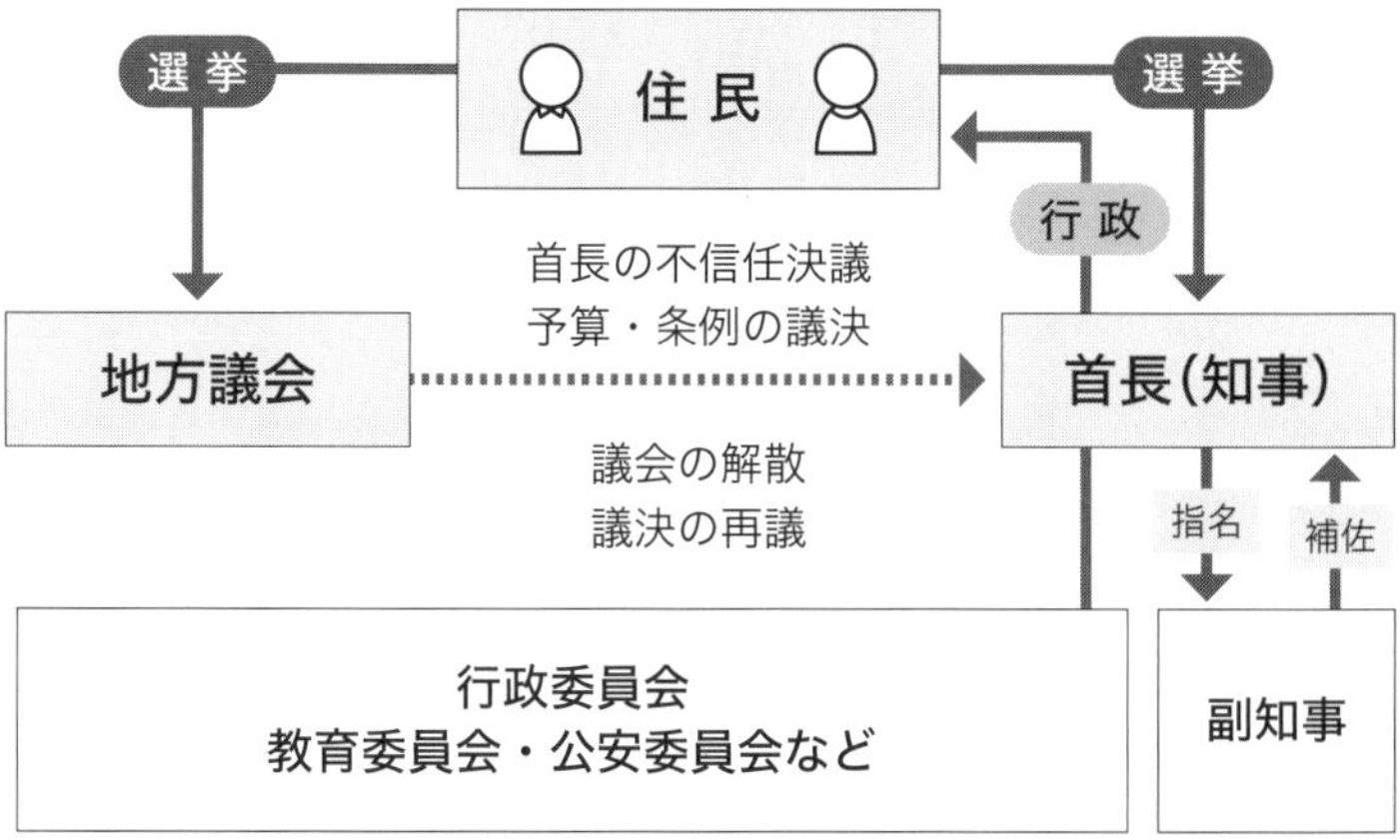

■首長

首長は都道府県や市町村（地方公共団体）を代表する、いわば**行政の「長《おさ》」として地方公共団体の職員を統括する役割**です。

国の議院内閣制とは違い、その地域に住む住民の代表者として存在するのです。首長の権限には次のようなものがあります。

（1）議案提出権
（2）予算の調整・執行
（3）地方税の賦課徴収をはじめ、諸々の手数料を徴収し過料を科す
（4）決算を議会の認定に付す
（5）会計の監督
（6）財産の取得・管理・廃止
（7）公の施設の設置・管理・廃止
（8）証書・公文書類の保管

（9）行政委員会に対する統合調整
（10）規則制定権
（11）その他、地方公共団体の事務執行

このように「首長」は、地方行政を統括して執行する役割を担っています。

一方で「首長」の行政事務の執行やそのために必要な「予算」、そして地方公共団体独自の法律ともいえる「条例（自治立法）」、などが「首長」の独善的なジャイアニズムに陥っても困ります。

そこで二元代表制では、**「議会」が条例を作ったり、予算を決定したりする権限を持ち、「首長」の事務執行を監視・評価することで相互の牽制・抑制と均衡が生まれ地方行政に緊張関係を保ちつづけることができる**わけです。

なお、国（政府）でいうところの法規命令（59ページ）である**「規則制定権」が「首長」にあるので、**「国会が法律を作り、内閣府や省庁などが法規命令を作ることができる」国の関係と似ています。

ちなみに（9）に「行政委員会」とありますが、地方公共団体には**通常の地方行政執行とは実質的に独立した「行政委員会（85ページ）」**があります。

「行政委員会」は特定の行政権を行使しつつも、場合によっては規則制定や（裁決といった）

準司法的な役割を担っています。

具体的には選挙管理委員会や、公安委員会、教育委員会となりますが、このような「首長」「議会」との関係とは別の役割が独立していることで地方行政の公正・バランスを保とうと考えられています。

この他「行政委員会」とは別に弁護士や公認会計士などが、地方公共団体の事務執行や事業執行を客観的に監査する「監査委員」という制度もあります。

■ 議会

地方議会は**住民から直接選挙で選ばれた議員で構成される合議制の議事機関**です。

住民の意見を集約し、住民の代表者として議論を行うことで民意を地方行政に反映させようとする重要な機関です。

「首長」が統括・執行しようとする地方行政に対して「**議決（最終決定権）**」や、**その他の調査・検査をする権限を持って、行政事務に住民の意思が反映されるよう考えられた仕組み**です。

地方議会の役割は大きく分けて「自治立法機能」と「行政執行監視機能」があります。

具体的には次の15の議決事項（合議により最終決定できる権限）が法律によって規定されています。

（1）条例制定・改廃の提案

(2) 予算の提案
(3) 決算の認定
(4) 地方税の賦課徴収をはじめ、諸々の手数料に関する事項
(5) 条例で定める契約の締結
(6) 財産の交換・出資・使用・適正・譲渡・貸付け
(7) 不動産の信託
(8) 条例で定める財産の取得・処分
(9) 負担付きの寄附・贈与
(10) 権利の放棄
(11) 条例で定める重要な公の施設についての長期的で独占的な利用
(12) 審査請求やその他の不服申立て、訴えの提起、和解、斡旋《あっせん》、調停・仲裁
(13) 損害賠償額の決定
(14) 区域内の公共的団体等の活動総合調整
(15) その他、法律や法令による議会権限事項

首長の権限とは異なり、議会は限定的な議決事項が設定されていることが特徴的ですが、(1)の議決権を使って、さらに議会の議決事項を加えていくことができます。

例えば、本来であれば「地方行政の執行」という首長の役割に含まれる「行政計画」を議会の議決事項とする条例を制定すれば、より地方行政に対して住民の意思を民主的に反映させられる余地もあります。

このように自治立法は「首長」からの提案がなくとも条例制定（自治立法）を行うことができますが、議会主導で自治立法がなされている例は、決して多いとはいえません。

これは**住民が地域行政の仕組みや政策形成に高い関心を持ち、議会議員との高いコミュニケーションをとって、自らを取り巻く社会的課題の解決や、各々の現場で表出している本質的な課題の解決をしようという能動的姿勢の不足とも見てとれます。**

■補助機関

「首長」に対しては事務執行を監視・評価する役割として「議会」という機関が存在することはすでに述べたとおりですが、それとは別に「首長」を補助する機関として「**副知事・副市町村長**」「**会計管理者**」「**出納員などの会計職員**」「**職員**」といった「**補助機関**」も存在します。

これらは「首長」や「議会」と別の役割を持った機関ではなく、あくまで「**首長」の役割を分掌させて担わせる内部組織**です。

よく行政の組織で「局」とか「部・課」といった言葉を見聞きすると思いますが、これらは本来、地方行政の事務を統括して執行すべき「首長」の役割を分掌した塊の大きさと考えてもらって構いません。

保健福祉、建設、都市計画、産業観光など様々な行政事務を担っている「首長」が「保健福祉局」「建設局」「都市計画局」「産業観光局」といった形に、それぞれの長に役割を分け与えて、その「局」をさらに細分化して、例えば「都市計画局」なら「都市企画部」「都市景観部」「建築指導部」といった具合に分かれます。

その下にも「課」や「係」と細分化されていくわけですが、今挙げたような分け方や名称はもちろん、都道府県や市町村によって異なります。

また、「局」と「部」の扱いについても「県」であれば「部」の下に「局・課・係」と細分化するケースが多く、政令指定都市（人口50万人以上で政令に指定された大きな地方公共団体）であれば「局」の下に「部・課・係」と細分化され、それ以外の市町村では、「局」がなく「部・課・係」のみということが多いようです（総務省調べ）。

■首長と議会の関係性

ここまでで、「首長」の事務執行に対して「議会」が住民の民意を踏まえたうえで「**自治立法機能**」と「**行政執行監視機能**」を果たし、「首長」が統括・執行しようとする地方行政に対して「**議決**」や「**調査・検査**」をし、**相互の牽制・抑制と均衡が生まれ地方行政に緊張関係を保ちつづけることができること**を説明しました。

ここではもう少し具体的に相互の関係性を説明します。

〈首長の議会に対する権限〉

これまでも述べてきたように、「首長」は我々が生活し、最も強い影響を受ける地方行政の執行や自治立法、予算編成の大半を統べていますが、同時に我々住民の意思反映を担う「議会」に対しても優越的な権限を有しています。

まず1つ目は、**首長は議会に対して「再議（再選挙）請求権」を有しています。**

この権限はさらに「一般的再議請求権」と「違法議決再議請求権」に分かれます。

「一般的再議請求権」は**議会の「条例制定・改廃」や「予算に関する議決」について、異議がある時に、「もう1回考え直しなさい」と審議や議決をやり直しさせる**ことができます。

これは議決の送付を受けてから10日以内に理由を示して行える権限で、議会は同一内容の議決を3分の2以上の議員の同意で再議決しなければなりません。

「違法議決再議請求権」は首長の権利というよりは義務になりますが、議会の議決や選挙が法令等に違反すると認められる場合に行わなければなりません。

この場合、議会は過半数以上の議決で再議決しなければなりません。

もし議会が「違法ではない」と主張する際は、都道府県の場合は総務大臣に（市町村の場合は都道府県知事に）申し立てることもできます。

２つ目の権限は「**専決処分**」です。

この権限は議会で議決すべき事項があるのに、議会が何らかの理由で議決できない時に**首長が専決処分として決定することができる権限**です。

もし専決処分が行われた場合には、事後に議会の承認を得る必要がありますが、仮に**承認が得られない場合でも専決処分の効力は有効**という強力な権限です。

ただし、承認が得られない場合、**首長の政治的責任は問われる**ことになります。

〈**議会の首長に対する権限**〉

議会については、住民の代表者として議論を行う合議制の機関ですから、いずれも住民の意見が集約したものと位置付けることができます。

したがって、議会が首長に対して有する権限は、行政に対する監視機能という側面になっています。

まず1つ目は「１００条調査権」です（地方自治法第１００条に規定されているので、こう呼ばれる）。

「１００条調査権」は、**議会が行政事務のほとんど全てを調査することができる権限**です。

ただし、自治事務（91ページ）のうち、労働委員会、収用委員会の権限に属する事務は対象外となっており、法定受託事務（91ページ）については、国の安全、個人の秘密に関わる事務が対象外になっています。

2つ目は「検査権・監査請求権」です。**議会は行政事務に関する書類、計算書を検閲したり、首長や委員に報告を請求することができます。**

また、地方公共団体に置かれている監査委員に対して事務監査を求めたり、監査結果の報告を請求することができ、他にも行政事務管理のチェックや議決の執行、出納の検査を行ったりもできます。

なお、こちらも100条調査権と同様の事務は検査や監査の対象外となっています。

3つ目は「不信任決議」です。

これは「議会」に対しても優越的な権限を有している「首長」に対抗する究極の手段です。議員の3分の2以上が出席し、その4分の3以上の者の同意があれば**「首長」を失職させることができます。**

「議会」が、「首長」の不信任決議をした場合、議長はただちにその旨を「首長」に通知しなければなりません。ただし、「首長」は、その通知を受けた日から10日以内に「議会」を解散させるという対抗もできます（議会解散権）。

かなりのドロドロした状況になるわけですが、それでも「議会」が解散しない場合は、10日が経過した日に首長は失職します。もし、「議会」が解散した場合は、まず議会の選挙が行われます。その後、はじめて招集される会議において、「議会」は再度不信任決議をすることができますが、この場合は、議員数の3分の2以上が出席し、その過半数の同意に緩和されています。

そして、この**2度目の不信任決議に対しては「首長」は対抗することなく失職**します。いってみれば「不信任決議」に対する「首長」の「議会解散権」は、自らを守る手段というよりは「死なばもろとも」作戦といえます。

このように、「アメリカの大統領制がうらやましい。日本も直接トップを決められるのなら、もっと良い政治になるのに」と思われることが多い日本の政治ですが、じつは我々に最も身近で影響力の強い地方自治制度として考えた場合、アメリカの大統領制よりも、より優れた民意を反映する二元代表制になっているのです。**我々一人ひとりが、、行政法、特に地方自治の仕組みを理解し、政策形成に高い関心を持ち、議会議員と良い関係を築くことができれば、もっと風通しの良い生活基盤を作れるのではないでしょうか。**

ADMINISTRATIVE LAW 3

良い議員・首長との付き合い方（住民による自治）

■議会議員や首長のことを知る必要性

昔と違い、現代を生きる我々にとっては「議員」や「首長」という存在は遠いようで、身近な存在です。

昔であれば国会議員は、テレビや新聞で見ることがほとんどで、あとは選挙の時期になると街宣カーで政策を訴えたり名前を連呼する姿を見る、ということが多かったと思います。

反対にいえば、選挙の時期以外で国会議員が地元の住民と良好な関係性を作っていれば、それは信頼できる国会議員、良い議員ということになったと思います。

もちろん、地元以外にも、その国会議員に関心を持っていたり、あるいはその国会議員を支えているなどの理由で特定の業界の団体と綿密に交流するということもあります。

一方で昔の地方議員や首長はどうだったでしょうか。

地方議員や首長の場合は、テレビや新聞で見る存在ということは少なく、地元の各種行事などで見かけ、「何か周りが丁重に扱っている偉い人」みたいなイメージを持っていた人も多かったかもしれません。地元議員や首長は、国会議員よりも地元住民と密接に関わるということが前提ですので、それだけで必ずしも高評価というわけにはいかないようです。

いずれにしても、昔であれば「良い議員や首長」の判断というのは、繰り返し見たり、会ったり、接触する回数が増えることで、親しみや親近感を感じるザイオンス効果（単純接触効果）が大きかったといえます。

しかし、冒頭にも書いたように現代においては、「議員や首長」という存在は昔より身近になっています。

それはいうまでもなくインターネットの普及と、スマートフォンなどによる身近なインターネットへの接続機会が増したからです。

現在は**国会議員に限らず、地元議員や首長の存在や活動を簡単に知ることができます。**

以前であれば、紙ベースで「住民だより」あるいは「議会だより」のようなものが配布されるなどがメインでしたが、**近年では議会における会議の様子を中継したり、会議録をＷｅｂ公開したり、委員会などの記録も公開したりしています。**

またメールマガジンの発行などをしている都道府県もあります。

人によりますが、議員や首長自らが積極的にＳＮＳ発信を行い、政策方針や、取り組みの経過報告、会議後の報告、所感などを投稿しています。

現状ではまだ、公式な会議中継や会議録の公開などが充実しているとはいいにくいですし、SNSで積極的な政策に関する発信をしている議員や首長も限られています。

ましてや、住民側については議会に関心がある一部の者がこれらを閲覧している程度で、多くの人が「じぶんごと」として、閲覧していることはありません。

地元や日本を変える意識改革が必要

「卵が先か、鶏が先か」という話になってしまいますが、こんなにデジタル技術が進んでいるにもかかわらず、議会からの公式な情報発信や、議員個人のSNSの発信が、まだまだ充実していないのは、国民（住民）側のニーズが低い、もっといえば**「行政が自分たちに与える影響の大きさや、行政を自分たちで変えられること」の理解が低い**ことが挙げられます。

行政法や地方自治制度への理解や、自分たちが行政に対してできることの可能性は、ここまで読んで頂いた方であれば、深くご理解頂けたはずです。

本項では、自分たちを取り巻く環境を行政から変えていけるという観点で、いくつかヒントをお伝えできればと思います。

〈民主主義とは不完全な原理と知る〉

古代ギリシアの哲学者であるプラトンの著書「国家」において古くから指摘されており、そして歴史上見られる革命や政変、そしてまさに今の時代にも世界中で該当しているのが「民主主義において、**過度な自由を求めることが結果、独裁者が生まれ、民主制を崩壊させる**」というものです。

この中でいう「**独裁者**」というのは正確には「**民衆指導者**」と表現されています。一般によくイメージする「独裁者」というよりは、くだけた言い方をすれば「**インフルエンサー」に近いニュアンス**です。

これは地方議会議員、国会議員などに限らず現代において、様々な領域で顕著です。

もちろん「自由」そのものがダメだということではありません。ここでは「**緊張感のない自由」あるいは「軸のない自由」が問題視**されています。

私なりに比喩表現すると、「一本の凧糸」という軸と「向かい風」という緊張感があれば凧は高く上がりますが、「凧糸のない凧」は無秩序にあっちこっちと飛び回りやがて墜落してしまいます。

つまり、**民主主義を正常に機能させるには、民主主義のうえで主権者である「私たち（国民や住民）」が、しっかりとしたリテラシーと目利きを持ち、この必要な「凧糸」と「向かい風」を踏まえた「議会」のコントロールをしなければならない**ということです。

議会のコントロールとして最も取り組みやすいのは、これまでも再三、お話ししている「**行政が自分たちに与える影響の大きさや、行政を自分たちで変えられること」を知る**ことです。

そして、多くの主権者（国民・住民）が政治や政策に関心のあることを発信し、新聞、テレビ、ウェブメディア、SNS上などでも議員や首長が自らの意見を発信したり、インターネット上においては双方向のコミュニケーションをとらざるを得ない土壌を作ることです。

現段階では、発信する議員や首長の政策や発言内容の正しさは二の次で、よく見かけて、フォロワー数が多かったり、「いいね」や「再生回数」が多いということに、議員側も有権者側も振り回されてしまう傾向にあります。

こうなってくると、「ザイオンス効果（単純接触効果）の使い方がうまい者」「ただただ、刺激的な主張をする者」「極端な不安や幸福を用いてやたら大衆を扇動しようとする者」「仮想敵を仕立て上げて、こき下ろす姿勢の者」「論理的や首尾一貫性などおかまいなく、注目と知名度を高めようとする者」などに民主制は崩壊させられてしまうでしょう。

このことから、**まず取り組む必要があるのは「行政法の仕組みを知る」ことと「自分たちで変えることができる」ことを認識する**ことです。

そのうえで単に議員や首長の情報を受信したり、コミュニケーションをとるだけでは、達成できない手法をお伝えしていきます。

■個人による行政統制

民主主義といっても、仲間を募ったり集団にならなくとも、個人による行政統制を行う手段

◎個人による行政統制

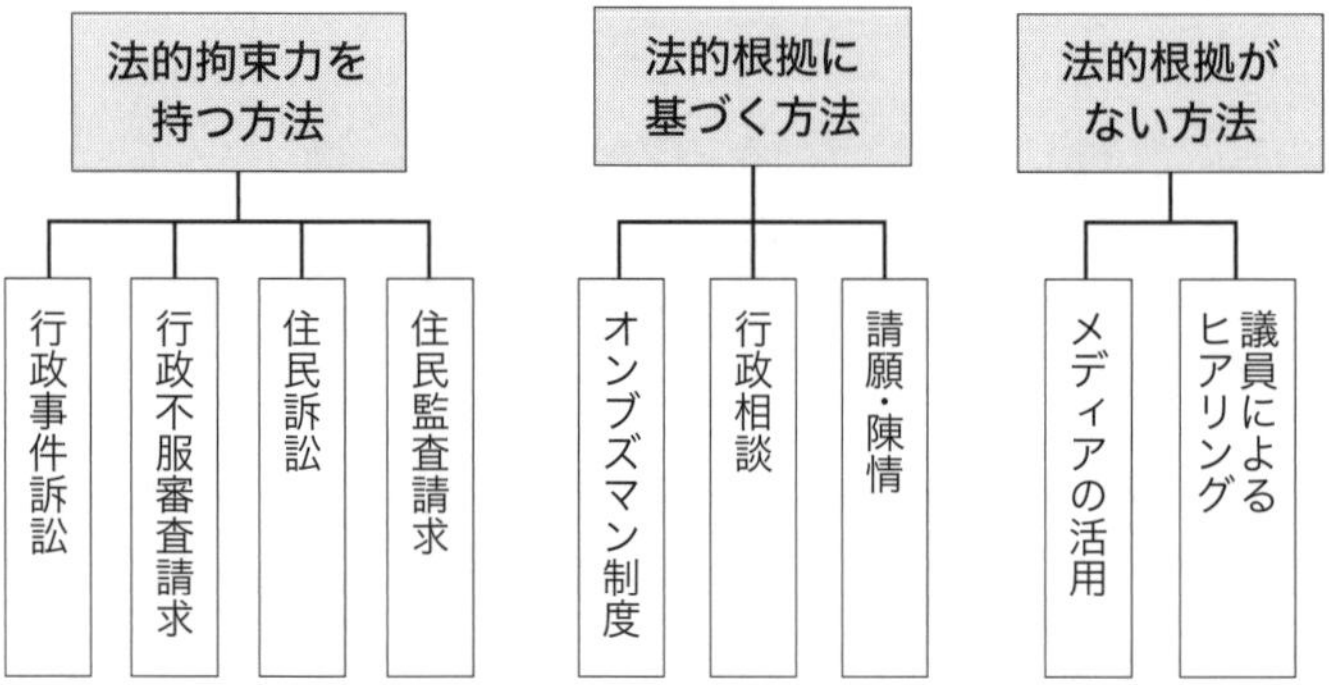

がいくつかあります。ただし、気を付けなくてはならないのは、単に個人の「わがまま」をとおすことは「個人による行政統制」とはいえません。

自らの主張が住民全体の大きな不利益に繋がらないか、という「公益的か否か」という視点が重要です。そのうえで個人による行政統制を解説しますが、これには「**法的根拠がない方法**」と「**法的根拠に基づく方法**」、そして「**法的拘束力を持つ方法**」の3つがあります。

〈法的根拠がない方法〉

法的な根拠を拠り所にしない場合でも、先に述べたように行事の場や、オンライン上で住民の意見に耳を傾ける議員は多いです。

特に信頼できるのは、本人の選挙区云々にかかわらず、関心のある事案であれば真摯に話を聞いてくれるケースです。

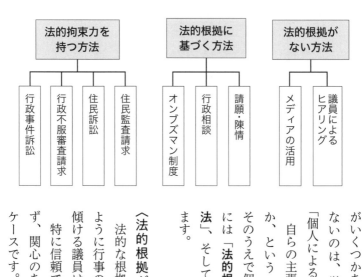

また、非公式の場とはいえ、具体的な政策形成に踏み込んだ部分まで情報収集や意見聴取に熱心な議員はキーマンといえます。

なお、こういった方は、日頃の発信から「人目を気にする」発信よりも「志」「想い」「論理」を発信する傾向があるように思います。

いずれにしても、しっかりと**行政の仕組みを知ることで、本質的な政策を形成できる議員かどうかは目利きができるようになる**はずです。

他にも**法的根拠がないところで行政統制に寄与するのは「メディアの活用」**が挙げられます。

これは住民側にマスコミとの繋がりがあるとか、影響力のあるメディア、SNSを有するという条件が必要ですが、かなりのプレッシャーにはなります。

もちろん法的根拠がないため議員や行政として積極的に向き合う必要はないものですし、場合によっては、反対にこの手段をとる側が民主制の崩壊に加担することになり兼ねないので注意が必要です。

〈法的根拠に基づく方法〉

法的根拠を持った方法をとることで、議員や行政は何らかの対応が必要になるため、個人の行う行政統制手段としてはある程度有効です。

法的根拠に基づく方法には「**請願・陳情**」「**行政相談**」「**オンブズマン制度**」「**情報公開請求**」があります。

このうち「情報公開請求」は第7章で取り上げますので、ここでは「請願・陳情」「行政相談」「オンブズマン制度」を説明します。

「**請願**」は、憲法で「住民（法人や外国籍の方も含む）」に保障された権利で、地方自治法にも「請願」の具体的取り扱いが規定されています。

一方で「**陳情**」は、地方自治法に委員会審査事項として挙げられているのみで、必ずしも「請願」と同様に処理するべきか、法律的な根拠として明確ではありません。

都道府県、市町村にもよりますが、「請願」も「陳情」も同様に取り扱う地方公共団体もあれば「陳情」については、条件を課すなど、少し厳格に対応する地方公共団体もあります。

多くの場合、「**請願**」**については、全ての議員の目に触れるだけでなく、審査を行い「議会」として何らかの意思決定がなされます。**

一方で「**陳情**」**の場合、審査は行いつつも、この意思決定までを必須とは扱わない傾向にあるよう**です。

いずれにしても**住民個人として要望や意見を直接「議会」に届けることができる有意義な方法**となります。

こういった議会に物申す「提案」や「意見」という体裁には及ばない類のもの、例えば「苦情」や「相談」については「**行政相談**」という制度を利用することができます。

これは各都道府県や市町村ごとに所管分けした「行政評価事務所」や「行政監視行政相談センター」が行政機関などの業務に関する相談や苦情を受け付けるものです。

なお、行政相談は総務省所管の行政相談員法という法律が根拠となっているため、地方公共団体に関する行政の相談に限らず、各省庁の所管する様々な行政機関の相談や苦情を受け付ける窓口です（逆にいえば国会や地方議会に関することは所管となっていません）。

法的根拠に基づく方法の最後は「**オンブズマン制度**」です。

地方公共団体によって、**行政の利益侵害から住民を守るための機関「オンブズマン」**を置いているところがあります。

オンブズマンとは「**行政監察官**」を意味し、**構成員の選出と任命も「議会」が行うところや「首長」が行うところ**など異なっています。

オンブズマンに苦情を申し立てると**オンブズマンが担当部署等を調査し、当該部署に改善要請を行い、申立人に対して調査結果等が通知される仕組み**です。

場合によっては改善方針などが公表されることもあります。

オンブズマン制度（の目的）は単に個別の苦情だけでなく苦情の傾向を分析し、その発生原因などを把握することにあります。

地方議会議員とは異なる地方行政への民意反映ルートともいえますが、こういった制度を積極的に活用する（自身の地域の制度がない場合は創設を働きかける）ことも大変意義のあることといえます。

〈法的拘束力を持つ方法〉

個人による行政統制としては、やはり法的拘束力を持つ方法が強力な手段となります。

法的拘束力を持つ方法としては「**住民監査請求**」と「**住民訴訟**」をはじめ、「**行政不服審査請求**」と「**行政事件訴訟**」があります。

このうち「行政不服審査請求」（327ページ）と「行政事件訴訟」（335ページ）は第7章で取り上げますので、ここでは「住民監査請求」と「住民訴訟」を説明します（広義では住民訴訟も行政事件訴訟に含まれます）。

「**住民監査請求**」は**地方公共団体の財務会計に関する行為に限定される**ものの、「違法」な場合に限らず「**不当」な場合も対象**として地方公共団体に置かれた「**監査委員」に対して請求**でき、請求するのは（住民であれば）個人でも法人でも単独で行えます。

監査請求がされると監査委員は「監査」「対象行為の防止、是正」「怠った事実の改善」「損害の補填」などの対策をすることになります。

住民監査請求の対象となる行為は次のようなものです。

（1）公金の支出
（2）財産の取得・管理・処分
（3）契約の締結・履行
（4）債務などの義務負担
（5）公金の賦課・徴収を怠る事実や財産の管理を怠る事実

住民監査請求は当該行為があった日や終わった日から1年以内であれば行うことが可能で、**（5）を除き当該行為が相当な確実性を持って行為がなされる予測がされるという場合でも請求**できます。

なお、監査委員が「理由がない（該当しない）」と判断してしまった場合は「住民訴訟」を提起することができます（監査請求前置主義）。

「**住民訴訟**」は、**住民監査請求の結果に不服の場合や違法な行為があったと監査委員が判断したにもかかわらず、**行為者（首長や議会、職員など）が対策をしなかった場合に「**行為の差止め**」や、「**行政処分の取消し**」「**無効確認**」を**裁判所に訴えるもの**です。

ただし「住民監査請求」は「不当な行為」も対象となりましたが、**住民訴訟は「違法な行為」に限られます。**

◎住民監査請求と住民訴訟

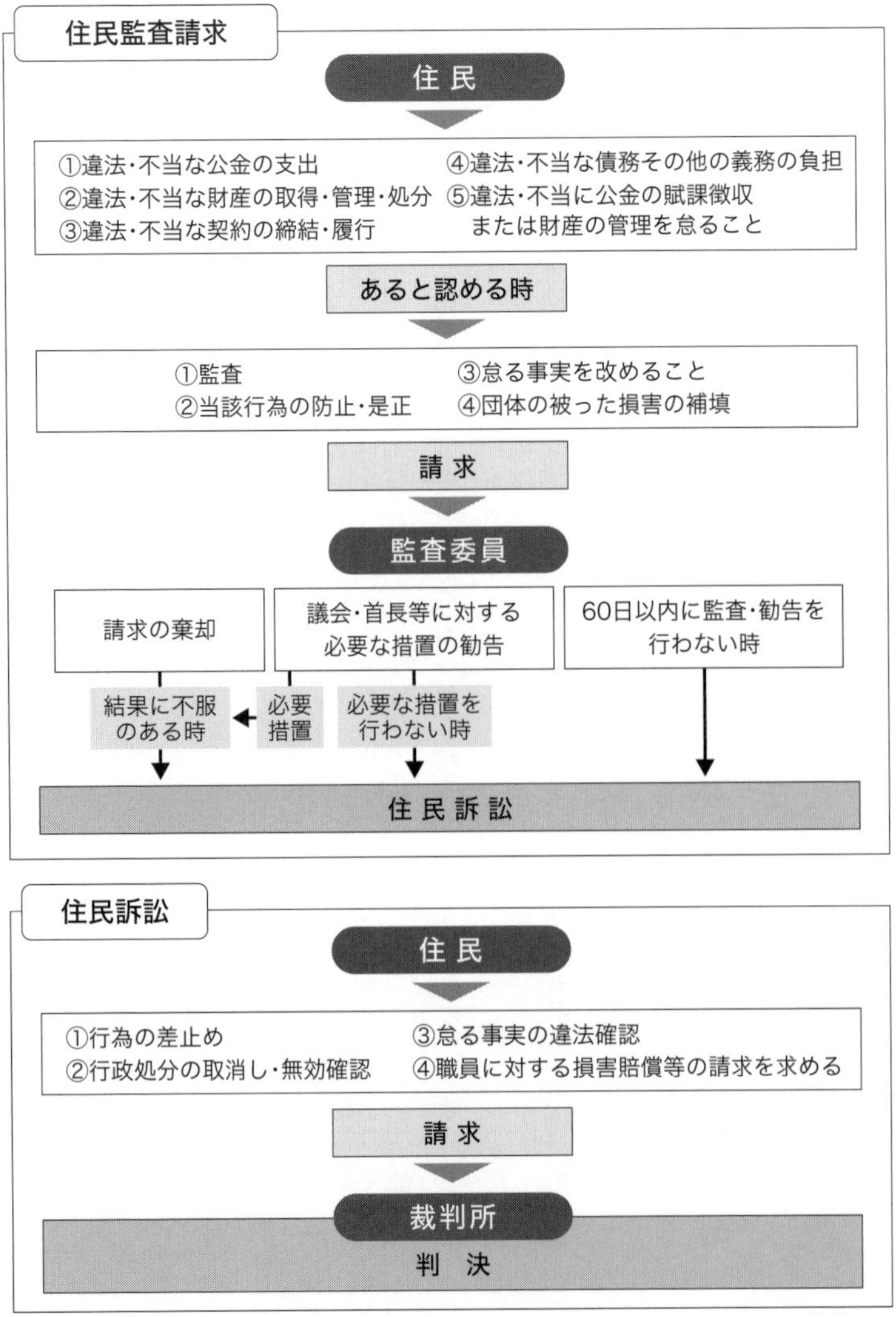
住民監査請求
住 民
①違法・不当な公金の支出
②違法・不当な財産の取得・管理・処分
③違法・不当な契約の締結・履行
④違法・不当な債務その他の義務の負担
⑤違法・不当に公金の賦課徴収
または財産の管理を怠ること
あると認める時
①監査
②当該行為の防止・是正
③怠る事実を改めること
④団体の被った損害の補填
請 求
監査委員
請求の棄却
議会・首長等に対する
必要な措置の勧告
60日以内に監査・勧告を
行わない時
結果に不服
のある時
必要
措置
必要な措置を
行わない時
住 民 訴 訟
住民訴訟
住 民
①行為の差止め
②行政処分の取消し・無効確認
③怠る事実の違法確認
④職員に対する損害賠償等の請求を求める
請 求
裁判所
判 決

具体的な請求内容は、

（1）行為の差止め

（2）行為の取消しや無効確認

（3）怠る事実の違法確認

（4）損害賠償請求や不当に得た利益の返還請求

となっており、住民による地方行政に対する監視・評価の手段としては最も強烈なものといえます。

■集団による行政統制

個人としても様々な行政統制の方法があることがわかりましたが、さらに住民の中で集団的に行政統制を行う方法もありますので簡単に触れておきます。

〈直接請求〉

先ほどの住民監査請求は地方公共団体の財務会計に関する行為に限定されていましたが、個人ではなく複数の住民が結束することで、様々な範囲の事務に対して監視・参加することができます。直接請求には「**条例の制定・改廃の請求**」「**事務の監査請求**」「**議会の解散請求**」「**議員の解職請求**」「**首長の解職請求**」「**主要公務員の解職請求**」があります。

◎直接請求の種類

<table>
<tr><th colspan="2">種類</th><th>必要な署名数</th><th>請求先</th></tr>
<tr><td colspan="2">条例の制定・改廃の請求</td><td rowspan="2">選挙権を有する者の50分の1以上</td><td>首長（知事）</td></tr>
<tr><td colspan="2">事務の監査請求</td><td>監査委員</td></tr>
<tr><td colspan="2">議会の解散請求</td><td rowspan="3">選挙権を有する者の３分の１以上（議員の解職請求の場合、選挙区がある時は、所属する選挙区を単位として計算する）</td><td rowspan="3">選挙管理委員会</td></tr>
<tr><td rowspan="3">解職請求</td><td>議員</td></tr>
<tr><td>首長（知事）</td></tr>
<tr><td>主要な公務員（副知事、副市町村長、選挙管理委員等）</td><td>※選挙権を有する者が40万を超え80万以下の場合にあっては、その40万を超える数に6分の1を乗じて得た数と40万に3分の1を乗じて得た数とを合算して得た数、80万を超える場合にあっては、その80万を超える数に8分の1を乗じて得た数と40万に6分の1を乗じて得た数と40万に3分の1を乗じて得た数とを合算して得た数。</td><td>首長（知事）</td></tr>
</table>

「条例の制定・改廃の請求」「事務の監査請求」を請求するには**有権者の50分の1以上の連署**が必要で、「議会の解散請求」「議員の解職請求」「首長の解職請求」「主要公務員の解職請求」（これらを「リコール」ともいいます）を請求するには**有権者の3分の1以上の連署**が必要ですが、行える請求はかなり強力で、まさに「数の力」を感じます。

　これらは地方自治法に規定された制度ですので、**請求を受けた地方公共団体は必ず対応しなければなりません**。

　例えば「条例の制定・改廃の請求」を受けた場合、首長が20日以内に議会にかけて、結果を公表する。

「リコール」を受けた場合、選挙管理委員会が住民投票を実施し、過半数の同意があれば議会が解散するといった具合です。

このように**住民が集団として意思統一することで住民監査請求よりも幅広い権限を行使できることは「住民自治」の観点で非常に重要**です。

〈自治組織〉

本章では地方行政に対する住民参加、あるいは住民による地方行政の監視・評価という観点でお話ししてきましたが「**自治組織」に関しては住民参加というよりも「地方行政と住民の協働（あるいは共創）」という観点**となります。

地方公共団体において社会的な課題解決を実現するためには、住民による行政過程への参加だけでは難しく、必ず**行政と住民組織が相互に主体性を発揮し、特性を活かしあって連携する必要**があります。この住民組織とは「町内会・自治会」といわれるものをはじめ、協議会、NPOなどがあります。

ただし、古くは行政と住民組織は相互依存関係の色彩が強かったのですが、これは行政の権力的作用を前提とした支配を住民組織が補っている（従属的立場）ことも少なくはなく、本来、地方行政に対する「監視・評価」による行政統制をすべき住民との関係でねじれが生じていました。

町内会や自治会にしても、NPOにしても、それぞれが行政機関と相互依存関係を持つと、政策形成過程における利害調整を行政側がコントロールできることから、どうしても上下関係が生じてしまいます。

そのため、町内会・自治会やＮＰＯにおいては**住民相互で自律（あるいは自立）した関係を築き、行政機関とはあくまで対等な立場で協働（共創）することが重要**です。

なお近年、古くから継承されてきた町内会や自治会といった組織が形骸化したり、機能を衰弱させる事態が起きています。

現在は「場所」という共通要素に縛られず、趣味や文化、環境、共通の課題意識といった特定の要素で繋がり相互作用しあうコミュニティをオンライン上で形成することが主流になってきているからです（４４２ページＤＡＯ参照）。

伝統的な住民組織は「場所」「時間」に加えて趣味や文化、環境、共通の課題意識を共有していましたが、デジタル技術の発展によって、この「場所」と「時間」の制約が薄れ、町内会や自治会といった地域とはいっさい関わりを持たず、自分たちだけで独自に活動を行なう住民が増え続けています。

これを悲観的に見るかどうかは置いておいて、逆にいえばこれは、**長らく続いた行政機関と住民組織の相互依存関係を解消する自律分散した新しい関係構築の可能性も秘めているといえますので、「新時代の住民自治」**として、住民組織が行政と対等な立場で協働（共創）するためにも、新しい価値観を持った住民たちを再び、自らの住む地域の活動に目を向けさせる工夫が問われます。

ADMINISTRATIVE LAW 4

ライブハウスを生かすも殺すも都道府県次第（自治立法と政策形成）

■ダンスをさせるには許可がいる!?

2008年に小学校から中学校まで体育の授業でダンスが必修になりました。

このダンスはフォークダンスや社交ダンスだけでなく、ヒップホップや創作ダンスといった「現代的なリズムのダンス」が念頭に置かれています。

これは、こういった**ダンスが運動神経やリズム感だけでなく、仲間とのコミュニケーション能力を向上させるから**とされています。

このような時代背景がある中で、我々国民全体の認識としても、ヒップホップなどのストリートダンスが一時的な流行ではなく、また一部の若者のカルチャーに限定されないものとなり、日本社会に広く浸透することとなりました。

一方で一時期、度々報道などで話題になっていたものとして「客に無許可でダンスをさせることは違法」というセンセーショナルなトピックがありました。

これは、2010年に、大阪のクラブで客がダンスを行っていたことを契機として警察による一斉取り締まりが実施されたことがあります。

騒音や喧嘩などを受けた近隣住民からの苦情に対して警察が用いた手段が風営法（風俗営業等の規制及び業務の適正化等に関する法律）違反でした。

風営法の目的には「地域における人間生活の秩序を乱すものを規制する」というものがあるからです。

また、2012年7月に高知市で公民館の講座で高齢者向けの社交ダンスを行っていたところ、市の要請で中止させられるという事案が発生しました。

この際の主張として、参加者から会費をとって客にダンスを行わせる行為が、風営法の規制対象となると主張されました。

これを「人間生活の秩序を乱す」とするのはさすがに無理があるように思います。

しかし少なくともクラブによるダンス営業については同様に、東京、神奈川、京都、福岡など多くのクラブでも摘発や立入捜査が相次ぎました。

その後、**様々な業界団体などの活動もあり、このような規制は過剰だとして2013年、規制改革会議で「ダンスに係る風営法規制の見直し」が議題となり、翌年、議員立法として風営法の改正方針が決定**されたのです。

では、そもそも警察が違法とみなしていた解釈はどのようなものだったのでしょうか。

■風営法におけるダンスの扱い

まず、**風営法は「善良な風俗と清浄な風俗環境を保持し、少年の健全な育成環境を守る」ために定められています。**

そして風営法には風俗営業の定義に「ダンスホールその他設備を設けて客にダンスをさせる営業」を挙げており、その理由として「このような営業は、行われ方によっては、**男女間の享楽的雰囲気が過度にわたり、善良の風俗と清浄な風俗環境を害し少年の健全な育成に障害を及ぼす**おそれがある」としています。

この「享楽的雰囲気」は113ページで詳しく触れたあの「歓楽的雰囲気」に似ていますが、この解釈は本来的には「男女が組になり、身体を接触して踊る等により、わいせつな行為の発生を招く」というものでした。

つまり「享楽的な雰囲気→わいせつな行為」に繋がるから「地域における人間生活の秩序を乱す」と主張しているわけです。

しかしながら、これら一連の騒動は実際に争われた裁判判決により、**客にダンスと飲食をさせることで男女間の享楽的雰囲気を過度に醸成するとみなすことは、実態に即さず、何でも一律に規制することは妥当ではない**とされました。

このような判決や様々な業界団体などの活動もあり、一連の規制は過剰だとして2015年には風営法から「ダンス」の文言は削除されることになりました。

■巻き添えを食ったライブハウス

ダンスにまつわる文言が風営法から削除されることに伴って、国は風俗営業とは別の新たな規制類型を新設することになりました。

これを「**特定遊興飲食店営業**」といいます。「**特定遊興**」とは「**お店側の積極的な働きかけにより、客に遊びを興じさせる行為**」をいいます。具体的には「深夜（午前0時〜6時）」に「酒類を提供し」次のような行為をする営業です。

（1）不特定多数の客に歌、ダンス、ショウ、演芸、映画等を見せる行為
（2）生バンドの演奏を不特定多数の客に聴かせる行為
（3）不特定多数の客が参加する遊戯・ゲーム・競技等を行わせる行為
（4）カラオケ、スポーツ観戦、ダーツ、ビリヤードなどを提供・演出し観戦者を煽る行為

つまり、一連の騒動を踏まえて国はダンスを「享楽的な雰囲気↓わいせつ行為を招く」から、シンプルに「騒音や振動、場合によっては喧嘩」に繋がるものを規制する類型を新設したことになります。

このような新たな規制類型ができたことで、巻き添えを食った営業形態が多数あります。

この（1）〜（4）のような営業形態をとり（それまでは）**飲食店の営業許可で営業してきたお店が結構、多いから**です。

その最たるものはライブハウスです。これまでライブハウスは飲食店の営業許可を取得したうえで行われてきた営業形態です。

飲食店営業許可の所管は保健所（厚生労働省）です。営業による「騒音や振動」が「地域における人間生活の秩序を乱す」から取り締まるということはなされていませんでした。

保健所はあくまで地域住民の公衆衛生向上がメインだったからです（健康保持増進という役割もあるにはあります）。

そこに風営法に基づく「特定遊興飲食店営業」という新たな規制類型ができ、警察が取り締まることになったわけです。

ライブハウス側がとばっちりを受けたと思っても仕方ないでしょう。

そしてこれは騒音や振動に繋がりやすいライブハウスに限りません。

「演芸」「映画」「遊戯」「ゲーム」「カラオケ」「スポーツバー」といったあらゆるサービスを使った「飲食店」に飛び火しています（ただし深夜に酒類を提供する場合）。

とはいえ「法律なのだから仕方ない」と、しぶしぶ「特定遊興飲食店」の営業許可をとろうとするお店も多く出ました。しかし、問題はこれだけにとどまらなかったのです。

■営業可能地域を条例に委ねる

まず、これまでの保健所所管の飲食店営業から、警察所管の**特定遊興飲食店営業に変わることで風営法による地域の用途制限など**（115ページ）を受けることになりました。

さらに特定遊興飲食店営業は、**営業所を設置できる許容地を都道府県（地方公共団体）の条例に委ねる**ことにしたのです。

この「**設置許容地域**」は比較的広域に認める条例もあれば、地方公共団体によっては、一部の地域にとどまるところもあり許容地域そのものがまったくゼロという地方公共団体もあるほどです。

つまり、**地域にライブハウスをその地域に残すのも、残さないのも都道府県や市町村次第**でどうとでもできることになってしまいました。

そしてこれはライブハウスに限らずスポーツバーや、演芸、映画、遊戯、ゲーム、カラオケなど、騒音に繋がるような営業形態（手拍子をしたり、盛り上げたり、煽ったりすることが伴う営業）の多くに影響があります。

この生殺与奪《せいさいよだつ》の権利ともいえる「条例」とはいったいどのようなものでしょうか。なぜ、地域における生殺与奪が条例に委ねられたのでしょうか。

■法律と自治立法の関係性

行政が目的を達成するために「私人の権利や自由を制限する」ということはこれまでお伝えしてきたとおりです。

そして「国民の権利や自由を権力的に侵害」する「規制行政（52・205ページ）」にあたる活動には法律の根拠が必要という「侵害留保説（65ページ）」についても触れました。

これまで「行政法の型（20ページ）」を何度か取り上げてきましたが、規制的な活動を定める法律にも一定の基本構成があります。

それが「目的」「定義」「規制方法」「規制対象」「規制要件」「規制程度」「規制手続」「違反対応」「報告徴収」「立入検査」「罰則」などです。

こういったことが法律に明記されていると、「規制対象」「規制要件」「規制程度」「規制手続」などの**詳細は法規命令に委ねられることがほとんど**です（59ページ）。

一方で、地方自治の制度の趣旨や目的（地方自治の本旨）には「住民自治」と「団体自治」があり、これらを踏まえると**法律による規制に自治立法としての条例を加えて適用（場合によっては「代えて適用」）すべしという現状**が多く見られます。

それぞれの地域の課題は国（政府）には把握しきれないから、**地方公共団体自体の自治に委**

◎規制法の基本構成と命令、条例の相関図

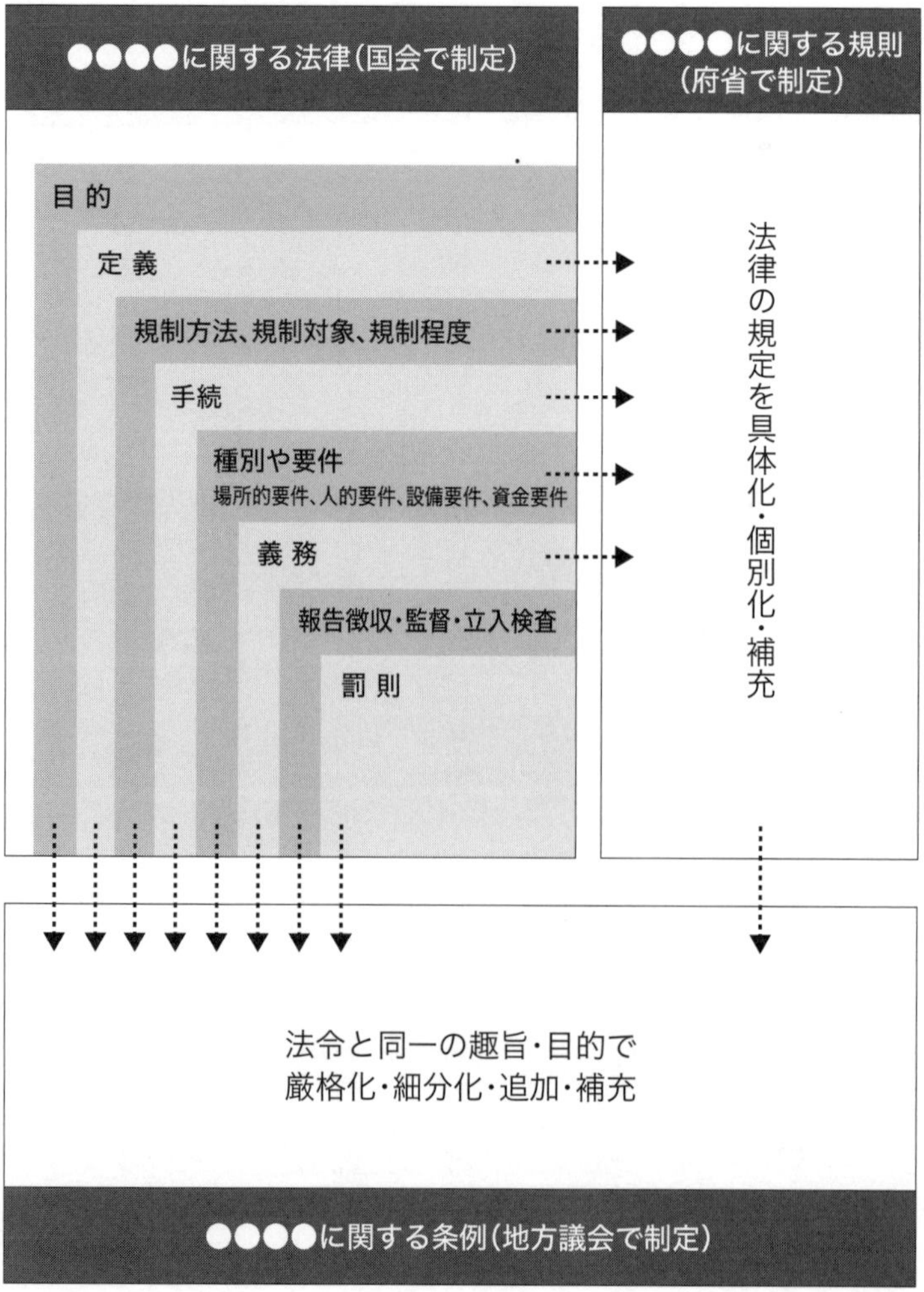

ねるべきという一定の納得できる理由も考えられます。

そもそも条例は住民の意見を集約し、住民の代表者として議論を行う「議会」によって作られる自治立法ですので、まさに「自治」といえるでしょう。

ここで問題になるのは、「政策形成」とは、単純に国民（住民）の権利利益の保護と社会の秩序や安定・維持を実現するために「この法律が必要だ」と国が短絡的にトップダウンで行っているわけでないということです。

今回の事例で見たように、「何らかの課題」があり、課題を解決しようと「規制」を行おうとする立場（今回だと警察）があり、それによって利益（恩恵）を得る集団（今回だと地域や住民）があり、それによって不便が生じる者（今回だとクラブ）があり、そしてそれに大きな影響を受ける組織や団体（今回だとダンス団体や協会）もあり、その間に入る者があり（今回だと弁護士や行政書士）、それらに一喜一憂する者（今回だとダンス愛好家や法律家、世論）など、様々な人々の活動や想いを経て成立します。

つまり、簡単に**「その地域の課題は地方公共団体が一番詳しいから自治として立法すれば解決」というわけにもいかない**はずなのです。

たしかに原則論でいえば「自治」であるがゆえに「地方公共団体の一存」が大事ということになります。

「設置許容地域は条例で定める」と法律が条例に委ねた以上、侵害留保説的にも、地方自治の本旨的にも、異議の唱えようはありません。

とはいえ、「たられば」の話になりますが、もし「ダンスの普及と推進に最大限の力を込める」ことが多数を占める地方公共団体があり「深夜で酒類を提供し、ダンスに興じることは住民の文化」と言い切り、許可制をとりたくなかった場合はどうでしょうか。

国の一律的な規制に賛成できない地方公共団体があったとしても不思議ではありません。

また反対に（今回の事例とは別に）国の規制の程度が「生ぬるい」と感じ、法律で条例に委任された範囲どころか、追加的な規制をどんどん条例で定めたい地方公共団体も出てくるかもしれません。

このような問題を「**上乗せ条例**」「**横出し条例**」の問題といいます。

〈**上乗せ条例**〉

上乗せ条例というのは**法令に基づいて規制が加えられている事項について、その法令と同一の目的ではあるものの、地方公共団体の考えでそれよりも厳しい規制を条例で定めること**をいいます。

例えば、今回の事例でいうと、特定遊興飲食店の規制対象が法律では「深夜（午前0時～午前6時）とされているところを条例で「午後10時～午前8時」に上乗せするようなケースです。

どのような上乗せであれば許されるか、という考え方として法律で定める事項が全国一律の

◎上乗せ条例と横出し条例

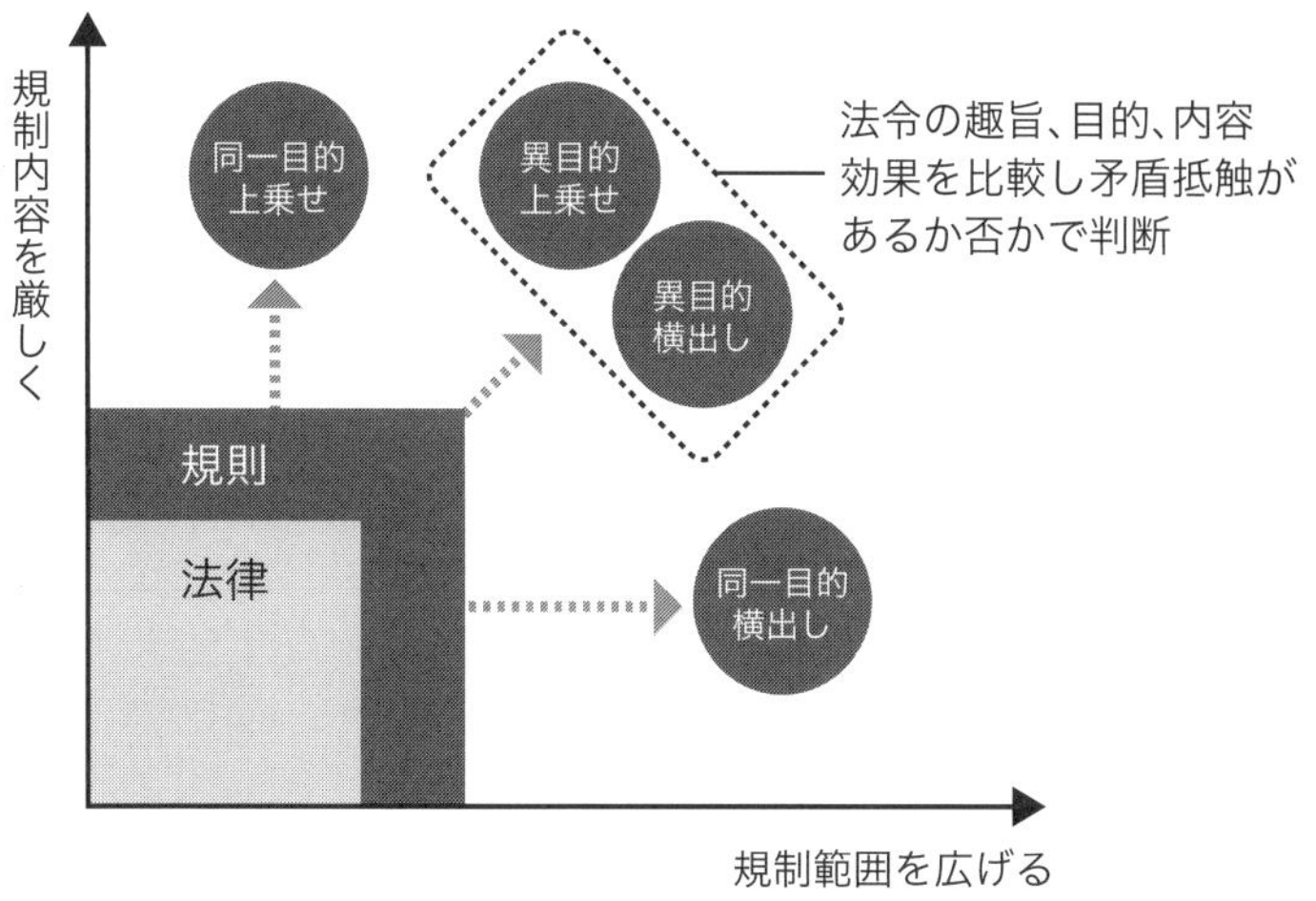

規制を行うことに重きを置いておらず（法律はあくまで全国対応までの最低限を想定しているなど）、地域の実情に応じた規制をすることが容認される趣旨か否か、という点になります。

〈横出し条例〉

横出し条例は、**法令と同一目的の規制がなされる条例によって、法令では規制を加えられていない項目について規制すること**をいいます。

例えば、今回の事例でいうと、特定遊興飲食店の規制対象に「猫、うさぎ、フクロウ、カワウソなど、動物と触れ合える営業」を加えるようなケースです。

横出し条例は、**法律の趣旨そのものに新たな規制目的を加える可能性**もあり、侵害留留保説の観点から、規制対象を加えるようなことが元々の法令の目的を補うものなのか、逆に目的を阻害しないかどうか、という考え方は必要かもしれません。

その点で「特定遊興」に「動物と触れ合える営業」を加える場合は「善良な風俗と清浄な風俗環境を保持＝騒音や振動」という趣旨に影を落とす可能性もあり、風営法の横出し条例として条例化するのは実際には難しい気がします。

このように、政策形成は単純な国（政府）による国民（住民）への規制（あるいは給付）といった事情でなされるものではなく、近年は地方自治の本旨を踏まえた形で自治立法が加えられることが一般的で、法令によっては対処できない地域特有の課題や新しい課題に対処されています。

また、**法令が整備されていない段階では、我々住民一人ひとりが積極的に議会や首長に働きかけることで、本来的な「住民自治」と「団体自治」を実践することができ、ある意味では地方公共団体における地方行政の成功例が、国政にアップデートされるということも少なくありません。**

自治立法が日進月歩する新しい課題に迅速に対処し、実際には法制度の整備に寄与していることも重要な使命として認識したいところです。

ADMINISTRATIVE LAW

第6章

要素❻ 行政と私法領域

第6章　サマリー

前章では、行政を監視するとか評価するといった、行政に対してやや気丈にふるまう姿勢のお話を取り上げました。一方で実際は国民（住民）が、行政とフラットな関係で向き合う場面も少なくありません。例えば、地方公共団体が公道を舗装するために建設会社に工事を発注する場合、それは行政主体が建設会社に「一方的に権利義務や法的地位を決定するような行為」ということはあり得ません。

そこには通常の民間企業同士で行われるようなフラットな工事の請負契約が締結されるだけで、「行政作用が何たら」というようなロジックをいちいち持ち出す必要はないのです。

言い換えれば、たとえ外形的には第2章、第3章で見てきたような「行政主体」と「行政客体」の関係に見える当事者同士であったとしても、両者の相互関係について適用される法令が「通常の私人同士の関係性であれば、絶対的に適用されるはずのない関係（例えば行政手続法や情報公開法）」と「通常の私人同士の関係（例えば民法や商法など）」があるということです。

この前者のように、**「行政と私人」の相互作用に関する法律を「公法」**、後者のように**「私人間（「民民《みんみん》」ともいう）」の相互作用に関して定めた法律を「私法《しほう》」**と呼びます。

伝統的な行政法学では、このような公法と私法の原理的な違いを区分する**「公法・私法二元論」**というものがありました。

「公法・私法二元論」では、ひとくちに権利といっても、公法における権利（公権）と、私法における権利（私権）を分けて両者の性質はまったく異なるものと考えていました。

ですが、近年においては先に述べたように行政と私人の相互作用に私法が適用されることは多々あります。

また、伝統的行政法学には「公法・私法二元論」とは別に**行政主体が優越的である関係の「権力関係」**と、**行政が通常の経営や財産の管理主体であるとする「管理関係」**からなるという考え方（**公法関係二分論**）もあります。

実務的な関係でいえば、行政が通常の経営を行う場合の相手方になれる「官公需《かんこうじゅ》」という概念があります。一方で、地方自治法の中で行政と私人のフラットな相互関係を一定のルール化しているものもあります（**指定管理者制度**）。

また、**行政と私人の相互関係をフラットに考えたとしても、本来であれば私人に一方的に権利義務や法的地位を決定できる立場にある行政主体が、私人と対等に相互関係を築くには単に私人間で築かれる関係とは異なる配慮も必要**になります。

そのような機会を均等かつ公平な状況で提供することや、透明性が問われることもあり、そのような場面の実際の運用についても本章で触れていきます。

ADMINISTRATIVE LAW 1

個人が行う取り立てと行政が行う取り立ての違い（行政上の私法適用）

■行政と私人間の契約

AがBに建物を賃貸《ちんたい》していたとします。賃貸とは「モノ（この場合、建物）」を貸す対価として「お金（賃料）」を発生させることをいいます。

この場合、賃貸借《ちんたいしゃく》契約を締結することになりますが、AはBに建物を貸す義務が発生し、Bから賃料を受け取る権利を有します。

反対にBはAから建物を借りる権利を有しますが、Aに賃料を支払う義務が発生するのです。

さて、ここでもしBが賃料を支払わず滞納しつづけたとしましょう。この場合、Aは次のような対応をすることになります。

（1）支払督促

簡易裁判所の支払督促の申立てをします。Bが2週間以内に督促異議の申立てがない場合は、仮執行宣言の申立てを行い、さらに2週間すれば、Ａは強制執行（差し押え）をすることができます。

（2）民事調停

ＡとＢが調停員を間に入れて、裁判所で話し合いをします。話し合いが成立すると調停調書を作成し、それでも調停調書の約束が守られない場合は、Ａは強制執行（差し押え）をすることができます。

（3）訴訟

滞納金額が60万円以下であれば、簡易裁判所で少額訴訟を起こします。60万円を超えて１４０万円以下であれば簡易裁判所で通常訴訟、１４０万円を超える場合は地方裁判所で通常訴訟を起こすことになります

確定判決を得られれば、Ａは強制執行（差し押え）をすることができます。

いうまでもなく、これらは私人間の関係（民民《みんみん》）を律する「民法」や「民事訴訟法」など「私法《しほう》」の話になります。

それでは、もしこの**Aが地方公共団体（行政主体）だった場合**は、どうでしょうか。

「私人（住民）が地方公共団体から建物を借りる」という場面も少なからず、実際にあることです。じつは伝統的な行政法学では、このような**行政主体と私人などが契約をする場面は、公**

法上の法律関係と考えられていました。

私法（私人間の法律関係）と公法は区別して扱うという考え方です（公法・私法二元論）。

■大陸法系と英米法系

このような考え方がされていた経緯として挙げられるのは、**戦前に行政事件を専門に扱う行政裁判所が存在していた**ことが挙げられます。

つまり、私人間の争訟を扱う司法裁判所とは別に、行政に関する争訟を扱う行政裁判所が存在したのです。

そもそも、日本は元々明治から戦前までにかけてドイツやフランスの法律学を中心とした**大陸法系の裁判系統**をとっていました。

大陸法系の裁判系統というのは先ほど述べた行政事件を専門に扱う行政裁判所が存在するものです。

一方で近年の日本は、イギリスやアメリカの法律学を中心とする**英米法系の裁判系統**であり、専門の行政裁判所という考え方はなく、公法関係も私法関係も一律に同じ司法裁判所がそれぞれの争訟を扱います。

そのような名残から、このような区別がされていたと考えられます。しかしながら、Ａが**私人の場合でも、地方公共団体であっても、賃貸借契約である点は変わりありません。**

そのように考えると、現在では**公法と私法を区別する意義は乏しい**と考えられます。

そこで、現在では公法と私法を区別することはせず、まずは同じ賃貸借契約としてその意義や拘束力などを考えたりするわけです。

とはいえ、裁判所が同じだったとしても、現在の法律上で行政主体を相手方とした訴訟類型「行政事件訴訟」というものは存在します。

つまり、公法と私法が交錯するような場面において、行政事件訴訟法（335ページ）や行政不服審査法（329ページ）といった法律が用意されているわけですから、Aが私人だろうが地方公共団体だろうが、まったく同じ扱いをするというわけにもいきません。

このような**「行政上の私法適用」をしっかり考えることは重要な課題**なのです。

■公法関係と私法関係の交錯

現在では、契約の相手方が行政主体というだけで、たちまち私法関係でなくなるのではないことはわかりました。

相手方が私人でも行政主体でも、同じ契約であることに変わりはないからです。

行政主体と私人の関係性でも、まず、何らかの行政法に基づかず、当事者同士の自由意思によって合意し、契約が成立すると考えることができます。

ここでヒントになるのは、第1章で様々取り上げた**権力留保説のように行政主体と私人の相**

互関係が「一方的に行う権力的作用」か否かという検討（66ページ）です。

よくよく考えると契約当事者の一方が行政主体かどうか、ということよりも大切なのは、両者の相互関係を生み出す行為（取引）が「権力的」か「非権力的」かです。

いずれも**対等な立場で契約を締結**するわけですから「非権力的な作用」であり、行政主体が契約の相手だとしても先に行政法関係を意識する必要はありません。

このような「契約」の場面を「行政契約」といいますが、詳細は後述します（297ページ）。

ここでは、行政上の私法適用を考えるうえで、明確な相違点が挙げられている地方自治法をベースに検討を加えてみます。

冒頭で触れたように私人間（AもBも私人）の場合、もしBが賃料を支払わず滞納した場合、Aは「**支払督促**」「**民事調停**」「**訴訟**」などの対応を行います。

一方でAが地方公共団体の場合は、まず、**どのような「債権」なのかを検討**します。

単純な「公法系」か「私法系か」ではなく**「法的な請求ができる権利（債権）」が「法令の規定に基づいて発生しているか否か」という点で判断**するのです。

この場合の「法令の規定に基づいて発生する」場面は、例えば「地方税」であったり、行政手続の「手数料」などです。

法律の規定に基づくものは「公債権」といい、**それ以外のものを「私債権」**といいます。

ここで万が一「公債権」である場合は、その「債権」が当事者同士の自由意思で生まれた「非権力的作用」とは考えずに地方自治法に基づいて「行政処分（権力的作用）」として扱います。

行政処分であれば、もちろん行政不服審査や行政事件訴訟の対象にもなります。

税金などの滞納があった場合は、まず行政から滞納していることを通知する文書（「督促状」や「催告」）が届き、最終的には「差押予告通知書（差押予告書）」や「最終催告書」等の書類が届きます。

この書類には、「**期日までに支払わないと、財産を差し押さえますよ**」といったことが書かれており、あわせて「**滞納処分等に関して不服がある方は、審査請求をすることができます**」といったようなことも書かれています。

この「**審査請求**」というのが「**行政不服審査**」に関するものです。

また、このように**裁判所の確定判決を得なくとも差し押えができるというのも「公債権」の特色**といえます（ニュアンスとしては簡易裁判所の「支払督促」に近い）。

また、「公債権」と「私債権」の違いは他にもあり、「**消滅時効の期間**」が挙げられます。「私債権」の場合（特別な定めがない場合は）民事債権で10年、商事債権で5年が原則となっていますが、「公債権」の場合は5年です。

さらには「時効」の扱いも異なります。

「時効」というのは、**「ある事実状態（本事例だと滞納に対して、債権者が何も対策しない状態）」が一定の期間継続した場合に、その事実状態を尊重して権利の取得や消滅を認める制度**をいいます。

「私債権」の場合は、「時効」を債務者側（本事例ではB）が主張しない時には債権は消滅することはありませんが、「公時効」の場合は、債務者の主張にかかわらず債権が消滅します。

このように行政主体と私人間で何らかの法律関係が生まれるとしても、一方が行政主体というだけでただちどころに「公法が適用される」ということはありませんが、相互関係を生み出す根拠が行政法に基づくものであれば、「強制執行（差し押え）までの段取り」や「消滅時効の期間」「時効の主張条件」などが異なります。

■権力関係と管理関係

さて、「私法（私人間の法律関係）と公法は区別して扱う」という「公法・私法二元論」は、現在においては意義を失っており、行政主体と私人との相互関係が「一方的に行う権力的作用」か「非権力的作用」かという視点で区分できることをお伝えしました。

じつは行政法学にも「公法・私法二元論」とは別の、こういった権力関係か、それ以外の関係かで分ける考え方があります。

それは**「行政主体が優越的な立場（権力関係）」である場合と「行政主体が事業経営や財産**

管理者の立場（管理関係）」である場合の2つに区分するというものです（公法関係二分論）。

先の公法関係と私法関係が交錯する場面を検討するにあたっては、地方自治法を根拠にした取り扱いの差異を検討しました。

それは「督促」や「消滅時効」、そういった**「事後」を想定したもの**でしたが、それ以外の行政上の私法適用を考えるのは、この「公法関係二分論」という区分が活かせそうにも思えます。

ここでいう「権力関係」は、本書では**「一方的に行う権力的作用」と同義**として進めていきますが、「管理関係」については、「（地方公共団体の行う行為の目的が）**私人の経営する事業と実質的に同様の性質を持つもの**」とします。

このような考えに立つ場合、先の例にあった「賃貸借契約」を締結するような場面でなくとも、もっといえば、外形的には「行政手続（217ページ）に見えるような場合であっても、私法が適用される可能性があります。

例えば、地方公共団体が管理する公の施設を利用する際に、「利用申請」とか「利用許可」といったような申込と承諾の手続が採用されていたとしても、この「申請」や「許可」が必ずしも、行政手続法上の「申請」や「許可」にあたらず、**私法上の「契約」と考える余地があるということ**です。

行政と私人の相互関係が、「私人同士（民民《みんみん》）における事業と同様に考えられる（私法が適用される)」としても、本来であれば私人に対して優越的な立場になりえる行政主体が、私人と対等に相互関係を築くなら、その相手方に立てる私人の選定は重要になります。

というのも、行政主体の持つ**権限自体は私人に委託するようなことはできない**ですが、行政の**権力的作用に繋がるものや行為は、私人が契約によって請け負うこともありえる**からです。

例えば、行政窓口における書類受付作業を民間企業に外部委託し、形式的な書類チェックを私人が行うといったケースや、行政手続や行政処分の通知をデジタル化するにあたって、そのシステム開発を民間企業が契約によって請け負うといったケースです。
そのような機会を均等かつ公平な状況で提供することは重要です。また、それらの透明性も問われることもありますので、様々な配慮が必要とされています。

次の項以降では、そういった行政と私人の関係をより深く解説していきます。

ADMINISTRATIVE LAW 2

行政と仕事をするためには資格がいる？（行政契約）

官公需《かんこうじゅ》という行政マーケティング

行政主体と私人であっても、私人同士（民民《みんみん》）のようなフラットな関係で事業をすることも可能であることをお伝えしました。

よく考えると、いくら普段、一方的に権力的な作用を行ってるとはいえ、**国の行政機関や地方公共団体も民間企業と同じように活動している**わけですから、職員とは雇用契約を交わしていますし、民間企業に建物の補修や掃除なども依頼するでしょうし、職員が働くためにパソコンやデスク、椅子、文房具なども購入したりもしてるはずです。

また行政サービスの多くはインターネット上でＷｅｂサイトが公開されていたり、サービスによってはスマホのアプリなどを実装していることもあるでしょう。

そういったＷｅｂサイトやアプリを行政職員が自ら全て作っているとは思えません。

お昼になったら職員が注文していたお弁当を食べたり、外出する際にはタクシーに乗ったり、施設の入場料を払ったりもしているわけです。

つまり前項で述べたような「私人の経営する事業と実質的に同様の性質を持つ」ことは考え出すと山のようにあるわけです。

このような**行政が民間から物品を購入したり、サービスを受けたりすることを「官公需《かんこうじゅ》」**といいます。

行政は安定しているイメージがあるため、行政に物品を購入してもらったり、サービスを提供できるのは、「すごくオイシイ気がする」と思う方も多いかもしれません。

しかし、そんなオイシイものなら、私人の多くが手を挙げて、その座の取り合いになっていきそうな気もします。

それが理由とはいいませんが、国は「官公需についての中小企業者の受注の確保に関する法律（官公需法）」という法律を作り、多くの民間企業が官公需を受注できるように取り組みをしています。実際に国が積極的に民間企業のために仕事を増やしていっているわけです。

そして「官公需」では、通常のビジネスのような**「私人が私人に向けてプレゼンや営業をして案件を受注する」といった工程がなく、いきなり行政側から必要としている物品やサービスを示して公募**します。

いってみれば「官公需」は行政マーケティングともいえるのです。

■行政と仕事をするのは狭き門？

私人が官公需を受注する場合、「**入札**」という方法をとることが一般的です。

入札とは**売買や請負をするために行政にとって最も有利な条件を申し出た者と契約を締結する手法**です。

こういうと、やはり国や地方公共団体と仕事したい会社や事業者はたくさんいるから、「行政は民間を買い叩いて安く買ったり、こき使う制度が官公需なのか」と思う人が多いのですが、そういうわけでもありません。

というのも**日本国内で実際に官公需の仕事をしているのは全ての企業や事業者のうち2％**しかいないのです。

本書でもずっとお話ししているように、それだけ国民（住民）や事業者は「行政の仕組み」をしっかりとわかっている割合が少ないということです。

全体の2％といっても、行政が仕事を発注する案件自体が少ないからだと思われるかもしれませんが、これも大きな間違いで、例えば市場の大きい印象のある**ゲーム業界の市場規模が1兆円規模**、独立開業の登竜門のイメージがある**コンビニ業界で10兆円規模**、対して「**官公需**」の**市場規模は20兆円規模**です。

このような統計データから見ても、行政と仕事をするという「**官公需**」**は供給過多（ブルー**

オーシャン）なのですが、行政法の仕組みを知らない事業者が多すぎて、現在は知ったもの勝ちの状態にあります。

しかし、そのことを知っているだけで、誰でも行政と仕事ができるのかというと、もちろんそういうわけではありません。

■入札に参加するためには資格が必要

「官公需」を受注するためには「入札」に参加する必要があり、その**「入札」に参加するためには資格が必要**です。

この資格も「国（政府）の入札に参加するもの」と「地方公共団体の入札に参加するもの」があり、レイヤー構造（ダブルスタンダード）となっています。

入札に参加する資格は、**国（政府）が公募する一般競争入札に関するものを「全省庁統一資格」、地方公共団体が公募する一般競争入札に関するものを「競争入札参加資格」**といいます。

〈全省庁統一資格〉

「全省庁統一資格」は、名前のとおり**各省庁が公募する一般競争入札案件に参加することができる資格**です。また、地方公共団体が所管している一般競争入札案件の中にも、「全省庁統一資格」で参加することができる案件があったりします。

省庁が公募する案件は「物品の製造・販売」や「役務（サービス）の提供」となっています。法人に限らず、**個人事業者も資格取得可能で、堂々と行政と仕事ができるようになる**のです。「全省庁統一資格」の資格取得には「統一資格審査申請」という手続をオンラインや郵送で行いますが、審査は**掲示金額以外にも年間の実績や資本額などの財務状況、営業年数などが考慮**されます。

また、これらの内容に応じて「等級（A～D）」が割り振られ、受注規模などが異なります。申請手数料もかかりませんし、資格審査結果も数週間程度で受け取れますので、気軽にチャレンジできるものとなっています。

なお、すでにお伝えしたように「申請」や「審査」という言葉こそ出てきますが、これは私人の事業同様に省庁が契約すべき相手を公募しているという形式ですので「申請」も**行政手続ではありませんし、「審査結果」も行政処分ではありません**（審査請求や行政事件訴訟の対象ではない）。

〈競争入札参加資格〉

「競争入札参加資格」は、全省庁統一資格の地方公共団体版です。

だいたいの概要は「全省庁統一資格」と同じですが、「全省庁統一資格」では、入札案件に「建築」「土木工事」などが対象となっていないのに対して、**地方公共団体の一般競争入札では、**

これらの案件が多数あります。

ただし建築工事や土木工事は、安全性や人命に密接に関わる重要な案件ですので、別途「経営事項審査」というハイレベルな手続が必要になります。

この**審査自体も行政処分ではありませんが、経営事項審査の内容自体は建設業法で所管する項目**となりますので、内容に**虚偽などがあれば「不利益処分（224ページ）」**の対象となります。

各地方公共団体の「競争入札参加資格審査申請」の条件や方法などは、都道府県や市町村ごとに異なりますが、だいたいは**実績、財務状況、掲示金額など、似た要素に基づき審査**され、数週間で結果通知があります。

また、都道府県や市町村ごとに事業者の優遇措置をはかる条件があるところもあります。

■行政契約の法的性質

このように行政主体も、私人の事業同様にフラットな関係で私人と法律関係を形成、取引をすることは多々あります。

この場合、万が一、争訟となっても行政事件訴訟ではなく、民事訴訟で紛争解決をすることになり、**公定力（208ページ）といった行政特有の概念もありません。**

これは当時者の一方が行政主体でも**一方的に私人の権利義務や法的地位を決定するような行**

為とはいえないからです。

当然、行政主体の行うこのような契約に**法律の根拠も必要とせず私法が適用**されます。

それでは、このような行政契約にはどのような種類や性質があるのでしょうか。

〈行政契約の種類〉

行政契約には様々な種類がありますが、大きく分けると「行政主体と私人間の契約」「行政主体と行政主体間の契約」に分けることができます。ここにきてはじめて触れましたが、**当然「行政主体同士の契約」ということもありえる**わけです。地方公共団体同士で事務を委託することもあれば、道路や河川などの費用負担を取り決めることなどもあります。

ただし、行政主体同士の場合は、私法をベースにするというわけにもいきませんので、事務負担に関するものは地方自治法や学校教育法等、道路や河川の費用負担であれば、道路法や河川法といった具合に、法律の定めがあります。

反対に、行政主体と私人間の契約でも、これまで触れたような「（地方公共団体の行う行為の目的が）私人の経営する事業と実質的に同様の性質を持つもの」ではないケースもあります。

例えば道路管理者（行政主体）と建物所有者が締結する「利便施設協定」や、消防庁（行政主体）と水利権者が締結する「水利使用協定」などです。

「利便施設協定」を例にとると、行政主体が道路の通行者や利用者などの利便性を確保する目的で並木や街頭、花壇、ベンチなどを設置したり、管理する際にその道路に影響のある施設（利便施設）の所有者と管理方法など一定の事項を取り決めるものです。

これらは一般的な契約とは異なり、あくまで**行政目的を実現するために行われるため、法律の規定が必要**とされます（今回の例では道路法）。

なお、第1章で「給付行政に法的根拠は必要か（53ページ）」を検討した際、その中で「地方公共団体が行う補助金の交付決定は「行政契約」と考えられているとお伝えしましたが、この行政契約は行政目的を実現するために行われるものではなく、**私法上の「贈与契約」**とされています。

このように行政主体と私人が行う契約には行政法上の関係とは異なる立場で行われるものが様々ありますが、行政主体自体には、第2章で見てきたように、国家行政組織法をはじめとする行政主体特有の特徴を有するのも事実ですので、単純な私人間（民民《みんみん》）の契約と同視することはできません。

そこで、行政主体と私人間の契約（行政契約）締結までの特徴も詳しく解説していきます。

■官公需の受注形態

すでに詳しくお伝えしたように行政が私人とフラットな立場で民間から売買契約や委託契約を締結する**「官公需」は、入札参加資格があり、申請を行う必要があります。**

このような「**一般競争入札**」によるものは行政主体にもよりますが、おおむね行政契約全体の5割以上を占めています。

そして、**それ以外の行政契約には「指名競争入札」「せり売り」「随意契約」**があります。

「**一般競争入札**」の詳細はすでにお話ししましたが「最低落札価格」を掲示したものを落札者とする**最低価格落札方式**、あらかじめ公表された評価基準に基づいて企画やプレゼン内容を踏まえたうえで掲示金額とあわせた評価で落札者を決定する**総合評価落札方式**があります。

また専門性が極めて高い案件については、金額ベースで決定するほうが期待した結果を達成できないため、そのようなケースでは企画内容や業務遂行力で最も優れた者に決定する**企画競争（プロポーザル）方式**があります。

「**指名競争入札**」というのは、**行政主体が一定の条件に基づいて特定の企業や事業者のみを参加させる形態**です。これは発注契約の内容が一般競争入札に適さないような特殊な事案の場合のみ、例外的に認められるものとされており、行政契約全体の5％ほどしかありません。

「**せり売り**」というのはあまり用いられておらず、残り4割ほどは「随意契約」です。

「**随意契約**」は**競争入札を行わず契約相手を直接指名して締結するもの**をいいます。**特定企業の特許や商標が必要**とか、**他に代替のできない技術や知見、組織体制を有している**とか、やむを得ない時に用いられるものです。

◎官公需の種類

		参加者	特徴	想定
一般競争入札	最低価格落札方式	資格要件を満たす者	行政にとって最も有利な条件を提供した者と契約を締結する	透明性や公正性、経済性を確保すべき案件
一般競争入札	総合評価落札方式	資格要件を満たす者	評価基準に基づき企画内容と掲示金額をあわせた評価によって契約を締結する	透明性や公正性を確保しつつも品質確保も重要な案件
指名競争入札		行政より指名を受けた者	行政にとって最も有利な条件を提供した者と契約を締結する	同種の案件で確実な実績と信用を有している者が複数いる
プロポーザル		公募に応募した者	企画内容と業務遂行力で最も優れた者と契約を締結する	金額ベースでは目的達成できない専門性の高い案件
随意契約		行政に選定された者	見積合わせ等によって交渉し契約を締結する	他に代替のできない技術や知見、組織体制が必要な案件
せり売り		資格要件を満たす者	買受者に口頭(挙動)で競争させ、最も有利な価格を申し出た者と契約を締結する	行政による動産の売り払いのみ

金額も行政主体によりますが、100万円程度までしか認められないところや、多くても1000万円程度が上限のケースが多いようです。

行政主体と取引ができるという立場に立てる**私人の公平性や透明性**を鑑みると、あくまで**「一般競争入札」が原則で、「随意契約」を行うにはかなりの配慮が求められる**のです。

特許や商標など特殊な事情がない限り、随意契約を締結するには「**その私人以外の第三者に履行させることが業務の性質上不可能**」と言い切れる案件である必要があります。

これは「その業務を熟知しており、信頼度が高い」とか「その業務に精通しているので成果が期待できる」のような程度では認められません。

例えば、特殊な技術や、その企業が独自で有する機器、設備、体制などを必要とする案件であり、当該企業と契約を締結しなければ目的が達成できないくらいの事情が必要です。

ただし、一般競争入札をするよりも明らかに（同一品質で）低価格での提供が可能な相手とか、一般競争入札を行ったが入札者がいなかったなどのケースで随意契約がなされることもあります。また、他に類がないものを生産、加工したり、サービス提供できる企業であるといった新規性や優良性が明確にあれば行政主体もその利益を享受できるので、当該企業が認定を受ければ随意契約をすることも可能です。

ADMINISTRATIVE LAW 3

お役所らしくない公共施設（官民連携）

■行政のイメージを払拭する美術館

行政が管理している施設というと、何か無味乾燥で退屈そうなイメージを持つ方もいるのではないでしょうか。ゆっくり、じっくりと静かにすごさなければならない施設という印象はどうしてもぬぐえません。

それが美術館となれば「何か絵が飾ってある静かな場所」あるいは「知的な人じゃないと楽しめない場所」という先入観のある方も多いはずです。

しかし、そんなイメージを払拭する美術館に出くわすことがあります。

この際に、思い浮かぶのは「これは本当に行政が管理しているのか」という感想です。

ある日訪れた美術館がとてもスタイリッシュで広大な吹き抜け空間を有し、現代アートばかり飾られていて、テーマパーク顔負けの巨大な展示物が次々と現れ、施設の建物自体もアートな空間になっており、写真映えスポットや、展示作品自体に上り下りして遊ぶこともでき、さらに、その空間に溶け込むようなカフェやレストランまで一体化していたとしたら、どうでしょうか。

じつは近年は、美術館に限らず、こうした通常、**行政では企画できないようなことをやり遂げている公共施設**は増えつつあります。

というのも、通常であれば行政が管理していそうな公共施設を株式会社や、社団法人、NPO法人といった民間事業者によって管理・運営している施設がたくさんあるからです。

こういった**公共施設に民間事業者が関わっているケースの多くは「指定管理者」**という制度を使って運用されています。

指定管理者制度

指定管理者制度というのは**「公の施設」の管理に関する権限を私人（民間事業者等）に委託（委任）して行わせることができる制度**です。例えば、地方公共団体が有する美術館があったとします。この美術館は地方自治法上の「公の施設」にあたります。

この地方公共団体が江東区であれば、この美術館は江東区民みんなの施設（美術館）ということになり、この「みんなの」が「公の」という意味です。

こういった「みんなの施設」である美術館を日々、管理・運営をするのは、本来であれば江東区（地方公共団体）です。

◎公の施設の種類

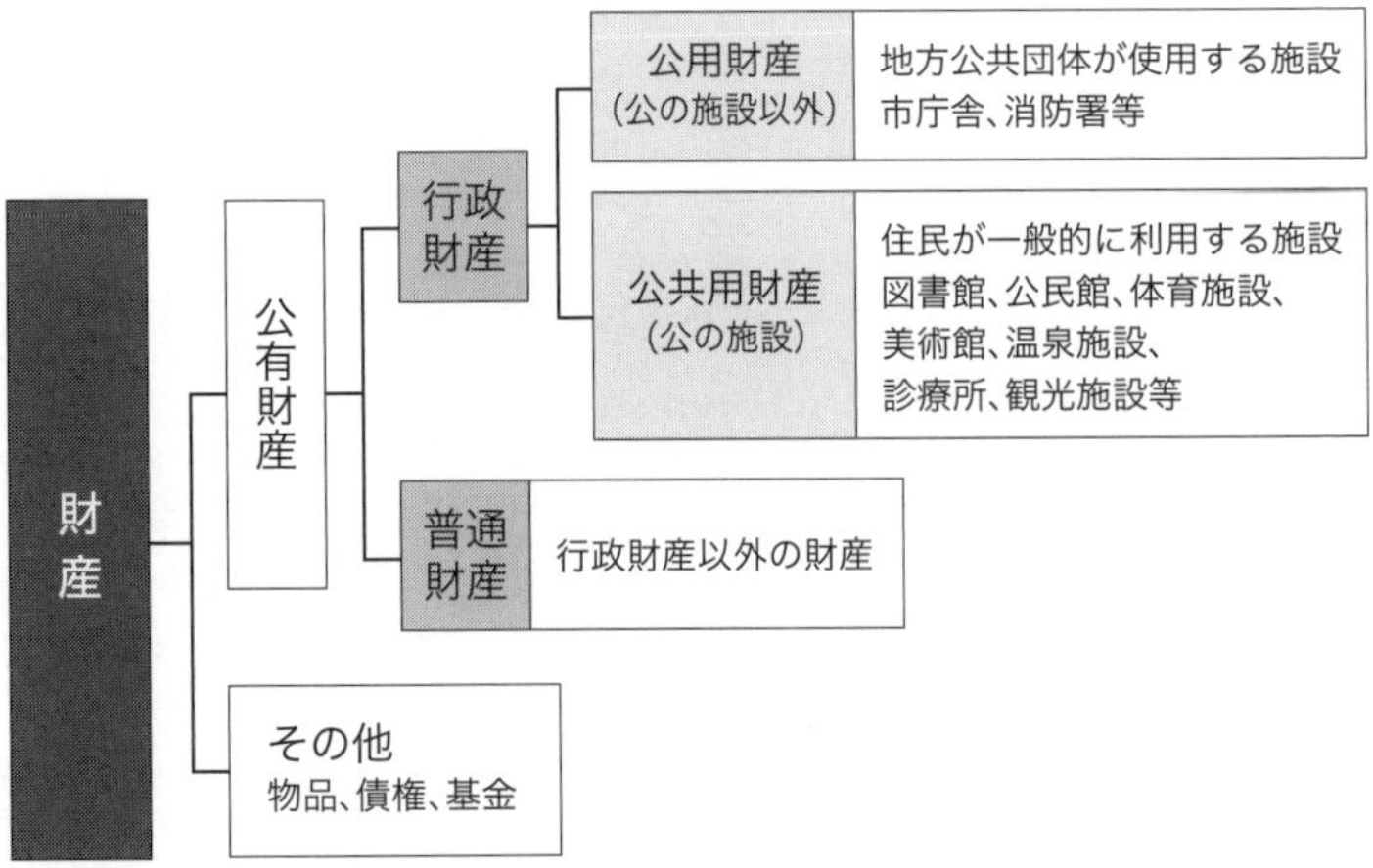

そして**管理や運営をするためのルール整備として条例の制定（自治立法）をする必要**もあります。

しっかりとした条例ができていれば、公の施設を最低限、適正に管理・運営することはできるでしょう。

この適正というのは、我々住民の収めた**税金が無駄なく、最善最適な形で運用する**みたいな意味合いで考えてもらえれば良いと思います。

しかし、行政というのはあくまで法律の執行や、事務の最適化を専門としており、決して斬新なアイデアや、新規事業を生み出すことを得意としているわけではありません。

そこで公の施設の価値をより高めるために、**民間事業者などが有する独自のノウハウや技術、組織体制、知的財産などを活かして**

施設の設置目的を効果的に達成するために運営・管理を委任するのが「指定管理者制度」です。

〈指定管理者制度の特徴〉

この場合の「委任」というのは具体的には、**地方公共団体の議会による議決で決定**します。

この際、委任の期間も定めることになりますが、この指定管理者制度を使う施設の管理基準（休館日、開館時間、使用制限など）や、業務範囲（施設・設備の維持管理・使用許可など）は、**あらかじめ地方公共団体が条例で定めておく**必要があります。

「指定」先の選定というのは前項で取り上げた「一般競争入札」によることがほとんどです。

また、この地方公共団体が行う「指定」という行為は行政作用でいうところの「行政処分（198ページ）」にあたるとされています。

ただし厳密に「行政処分」のうちの「許可」「認可」「特許」いずれにあたるかというのは明確ではありません。いくつかの学説により「特許」だろうといわれている程度です。

なお、いうまでもないかもしれませんが、この**指定管理者の収入は「公の施設」利用に関する料金（入場料など）から得る**ことになります（ただし利用料金の設定はあらかじめ地方公共団体の承認が必要です）。

指定管理者に指定された民間事業者は、**毎年度事業報告書を提出しなければならない**ので、管理業務の実施状況や利用状態、収支状況などは地方公共団体が正確に実態把握することができます。

それ以外にも、**指定管理者に委任する際には「委託契約（これは私法上の契約で行政契約）」を締結する**ことになりますが、この**契約内容にも具体的な業務や条件が明示**されます。

そして、指定管理者がその契約に違反するようなことがあれば、指定の取消しがなされますし、あわせて違約金なども発生することがあります。

■官民連携とＰＦＩ

よく指定管理者制度と混同されやすい制度として、他にも「**ＰＦＩ（プライベート・ファイナンス・イニシアティブ）**」という制度があります。これは、**「公の施設」の建設や管理・運営などを民間の資金や経営能力・技術的能力を活用して行う**という方法です。民間（プライベート）の資金（ファイナンス）によって主導（イニシアティブ）するから「ＰＦＩ」です。

〈指定管理者制度とＰＦＩの相違点〉

指定管理者制度との明確な違いは、指定管理者制度はすでにできあがっている「公の施設」を最適化したり、再起動させるようなイメージなのですが、ＰＦＩの場合は、その一歩手前、「公の施設」自体を整備し直すところから民間事業者等の力を活用する点にあります。

建物の改修でたとえるなら、**指定管理者制度がリフォーム、ＰＦＩがリノベーション**といった感じでしょうか。

民間事業者などの経営力や、技術・ノウハウなどを活用し、国や地方公共団体等が直接実施するよりも効率的で効果的な公共サービスを提供しようとする点は指定管理者制度に通じるのですが、やや大規模な委託になるＰＦＩは委託金額も高額になりがちですし、委託の期間も長期間であることが多いです。

また、資金調達を民間事業者などに任せることができるため、公の施設を整備するために必要な（行政の）費用負担を低減することができるメリットもあります。

なお、指定管理者制度は地方自治法に定めがありますが、ＰＦＩは、「民間資金等の活用による公共施設等の整備等の促進に関する法律（ＰＦＩ法）」を根拠としています。

そのことから、**指定管理者制度は地方公共団体のみの制度**となっていますが、**ＰＦＩは国（政府）が行うこともあります**。

〈ＰＦＩに似たＰＰＰ〉

ここまでで指定管理者制度とＰＦＩの違いがわかったと思いますが、さらにＰＦＩに似た制度として「**ＰＰＰ（パブリック・プライベート・パートナーシップ）**」というものもあります。

これは、行政（パブリック）が行う様々な行政サービスを、民間（プライベート）と連携（パートナーシップ）して実現しようというものです。

ＰＰＰは、「官民連携」と表現されることも多いですが、いずれにしても、**民間の持つ多種多様なノウハウや技術、組織体制などを活用し、行政サービスの向上や財政資金の効率的運用をはじめ、業務効率化なども実現**しようという概念です。

つまり**指定管理者制度もＰＦＩも「ＰＰＰ」の一つ**ということになりますので、**ＰＰＰは行政主体と私人によるフラットな関係による事業遂行の総称**ということになります。

そのように考えると前項で取り上げた「一般競争入札」や「随意契約」というのも、契約の内容によってはＰＰＰの一つになることもあるでしょう。

以上のように、行政主体が公の施設を管理・運営せず民間事業者に委ねて、より良い行政サービスを提供していこうという動きは増えていっていますが、こういった制度によって、行政主体の責任や義務がなくなってしまうわけではありません。

民間事業者などに委託したあとも行政主体には、委託先が的確に事務を遂行しているのかなどをしっかりと監視・監督する責任があります（**行政の保証責任**）。

また、委託を受けた民間事業者などの業務遂行が機能しなくなった場合、事態を収拾すべき「**捕捉責任**」も行政主体に残されていると考えられます。

したがって、**民間事業者に管理・運営が委託された公の施設であっても、第５章で見たような地方公共団体に対する住民の監視・評価の姿勢はしっかりと意識する必要がある**わけです。

ADMINISTRATIVE LAW

第7章

要素7

行政救済の手段

第7章　サマリー

本書では、第1章から第4章まで行政法の一般的な原則と基本的な構造を説明し、第5章では「行政法の一般原則」のうえにもう一層重なっているレイヤー（階層）の「地方自治」というダブルスタンダードについて説明しました。

地方自治は、最も身近な政治であり、民主主義の実践として行政を監視するとか評価するといった行政に対して気丈にふるまう姿勢を説かせて頂きました。

他方、第6章では国民（住民）が、行政とフラットな関係で向き合う場面について、主に行政主体と私人が取引（契約）を行う場面を中心に取り上げました。

いってみれば「第1章から第4章が行政法の全体構造」、「第5章が行政主体のトップダウンなアプローチに対する行政客体の牽《けん》制」、「第6章が行政主体と行政客体のフラットな関係」を説明してきたことになります。

そして、「行政法の構成図（35ページ）」最後の要素となる本章では「**行政主体に対する行政客体のボトムアップなアプローチ**」を取り扱います。

この行政客体のボトムアップなアプローチは「**行政作用**」**に対して**「**もの申す**」**ことが中心**です。

例えば「行政作用」の一つに「**一方的に権利義務や法的地位を決定する行政処分**」がありましたが、その中でも「**不利益処分**」は、**すでに与えられた許可を停止したり、取消すなど、侵害度合の強い行政作用**です。

このような行政主体からの「あれをやれ（作為義務）」「それをやるな（不作為義務）」に対して「え！ちょっと、待って、どういうこと？ちゃんと説明してください。認識違いですけど？」と抗《あらが》う機会（意見陳述の機会）が行政手続法（217ページ）の中で設定されています。

これを「弁明の機会の付与」や「聴聞」といいました。

行政主体がいきなり有無もいわさず「はい、〇〇アウト」と不利益処分してくることに抗えなかったとしたら、もし、**行政主体の認識に誤りがあった場合に大変**だからです。

そこで不利益処分を行う際には、こういった**意見陳述の機会**が与えられているのです。

このような弁明の機会の付与を経て、様々な主張をしても、結局、不本意な不利益処分がなされることもあります。

そのような場合には、**行政手続法ではなく別の個別法を根拠にした「国民（住民）の救済手段」**が用意されています。それが「**審査請求**」と「**取消訴訟**」です。

「審査請求」は「行政不服審査法」という法律を根拠にする手段で、**国民（住民）側から能動的にアクションを起こして、行政処分を行った行政主体の「上司（最上級行政庁）」に対し**

◎行政救済の関係図

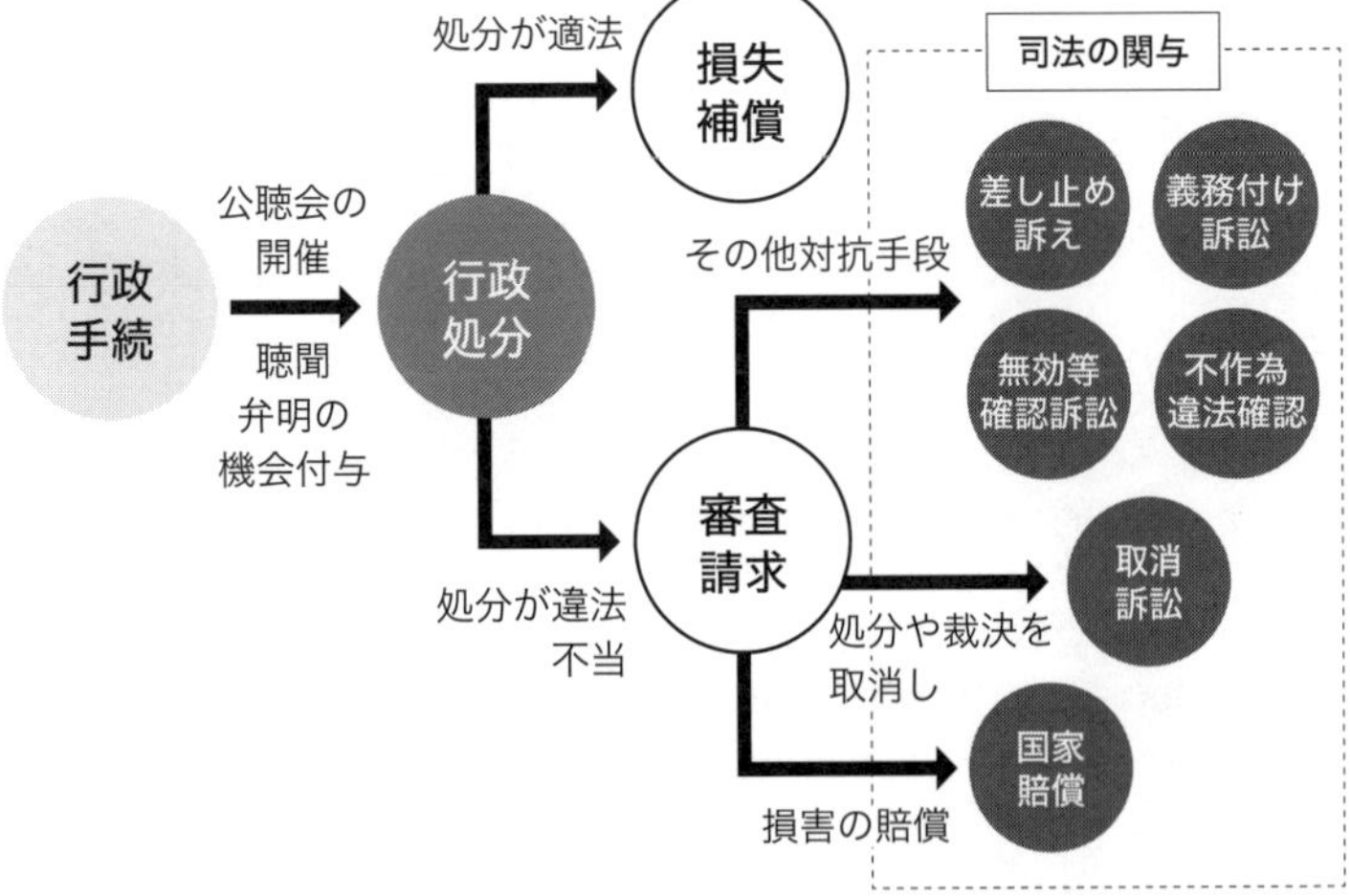

て**「処分の見直し」を求める制度**です。

同じ行政の仲間なら「結果は同じ」と思われるかもしれませんが、「審理員」や「審査会」という第三者が関与しますので「審査請求」でも、目標を達成できることがあります。

一方で「取消訴訟」は「行政事件訴訟法」という法律を根拠にする手段で、わかりやすくいえば**裁判によって「行政ではなく司法」に判断を仰ぐ方法**です。「行政主体」以外が審査するわけですから、より公平な結果を期待できます。

なお、行政事件訴訟法は他にも「無効等確認訴訟」「不作為の違法確認訴訟」「義務付けの訴え」「差し止めの訴え」といった、様々な行政主体のジャイアニズムに対抗する手段が用意されています。

なお、地方自治法に基づく「住民訴訟（266ページ）」も、広くは行政事件訴訟に含まれる（民衆訴訟）ため、行政事件訴訟法の規定も適用されます。

「審査請求」や「取消訴訟」とは別の形で「もの申す」手段として「**公務員による違法な公権力の行使によって損害を受けた場合**」に損害賠償を求める「**国家賠償請求**」や、逆に「**適法な公権力の行使」で損失を受けた場合に補償を求める「損失補償**」などもあります。

こういった行政主体にきちんと対抗するためには、行政法の基本的な知識だけではなく、もっと様々な情報が必要です。

審査請求や取消訴訟、その他、何らかの方法で行政主体と向き合っていくとしても、行政と国民（住民）には**圧倒的な情報量の格差**があるからです。

行政主体が持っている情報というのは、**公の利益に関わる事項を決定したり判断するために必要なもの**から、**行政手続をとおして集まってくる様々な国民や事業者の情報、そして行政調査などによって積極的に集めた情報**など様々なものがあります。

しかし、**行政は国民や住民に対して自らの諸活動の内容や根拠を説明する責任**がありますし、**国民や住民も、そういった情報を知る権利**があります。

そこで用意されているのが**情報公開法（あるいは情報公開条例）に基づく「開示請求」**です。この開示請求によって、行政主体が職務上作成したり、取得した文書、図画、電磁的記録（データなど）を取得することができます。

ADMINISTRATIVE LAW 1

車の免停処分を軽減させることはできるか（聴聞）

■自動車の運転免許制度は身近な許可制度

我々にとって、最も身近な許可制度といえば「自動車の運転免許制度」です。

これまでにも触れましたが、運転免許は行政法的には「免許を得る」というよりも、**国民に一律に課されている「禁止」を解除してもらう「許可」の制度**です。

そういった**「禁止（規制）」や「許可」の制度をとっている理由として、国が道路における危険を防止し、交通の安全をはかるため**です。

このことから「運転免許」は金銭の対価として得る資産でもなければ、運転技能の習熟や経験、知識などにより格が上がるような「段級位制」でもありません。

したがってF1ドライバーだろうが、若葉マークの大学生だろうが、**交通事故や一定期間に交通違反を繰り返せば、等しく公安委員会から許可が取消されたり、効果が一時停止されます。**

逆にいえば、こういった**免許取消**や**免許停止**という「**行政処分**」に対して、このような処分をするほど「危険性のある者ではない」とか「処分を軽減する方が、運転者の危険性改善に繋がる」といった意見をいうことによって「処分を軽減できるのではないか」と思えるのは仕方ないことです。

■不利益な処分には文句がいえる

「一定期間の営業停止」や「許可取消」といった「不利益処分」は、国民（住民）にとって著しい権利制限となりますので、間違いがないように、**あらかじめしっかりと相手方の意見を聴くこと（意見陳述の機会）が重要**です。

これは行政手続法にも規定があるだけでなく、日本の最高法規である憲法からも読み解くことができます（150ページ）。

この「意見陳述の機会」とは、行政主体からの「あれをやれ（作為義務）」「それをやるな（不作為義務）」という一方的な不利益処分に対して文句（反論）をいう場を与えましょうということです。

行政手続法では、この「意見陳述の機会」について**比較的軽い不利益処分をしようとする時と、重い不利益処分をしようとする時で、手続の方法を変えています。**

比較的軽い不利益処分の場合にはあらかじめ「弁明の機会の付与」という手続を、**重たい不利益処分の場合にはあらかじめ「聴聞」**という手続を用意しています。

今回、取り上げた自動車の運転免許の事案でたとえると、「一時不停止」「スピード違反（速度超過）」「通行禁止違反」「信号無視」など違反行為をした場合（過去3年間に処分歴がない場合）で、違反点数が6点以上累積されると30日間、9点以上累積されると60日間、12点以上累積されると90日間の「運転免許停止処分」、15点以上累積の場合は「運転免許取消処分」という不利益処分が科されます。

これらは非常に重たい不利益処分ですので、あらかじめ「聴聞」という形で「意見陳述の機会」が与えられます。

なお、**自動車の運転免許の場合は、厳密にいえば行政手続法に定める「聴聞」とは異なる道路交通法に基づく「意見の聴取」という制度**です。

また、**違反点数の累積が6点〜11点（30日〜60日の免許停止処分）の場合、「意見の聴取」ではなく「免停講習」を受けるだけで、処分が軽減**されることがあります。

皆さんにとって、最も身近でわかりやすい例が自動車の運転免許制度ですので、ここでは道路交通法に基づく「意見の聴取」という制度を行政手続法上の「聴聞」に見立てて解説していきます。

■聴聞とはどんな制度か

仮にAさんが50㎞以上の速度超過をして警察に捕まったとしましょう。

30㎞以上の速度超過は違反点数が６点ですので、一発で免停（90日間）の不利益処分が科されます。

この際に機会が付与される「聴聞（意見の聴取）」は主に次のような流れで行われます。

〈主宰者の指名〉

主宰者というのは審理の進行や聴聞手続の運営を司る者をいい、聴聞は、行政庁が指名する職員が担います。

手続の公正を確保するため、聴聞の当事者などは主宰者になることができませんが、運転免許の停止処分の場合、いずれにしても主宰者は警察官（警視級）であることがほとんどですので、少し不公平に感じるかもしれません。

〈通知〉

警察に捕まってから数週間で「意見の聴取通知書」という通知が届きます。

通知書には「処分の内容」「根拠法令」「処分の原因となる事実」「聴聞期日」「聴聞場所」などが記載されていますが、都合があわない場合には変更手続する必要があります。

〈審理〉

聴聞期日に行われる審理の方式は次のようになっています。裁判ではありませんので、これら審理は原則として非公開で行われます。

①冒頭手続：行政主体側（今回の事案では「警部補」）による不利益処分の内容等の説明

②意見陳述：行政客体側による意見陳述や証拠書類等の提出があり、行政主体側の意見陳述や証拠書類等の提出があります。また、主宰者の許可を得て行政主体に対して質疑応答ができます

③主宰者による質問等：審理の促進のために、主宰者から行政主体や行政客体に対して質問をしたり、意見や証拠書類等の提出を求められたりします

④聴聞調書と報告書の作成：主宰者は、処分の原因となる事実に対する行政主体の陳述の要旨や審理の経過を記載した「聴聞調書」と、処分の原因となる事実に対する行政客体の主張に理由があるかどうかの意見を記載した「報告書」を作成します

⑤処分の決定：行政主体は、聴聞調書の内容や報告書に記載された主宰者の意見を充分に考慮して、処分を決定します

「結局、主宰者が結論を出すのではなく、行政主体が改めて処分を決定するの？」と驚かれたかもしれませんが、**聴聞はあくまで「行政主体が意見陳述の機会を行政客体に与えないといけない」という制度**ですので、このような運用となっています。

◎聴聞の流れ

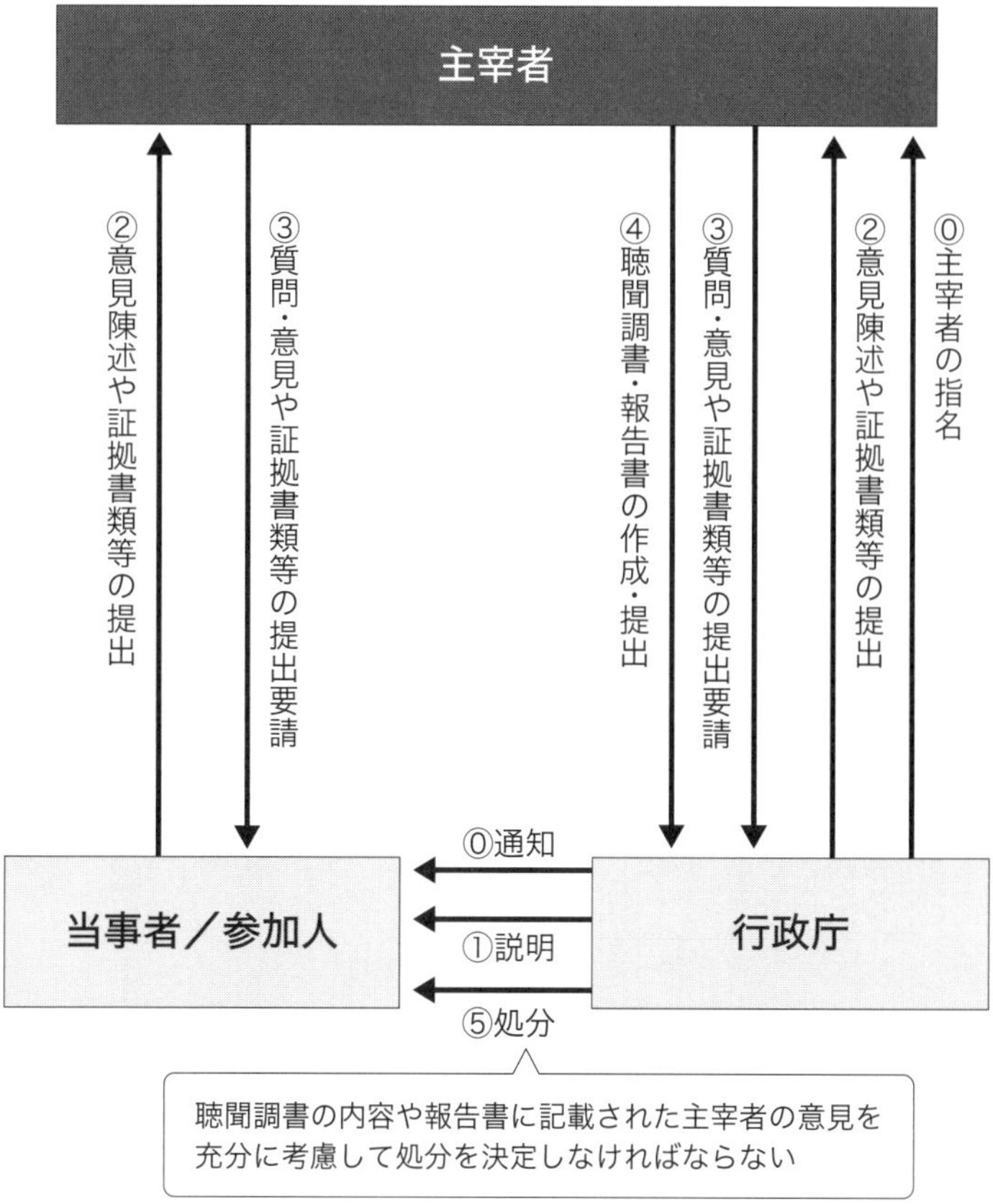
主宰者
②意見陳述や証拠書類等の提出
③質問・意見や証拠書類等の提出要請
④聴聞調書・報告書の作成・提出
③質問・意見や証拠書類等の提出要請
②意見陳述や証拠書類等の提出
⓪主宰者の指名
当事者／参加人
行政庁
⓪通知
①説明
⑤処分
聴聞調書の内容や報告書に記載された主宰者の意見を
充分に考慮して処分を決定しなければならない

ですが、今回の事案のような「90日の免停」の事案でも、実際に**「意見の聴取」の内容によっては30日～60日軽減されるようなこともあります。**

この際、不利益処分の前歴の有無をはじめ〝急病人の搬送や災害などやむを得ない状況での違反であり危険性も低い〟とか〝他人からの強制による違反行為など、やむを得ない事情があり危険性も低い〟といった「危険性が低い」や、「処分を軽減するほうが運転者の危険性改善に有効」などの判断がされるような事情が認められる必要があります。

■弁明の機会の付与とはどんな制度か

「聴聞」にくらべ、比較的軽い不利益処分の際に与えられる**「弁明の機会の付与」**は、行政主体が口頭ですることを認めた時を除いて、**「弁明書」の提出**によって行われます。

つまり、互いに**書面で「聴聞」のような意見陳述や証拠のやりとりを行う略式手続**です。

ただし、「聴聞」では審理の際に「文書の閲覧」が認められたり、主宰者が「調書」や「報告書」を作成しますが、「弁明の機会の付与」ではこれらは適用されません。

ADMINISTRATIVE LAW 2

近所の有害施設に営業許可が出たのが許せない（行政不服審査）

■「地域エゴ」という一言では済まされない問題

前項では、何らかの申請を行った場合に、その「申請に対する処分」に対して「もの申す」ことや、許可を停止する、取消すといった「不利益処分」に対して「もの申す」場面を説明しました。

他方で一方的に法的効果を発生させる「行政処分」の影響力は、その相手方に限りません。

ある日、自宅の近隣に「産業廃棄物の処理施設」が建つことになったとしましょう。

産業廃棄物処理施設というのは、オフィスや工場など事業活動やその他の活動・施設で生じるゴミ類（廃棄物）を「焼却処理」「埋立処理」「破砕処理」などの方法で処理し、埋立てたりして環境への影響が及ばないようにする施設です。

こういう状況に自分たちが出くわした場合、ほとんどの人が施設から出されるであろう有害なガスや排水、悪臭などが住環境を悪化させる可能性があると感じるはずです。

廃棄物処理施設をはじめ、葬儀場や発電所など、そういった施設自体が日本のどこかに必要だとは考えるものの「自分たちの住む地域にはできて欲しくない」と考える人が多数だと思います。

一方で、こういう発言をすると「地域エゴ」だとして、他者の権利が犠牲になる可能性を省みず、自分たちの権利や主義を主張していると糾弾されることも少なからずあるかもしれません。

この善し悪しはともあれ、国民（住民）の権利利益の保護と社会の秩序や安定・維持を実現することを目的とする行政法の視点は、**「行政主体」と「許可を求める客体」以外の第三者（地域住民など）にも、意見主張する機会を用意**しています。

これが「施設の設置許可を取消して欲しい」といった声を直接届けることができる「**行政不服審査**」という制度です（これを実行すると「行政」「申請者」「審査請求者」の三すくみの関係になります）。

産業廃棄物処理施設の設置許可を行うのは都道府県などの地方公共団体ですが、この場合、許可を行う「上司にあたる機関（都道府県であれば環境大臣、市町村の場合は都道府県）」に「もの申す」ことができます。

その内容は「法律が定める設置許可の要件を満たしていない」というわかりやすいものから、「健康や生活環境に著しい被害を受ける」といった内容まで審査請求をすることができます。

なお、誤解のないように説明しておきますと、「行政不服審査」制度は許可申請などを行った者以外（地域住民などの第三者）のためだけの制度ではなく、**本筋は許可申請などを行った本人が「行政処分（不許可）に不服がある」「確定申告した額が、行政の結果に反映されていない」といった、あらゆる法令に基づく「行政処分（198ページ）」に対して〝行われた処分に納得できない〟人が不服を申立てることができる制度**です。

また「審査請求」は、「行政処分」という**一方的に権利義務や法的地位を決定する行為以外にも、行政客体に権利義務や法的地位を決定しない**ような、ただの作業である「事実行為」も権力的で継続的性質を有するのであれば、私人に不利益を与えるので対象とすることができます（物の留置や不法入国者の収容など）。

さらに、行政がするべきことをしていない、というような「**不作為**」**に対しても審査請求をすることができます。**

■行政不服審査制度の概要

行政不服審査制度は、処分を行った行政主体の「上司（最上級行政庁）」に「不服」を申立てることができる行政不服審査法に基づく制度です。

この場合の上級行政庁のことを「審査庁」といい、この「申立て」のことを「審査請求」といいます。

◎審査請求の流れ

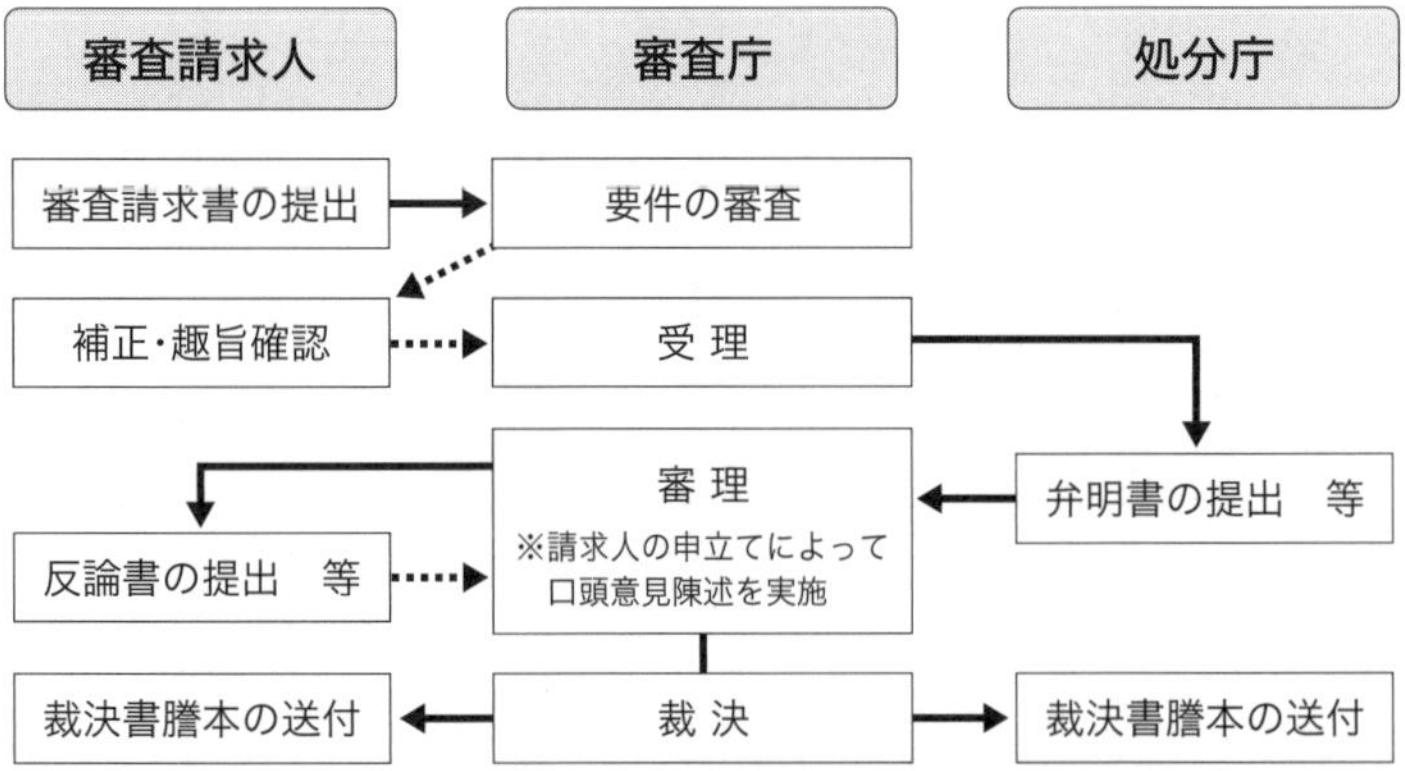

審査請求の流れは上の図のとおりです。

なお、審査請求は原則、全て書面でのやりとりで行い、裁判のような対面によるやりとりではありません（逆にいえば例外的に口頭意見陳述等もできる）。

(1) 審査請求の受付

「行政不服審査制度」には「**審査請求**」「**再調査の請求**」「**再審査請求**」の3つがありますが、「再調査の請求」「再審査請求」は個別法に規定がある場合に限られますので、原則的には「審査請求」を行います。

行える請求の対象はすでに述べたように「行政処分」と「権力的な継続的性質を有する事実行為」「不作為」です。

さらに審査請求では、**違法ではないけど「制度の趣旨・目的」に照らして裁量権の行使が適正を**

欠くもの（不当性）についても申立てすることができます。

これらの違いですが、例えば保健所が飲食店に営業停止処分を下す場合、「食中毒などの営業停止処分にあたる事由」がないにもかかわらず「お前の店は、衛生的でなさそうだから営業するな」と処分するのは「違法」です。

一方で、実際に「食中毒などの営業停止処分にあたる事由」があった場合で、原因の究明や原因の除去に要する日数から考慮して決定する「営業停止期間を3か月」と決まったものに対して「そんなに日数要さないよね？」と考えるのが「不当」です。

「不当」というのはどうしても**行政機関の「判断（裁量といいます）」が妥当か否か、というテクニカルな要素が出てくるため、専門外である裁判所（行政事件訴訟）では審査が難しい**わけです。

一方で同じ「行政機関（最上級行政庁）」であれば、こういう審査も行えます。

これは同じ行政機関に「もの申す」メリットといえます。

なお、**処分や事実行為に関する審査請求は、いつでもできるわけではなく、請求可能な期間があり次のいずれかです**（不作為については「不作為状態」がつづく限り）。

主観的請求期間：処分があったことを知った日の翌日から3か月

客観的請求期間：処分の日の翌日から1年

(2) 形式審査

審査庁が審査請求書の形式的な不備(記載事項など)がないか審査し、不備がある場合には補正などを求めます。

審査庁は「処分をした」あるいは「すべきことをしない(不作為)」行政機関の上司にあたる「最上級行政庁」です。

最上級行政庁が審査することで、ある程度、公正にチェックできるだろうということです。なお、「最上級行政庁」がない場合には、処分を行った行政機関そのものか、法律の定めによって、その他の機関に審査請求できることもあります。

(3) 審査開始

審査庁が、審査庁の職員から個別の審理を行う「審理員」を指名します。

当然、お手盛りにならないよう**審理員は行われた処分に関係しない者から選ばれます**(委員会や審議会が審査庁の場合等、審理員が指名されない場合もあります)。

なお、審査請求人や処分を行った行政機関以外の「利害関係人」も、審査員の許可を得て、審査手続に参加することもあります。

(4) 審理手続

審理員は、必要に応じて「審査請求人」「処分をした行政機関（処分庁）」から、それぞれの主張や証拠などの提出を求めます。

まず処分をした行政機関（処分庁）に「弁明書」を提出させ、それに対して審査請求人に「反論書」を提出させます。

審理員はそれらを踏まえた「意見書」を審査庁に提出し、審査庁は第三者的な立場である「行政不服審査会」に「諮問」を行います。

「行政不服審査会」はあくまで、**第三者の立場で審査庁の判断の妥当性をチェック**し、その結果を答申します。

なお、この**「行政不服審査会」**ですが、**国の機関が審査庁である場合は総務省にある「審査会」、そして地方の場合は各地方公共団体の付属機関としての「審査会」**、になります。

（5）裁決

審査庁は「行政不服審査会」の答申を踏まえて、「裁決」を行います。

却下：審査請求自体が要件を満たしていない場合や適法でない場合
棄却：審査請求に理由がない（処分に違法や不当な点がない）
認容：審査請求に理由がある（処分に違法や不当な点がある）

事情裁決※：実態的には「認容」にあたるが、表面的には「棄却」する

※処分が違法や不当でも、その処分を取消したり撤廃すると公共の利益が著しく損なわれるため「棄却」しつつ裁決の主文では対象となった処分が違法や不当であることを宣言する

以上のようになりますが、**審査請求人は、裁決の内容に不服がある場合は、いよいよ裁判に訴えることになります。**

ADMINISTRATIVE LAW 3

公共交通機関は複数の利害関係を有する（行政事件訴訟）

■近隣住民は静かに暮らしたい

「審査請求」の項目でも触れましたが、**国民（住民）の権利利益の保護と社会の秩序や安定・維持を実現することを目的とする行政法は、「複数の利害関係の調整をどのようにつけるか」という問題**がどうしても生じてしまいます。

行政に「もの申す」ための最終手段である裁判は、行政に直接働きかけずに、司法という中立・公正な機関に訴える手段ですが、このような手段でも「行政主体」と「許可（認可）を求める客体」以外の第三者（地域住民など）が、意見主張することは認められるのかが問題となります。

複数の利害関係といえば、わかりやすいのが公共交通機関です。

例えば、ショッピング施設が多いにもかかわらず、電車やバスの本数が少ない地区があるとします。

道路状況などに鑑《かんが》みて、公共バスのルートと本数を増やそうとしても、その地区に居住している住民にとっては、必要以上のバスや来客者の増加により、道路渋滞や、混雑、排気ガスの増加、ゴミのポイ捨ての増加などを危惧して反対する可能性は高いでしょう。

このように、**行政によるインフラ整備、市場環境整備には様々な利害関係の調整が求められます。**このような公共交通の整備に関して実際に裁判で争われた事例もあります。

公共交通手段として、最も一般的で利用量の多いのは「鉄道・電車」ですが、鉄道はレールの上に車両を走らせる仕組みの関係上、（一部の路面電車などを除き）どうしても道路とは別に「線路」を確保しなければならず、また安全のため「踏切」を設置する必要が生じます。

ある地方公共団体で交通渋滞や踏切事故などを解消する目的で、鉄道の一部の区間を「連続立体交差化（高架式）」にする計画が立てられ、国土交通大臣がこの事業計画を「認可」しました。

この「認可」ですが、**地方公共団体が道路や都市高速鉄道などの都市施設の整備を行うためには、都市計画法に基づいて「上級庁（市町村の場合「都道府県」、都道府県の場合「国土交通大臣」）」の認可が必要**です。

この事業を実施する区間の「地権者（土地や建物の所有者）」は全員、「収用（買収）」（363ページ「損失補償」参照）」に応じましたが、高架部分の土地に隣接する地権者や沿線住民には、補償はされませんし、そもそも、日常生活している住居に隣接する形で高架された複数の線路が通ることに猛反対しました。

高架により生じる騒音や振動などで健康、生活環境が脅かされることは明白だからです。

事案は揉めに揉めて、結果、周辺住民によって「行政処分（国土交通大臣の認可）」取消しを求める訴えを裁判所に提起することになります。

ここで論点となったのが次の2点です。

①そもそも直接的な利害関係がないように見える周辺住民は訴えられるのか

②「国土交通大臣の認可」が取消しの対象となる理由（根拠）があるか

このような論点は、行政事件訴訟の中でも中心的な論点となります。

■行政事件訴訟とは

そもそも「**行政事件訴訟**」とは、**行政主体の行った違法な行政作用によって行政客体に具体的な権利利益の侵害がある場合、あるいは侵害されるおそれがある場合に、裁判所に訴えを提起すること**をいいます。歴史的には行政事件訴訟は、「**行政処分の取消し（取消訴訟）」を手段として用いることが中心**でしたが、２００４年にそれまで40年以上、1度も改正されていなかった行政事件訴訟法が改正され、それまで充分に対応できていなかった形態（義務付け訴訟など）の訴えができるようになり「違法な行政作用」に対する対応の幅が広がりました。

現在、**行政事件訴訟は大きく「主観訴訟」と「客観訴訟」に分けることができます。**

〈主観訴訟〉

「主観訴訟」は自らの権利が直接関係する事柄で訴えるので〝主観〟といいます。

これは、さらに「**抗告訴訟**」と「**当事者訴訟**」に分かれます。

「抗告訴訟」は簡単にいえば、**行政主体が一方的に効果を押し付けてくる行為に〝抗う〟訴訟**です。本項のメインの類型になりますので、詳細は後述します。

そして「**当事者訴訟**」は、**文字どおり対等な立場にある〝当事者同士〟が権利関係を争うために行う訴訟**です。

「抗告訴訟」が優位な立ち位置の〝上からの力関係〟にある行政に対抗するイメージそのものですが、「**当事者訴訟」はフラットな横並びの立場で争うもの**です。

このフラットな横並びの訴訟はさらに、一見すると〝上からの力関係〟にある訴訟に見えますが、**実際は対等な立場で争う「実質的当事者訴訟」と、〝上からの力関係〟だけど〝わけあって〟形式的には〝当事者訴訟〟的なフラットに争うことになる「形式的当事者訴訟」**があります。

実質的当事者訴訟の例としては、公務員が懲戒免職処分について争うようなケースです。懲戒免職処分をしたのは当然、行政なので〝上からの力関係〟に抗う訴訟に見えますが、訴える側も公務員ですから、通常の民間企業で〝会社と従業員〟が訴訟しているようなものです。

そこで「実質的（に）当事者訴訟」というわけです。形式的当事者訴訟の〝わけあって〟というのは具体的には「法令によって当事者が決められている場合」です。

典型例としては、収用委員会（行政機関）が土地所有者から土地を買収した場合に支払った補償額について私人が〝金額を不服〟として争うようなケースです。

これは実際問題、〝行政VS私人〟の関係ですし、行政作用に関する争いなんですが、内容としては〝私人VS私人〟と大差ない争いなので「形式的（に）当事者訴訟」とされます。

〈客観訴訟〉

「客観訴訟」は直接自らに関係しないような〝行政の適法性確保〟を目的として訴えるので「客観」といいます。

これは、さらに「**民衆訴訟**」と「**機関訴訟**」に分かれます。

「**民衆訴訟**」は第5章で扱った「住民訴訟」のような、**国民（住民）が国（地方公共団体）の違法性に是正を求める訴訟**です。

「行政の行為がおかしいから、やめなさい（直しなさい）」と「もの申す」行為です。

一方で「**機関訴訟**」**は、国や地方公共団体という〝行政主体同士〟で争うもの**です。

◎行政事件訴訟の類型

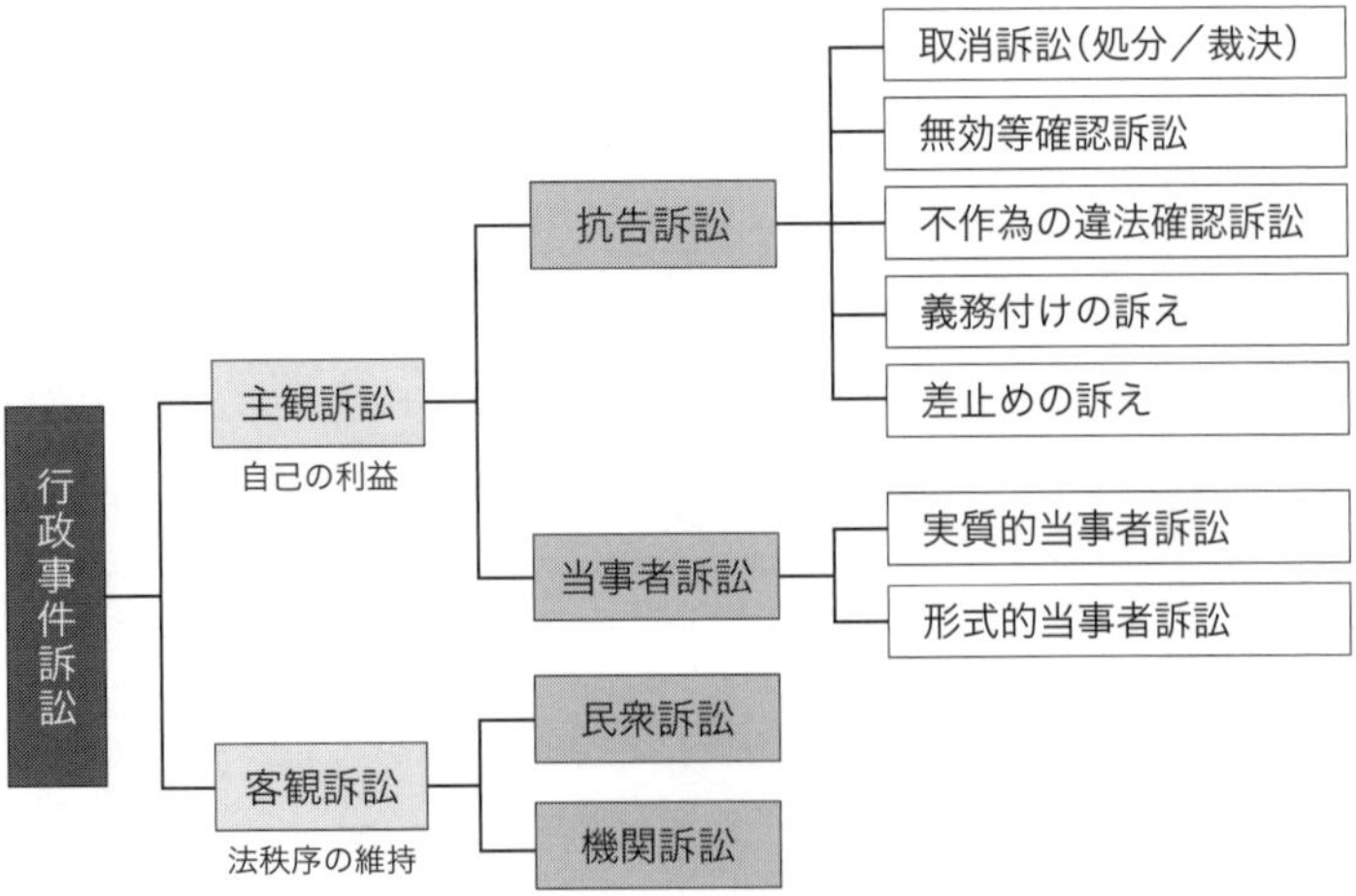

〈直接的な利害関係がないように見える周辺住民は？〉

ここまでを解説した段階で、本項で取り上げた事案の論点（1）「直接的な利害関係がないように見える周辺住民」が提起する訴訟は、どの類型に入るでしょうか。

まず、自らの権利が直接関係する事柄で訴える「主観訴訟」でしょうか、それとも直接自らに関係しないような行政の適法性確保を目的として訴える「客観訴訟」でしょうか。

結論からいいますと、**目的があくまで「高架により生じる騒音や振動などで健康、生活環境が脅かされることに対しての行政処分の取消し」となっていますので「主観訴訟」**になります。

たしかに「多くの周辺住民」の利益に関

わることなのですが、これは「主観訴訟」の中でも「抗告訴訟（取消訴訟）」になります。

それでは「複数の周辺住民の利益」を守るための取消訴訟自体をどのように考えるかについて詳しく見ていきます。

■取消訴訟の概要

すでにお伝えしたように**行政事件訴訟の中心は「取消訴訟」**です。

そして行政主体が一方的に効果を押し付けてくる行為に「抗う」訴訟である**「抗告訴訟」の代表的な訴訟が、いうまでもなく「取消訴訟」**となります。

この「取消訴訟」の**取消しには「（行政）処分の取消訴訟」と「裁決の取消訴訟」の2つ**があります。前項で、行政不服審査法に基づく「審査請求（329ページ）」を説明しました。

行政処分に対して不服がある場合「審査請求」を行って、最上級行政庁に「もの申す」という手順をとることができますが、（個別の法律の定めがない限り）**いきなり裁判所に「取消訴訟」を提起しても良い**のです（**自由選択主義**）。

この際に、まず審査請求を行っていた場合で「**認容**」「**棄却**」「**却下**」という、**いずれかの「裁決」が気に入らない場合に行うのが「裁決の取消訴訟（裁決の取消しの訴え）」**です。

目的が行政処分の取消しである以上、わざわざ「裁決の取消し」をしたいと思うことはないと思われますが、中には**個別の法律でまず「裁決の取消し」をしなければ「行政処分の取消し」**

◎取消訴訟の６要件

(1) 処分性 ▶ (2) 原告適格 ▶ (3) 訴えの利益 ▶ (4) 裁判所管轄 ▶ (5) 出訴期間 ▶ (6) 被告適格

をすることができないと規定がされている場合があり、その際に利用する類型となります（**審査請求前置主義**）。実際に個別法で「審査請求前置主義」を採用しているものは、国税に関するものや、地方税、健康保険、厚生年金、生活保護に関するものなど、行政が大量な手続を扱う性質があるとか、行政の判断（裁量）がより重要視されているものが多いと考えられます。今回の例では周辺住民がいきなり「取消訴訟」を行ったとして話を進めます。

〈「処分性」＋「原告適格」＋「訴えの利益」〉

取消訴訟が行えるか否かを検討する際には、次の６つの要件を満たす必要があります。

中でも今回の例で重要なのは「(1) 処分性」と「(2) 原告適格」そして「(3) 訴えの利益」です。まずは６つの要件を順番に解説してみましょう。

(1) 処分性

行政主体が行った行為のうち、**取消訴訟の対象となるのは**

「処分性」のあるものに限られています。この「処分性」は**行政手続法や行政不服審査法などで用いる「行政処分」という考え方とほぼ同義**です。

つまり「**特定の行政客体に対して行政主体が一方的に、権利義務やその他の法的地位を具体的に決定する行為（法律行為）**」であれば「処分性」が認められます。

なお、第4章で取り上げた「行政指導」「行政計画」や、第6章で取り上げた「行政契約」などは取消訴訟の対象にはなりません。

（2）原告適格

原告というのは裁判を訴えた側の者を指します。したがって**原告適格とは、取消訴訟を提起する資格（地位）**ということです。

原告適格を有する者とは**「法律上の利益を有する者」に限られる**とされています。

言い換えれば取消訴訟を行い、**対象の行政処分が取消されることで「法律上の利益」がある者に限って訴訟を認める**ことになっています。

例えば、第4章で触れた「申請に対する処分」。飲食店を開始したいと思った者が「飲食店の営業許可申請」をしたにもかかわらず「申請拒否処分」をされたのであれば、この「申請拒否処分」を取消せば「許可申請を受けてもらえる」という「法律上の利益」がありますので、原告適格を有するということになります。

また、無事、飲食店を営業している中、保健所から「営業停止30日間」という「営業停止処分（不利益処分）」を受けた場合、この「営業停止処分」を取消せば、営業を継続できるという「法律上の利益」がありますので同じく原告適格を有します。

（3）訴えの利益

これは原告適格と関連する要件ですが、原告適格が「法律上の利益」だったことに対して、**「訴えの利益」はシンプルに経済的な意味も含めた「実利」があるか否か**、という要件です。**「取消訴訟」で対象の行政処分が取消されたとして、実際に「権利利益の回復する見込みがあるか」という観点で審査**されます。

先ほどの例を踏まえた場合、「営業停止30日間」という「営業停止処分（不利益処分）」を取消せば「法律上の利益」があるのは間違いありませんが、訴訟を提起する時点で「営業停止処分」の残存期間が「あと1日のみ」という時点であれば、「何日もかけて訴訟なんかせずに、明日まで待ちなさいよ」ということになります。

つまり仮に裁判に勝っても「権利利益の回復する見込み」がもうない（訴えの利益がない）と判断されます。

（4）裁判所管轄

取消訴訟は「**相手行政機関の管轄下にある地方裁判所**」か「**処分や裁決をした行政機関の管轄下にある地方裁判所**」に取消訴訟を提起する必要があります。

ただし、遠隔地に居住している「原告（国民や住民）」は現実問題、裁判がしにくいので、訴える相手が国や地方公共団体、行政法人などの場合、「原告」の所在地所管の地方裁判所にも提起できます（**特定管轄裁判所**）。

（5）出訴期間

行政事件訴訟は提訴可能な期間（出訴期間）が決まっています。**出訴期間がすぎれば取消訴訟を提起しようとしても却下**されてしまいます。

出訴期間は、**取消訴訟など主観訴訟の場合、行政機関の行政処分や裁決があったことを知った日から6か月**です（客観訴訟の出訴期間は、実際に行政機関の行政処分や裁決があった日から1年）。

（6）被告適格

被告というのは訴えられる行政機関側のことです。

行政事件訴訟ですから、原則的に被告は国や地方公共団体などの行政主体に限られます。ただし、行政処分や裁決をした主体が国や公共団体などに所属していないこともありますが、その場合は例外的にその法人を提訴することになります（例えば、医師会や弁護士会など）。

以上を踏まえて、あらためて本事案の論点

①そもそも直接的な利害関係がないように見える周辺住民は訴えられるのか

②「国土交通大臣の認可」が取消しの対象となる理由（根拠）があるかを振り返っていきます。

①にあるように、直接的な利害関係があるように見えない周辺住民の原告適格は認められるかですが、**原告適格は「法律上の利益を有する者」に限られるはず**です。

今回の場合、周辺住民に「法律上の利益」があるといえるか、難しいのですが、行政事件訴訟法から読み解くと「法律上の利益」は、行政処分の「趣旨」や「目的」から判断するものとされており、それを踏まえたうえで、行政処分により害される利益の「内容」「性質」「態様」「程度」も考慮して判断するとされています。

道路や都市高速鉄道などの都市施設の整備を行うために必要な国土交通大臣による事業計画の「認可」の根拠法は都市計画法です。

この都市計画法には**「騒音や振動による健康や生活環境の被害を防止する」という法律の趣旨、目的がありました。**

これらを考慮すると「認可」された計画が進められると、**高架に近ければ近いほど、住民の生活環境悪化や健康被害は大きいことが考えられる**ため「**一般的公益**」という観点で、これら高架に近い住民の不利益を事情により異なる「個別具体的な問題」として、斬り捨てることは許されないと考えられます。

そこで高架に近い住民が健康や生活環境に被害を受けないという**「個別的利益」**も法律上の**「趣旨・目的」に沿った保護すべき利益と考えて周辺住民には「原告適格」**が認められました。

（注意点としては、**あくまで「原告適格」を有するのは高架に近い住民のみ**）

さらに、今回の事業計画の「認可」が取消されると、当然、危惧される高架により生じる騒音や振動などで健康、生活環境が脅かされることはなくなります。

言い換えれば**「認可」の取消しによって、実際に「権利利益の回復」が実現できる**のです。

したがって、**高架に近い周辺住民には「訴えの利益」も認められます。**

次に②の「認可」が取消しの対象となる理由（根拠）があるかを「処分性」から考えていきます。

国土交通省の行った行為は「認可」という行政処分です。

「行政処分」とは「一方的に権利義務やその他の法的地位を具体的に決定する行為」ですから、基本的には「認可」は充分に「処分性」が認められます。

ただし、今回の事案では「認可」という行政処分の性質がネックとなりました。

「認可」とは、「ある者が行った法的な行為に対して、行政がその効果を補充する行為」です（203ページ）。

この「ある者」は今回でいえば、地方公共団体です。そして、「行った行為」とは「都市施設の整備事業計画を立てたこと」です。

つまり「認可」という行政処分は、都市計画法上の「事業計画」に対して、要件を充足するための「お墨付き」を与えたにすぎず、**国土交通省自体が直接、原告の生活環境悪化や健康被害に影響を与える行為を行っているわけではありません**。

そして、裁判所は地方公共団体が交通渋滞や踏切事故などを解消する目的で、事業計画に「連続立体交差化（高架式）」を採用したこと自体は、行政のテクニカルな**判断（裁量）の範囲内であり、違法なものとはいえない**と判示しています。

これは、行政不服審査の項で触れた裁判所（行政事件訴訟）では**専門外となる行政機関の「判断（裁量）」の妥当性は判断できない**（「違法性」は審査できるが「不当性」は審査できない）という説明とリンクします（331ページ）。

つまり、交通渋滞や踏切事故などを解消するのに「連続立体交差化（高架式）」とするのか、「地下鉄化」とするのか、その他の方法とするのか、などの判断は単純な技術や周辺住民の関係だけではなく、行政執行をするにあたっての地権者等との調整や、予算的なもの、技術的なもの、期間的なもの、資源的なものなど、様々な事情を踏まえて判断すべき行政裁量のうちとしたわけです。

この事案は、**周辺住民に原告適格を認めたという点では、非常に画期的な事例**といわれていますが、**肝心の「処分」に対する審査では、違法性が認められず、住民側が敗訴**する結果となってしまいました。

その他の抗告訴訟

最後に「行政主体が一方的に効果を押し付けてくる行為に「抗う」訴訟である「抗告訴訟」について、「取消訴訟」以外の類型を簡単に触れていきます。

〈無効等確認訴訟（無効等確認の訴え）〉

行政処分に違法性があるとしても、行政処分には「公定力（208ページ）」があるため、取消訴訟によって取消されるまでは、その処分は、一応効力は「有効」として取り扱われます。

これは行政活動の円滑で迅速な事務処理を実現するためにやむを得ないところです。

しかし、この違法性が裁判官に審査されるまでもなく、「誰がどう見ても明らかに違法（重大かつ明白な瑕疵）」なものにも「公定力」を尊重すべきでしょうか。

例えば「静岡県掛川市○○町123番地の小川さん」に税金未納に基づいて差し押えである「滞納処分（強制処分）」をするつもりが「静岡県掛川市○○町321番地の市川さん」に「滞納処分」の通知が来た場合、市川さんからすれば「いやいや、これは一応有効とかいわずに、そもそも無効ですよね？」と言質をとっておきたくなります。

こういう訴えに対して、**裁判所が「おっしゃるとおり、無効です」と判決するのが無効等確認訴訟**です。

取消訴訟では行政処分が取消されることで「権利利益の回復する見込みがあるか」という観点で審査されましたが、**無効等確認訴訟は、そもそも「無効な処分」を確認するもの**ですので、処分がなくなったとしても何も「回復しない」という状況で訴える類型となります。

〈不作為の違法確認訴訟（不作為の違法確認の訴え）〉

不作為というのは、「行政がやるべきことをやっていない」ことをいいます。

審査請求でも「不作為」に対して審査請求を行えますが、それを行政自身ではなく裁判所に**「行政がこれをやっていないことは違法ですよね」と確認する訴訟**です。

これは言い換えれば行政側に「やるべきこと（義務）」があることが前提となりますので、例えば標準処理期間30日の許可申請をしたのに、30日どころか半年すぎても（相当の期間内に）まったく何も返事がないというような場合に、申請をした者のみが訴えられる訴訟です（**相当の期間内は、必ずしも「標準処理期間」と一致しないことに注意が必要**です）。

〈義務付け訴訟（義務付けの訴え）〉

行政に一定の処分をするよう求めるのが「義務付け訴訟」です。「不作為の違法確認訴訟」よりも、さらに一歩踏み込んだ攻めの訴訟です。

しかも「義務付け訴訟」には、「不作為の違法確認訴訟」のような「申請」を前提にしている「**申請型義務付け訴訟**」以外にも「**非申請型義務付け訴訟**」があります。

かなり強力な訴えですが、「非申請型義務付け訴訟」は当然、訴えられる要件は限られてい て「あの空き家を放置し続けていたら自分の生命や身体、財産に危険が及ぶから早く取り壊し(代執行)してください(194ページ)」と訴えるような「**重大な損害が生じるおそれがあり**」「**その損害を避けるために他に適当な手段がなく**」「**処分の義務付けがなされることで法律上の利益**」**がある者しか訴えることはできません**。

なお「申請型義務付け訴訟」の場合は「不作為型」と「拒否処分型」があり、**行政が処分・裁決すべきことが根拠法令から明らかである場合に訴えられるのが**「**不作為型**」、**行政が処分・裁決をしないことが裁量権の逸脱・濫用と考えられる場合に訴えられるのが**「**拒否処分型**」、となっています。

〈差止訴訟(差止めの訴え)〉

行政に一定の処分をしないように求める訴えが「**差止訴訟**」です。

例えば食品に「保存方法」「原材料」「期限」「製造者」などや細かく記載する「食品表示」に偽装表示が見つかったので、これを正すように行政より「指示」「命令」が出されたとします。

この場合、同時に企業名が公表されるのですが、この偽装表示にまったく悪意がなく、単に貼り間違えという程度なのであれば、会社の信用に傷がつくので「この公表というプロセスだけは、しないで欲しい」と訴えるような時に活用できるのが差止訴訟です。

このように**行政事件訴訟制度は、行政不服審査制度とくらべて「違法性」に特化しながらも、より柔軟な活用もできるように工夫されており、行政同士では解決が期待できない場合や複数の利害関係が交錯するような場面でも第三者的な裁断が期待できる方法**といえます。

ADMINISTRATIVE LAW 4

先生が体罰をふるうとどうなるか（国家補償）

■体罰という外発的動機の課題

2023年、WBC（ワールド・ベースボール・クラシック）において日本が全勝優勝を果たし、日本においても野球界に大きな盛り上がりと影響を与えました。

この時の日本代表は、そうそうたるメンバーでしたが、中でもMVPに選ばれた大谷翔平選手の活躍は多くの野球ファンをうならせました。

中国戦や準々決勝のイタリア戦でピッチャーとして2勝をあげ、バッターとしてもオーストラリア戦でスリーランホームランを打つ他、3番打者として打線を引っ張りました。

この**大谷翔平選手の成長過程に欠かせなかったといわれているのが、日本の原田教育研究所が考案した「目標達成シート（マンダラチャート）」**で、これは**「心・技・体・生活」という4つの基礎思考要素を踏まえて目標達成項目を細分化して書き込む**ものです。

原田教育研究所の原田隆史さんによれば、**スポーツをつづけるモチベーションは「外発的」**

なものにせず「内発的」なものにすることが重要としています。

原田さんは、古くから日本で行われてきた「体罰」「暴力」「恫喝」といった外発的なモチベーションでは継続した努力はできず、幸福感も高まらないため**「好きだからやる」とか「仲間と楽しむためにやる」といった内発的な動機付けが重要**だと説いています。

これは、スポーツに限らず、全ての教育過程における重要な要素といえます。じつは行政法的に見ても、古くから教職員からの「体罰」や「暴力」に対しては厳しい態度を見せています。

これまでもお伝えしたように、**行政法の目的**の一つに「一方的な権力的作用」、すなわち**「有力な立場からの権利や自由、財産を制限・侵害する行為」を抑制し、社会の秩序や安定・維持することが**あります。

子供（行政客体）の成長過程にとって、非常に影響力の大きい教育機関（行政主体）に対して「恣意を抑制」あるいは、行政客体を救済することは最重要なテーマです。

それでは、実際に教育現場における「行政作用」として一方的な侵害である「体罰」「暴力」などに出くわした場合、行政法はどのような措置をとっているのでしょうか。

■学校の先生は地方公務員であり、地方公共団体に属する

日本では敗戦後、それまでの「国家主義的・軍国主義的」な教育方針から、「民主主義的・

平等主義的」な教育方針に一変しました。

こういった方針転換後の教育行政の中には「官僚的画一主義と形式主義の是正」「教育における公正な民意の尊重」「教育の自主性の確保と教育行政の地方分権」などが挙げられています。

簡単にいえば、それまでの「国や目上の者がいうことは絶対服従」みたいな考え方が改められ、一人ひとりの人権の尊重や、教育は中央集権的に偏らず地方分権を重要視するということです。

実際に公立学校の教職員は、戦前は国家の吏員として位置付けられていましたが、**戦後は地方公共団体の公務員**となっていますし、**学校の設置主体も地方公共団体**です。

公立の学校に通っていた方なら、自身の恩師が、在学中あるいは卒業後に同じ地方公共団体内で、あっちこっちと異動していた記憶のある方も多いと思います。

このような学校の教職員が地方公共団体に属していることと「体罰」や「暴力」が、いったいどんな関係があるのか疑問に思われる方もいらっしゃるかもしれませんが、じつはこれが大いに関係あるのです。

■実務上、多く見られる自力救済

学校の教職員に不満を持った保護者が「教育委員会にクレームを言う」という話を聞いたこ

とはないでしょうか。

「地方教育行政の組織及び運営に関する法律（地方教育行政法）」では、都道府県、市町村、**などに教育事務組合の機関として「教育委員会」の設置を義務付けています。**

委員の任命は、地方公共団体の有権者のうち、「人格高潔で、教育・学術・文化に関し識見を有する者」を議会の同意を得て首長が任命します。

これはつまり、地方公共団体の行政執行を統括する「首長」が、住民の意思を反映する機関「議会」と話し合って、その地区の「教育のエキスパート」として選んだ集団が教育委員会ということです。

したがって**教育委員会の職務権限には所管する公立学校の「物的管理」「人的管理」「運営管理」が含まれます。**

本項に関連するところでは、**教職員の服務に関する管理権（監督権）を有する**のです。

具体的にいえば、教職員の「懲戒権」こそ有していないものの、「懲戒」は教職員の服務実態に基づいて行われますので、**具体的な服務違反の事実を認定する教育委員会の内申を待たなければ地方公共団体は身動きがとれない**ともいえます。

以上により、教職員への不満を持った保護者が「教育委員会」にクレームを入れる理由と、その効果を行政法的にも解き明かすことができました。

ただし、これらはあくまで行政客体による自力救済の側面が強いです。

また、**単に「体罰」や「暴力」を行った教職員にお咎めがあるだけでは、本当の意味で被害者が救済されるとはいえません。**

最終的には受けた被害について、「行政はどのように補償してくれるの？」という話にならざるを得ないのです。

■「国家賠償」という救済制度

私人間の場合であれば、通常他人に損害を与えれば賠償責任が発生します。

しかし、**教職員と生徒という関係**は一般的な取引（契約）に基づく関係ではなく、**公権力を行使する「公務員」と私人という関係**に立っています。

明治憲法下では、公権力を行使する公務員に私人が損害を受けたとしても、原則的に行政が賠償責任を負うことはありませんでしたが、戦後においては、行政主体といえども国民や住民と対等な関係の場合には「私法の適用（291ページ）がある」ということが一般的になりました。

であるならばと、対等な関係よりも国民（住民）の権利侵害の度合の大きい**権力的な行政活動においても、国や地方公共団体が賠償責任を負うとしなければならない**という機運の中、「国家賠償法」が制定されました。

国家賠償法では2通りの責任類型を定めています。

一つは**公務員による公権力の行使**（**権力的行政活動など**）を原因とした責任（**公権力責任**）で、もう一つは「**公の営造物**」の**設置、管理の瑕疵を原因とする責任**（**営造物責任**）です。

前者の「公権力責任」は本事例のような「公務員という人」を原因とするものなので、わかりやすいですが、後者の「営造物責任」でいう「公の営造物」というのは何でしょうか。

国家賠償法に基づく「公の営造物」とは「国や地方公共団体によって公の目的のために使用されている有体物のこと」とされています。

具体的には、道路や河川、トンネル、公園の遊具、役所の庁舎、学校の校舎、それらの中にあるデスク、椅子など多くのものが該当します。

これは、じつは第3章の行政客体として説明した「**公物**（**119ページ**）」と**ほぼ同義**です。

〈**公権力責任**（**1条責任**）〉

「**公権力責任**」**は、国や地方公共団体に属する公務員が職務を行ううえで公権力の行使を行い、違法に他人に損害を与えた時に、当該行政主体が賠償責任を負います。**

なお、損害を与える行為は**故意または過失によって行われたもの**である必要があります。

以上から次の5つの要件に該当すれば、国民（住民）は公権力責任に対する国家賠償請求をすることができます。

（1）国や地方公共団体といった行政主体の公権力行使
（2）公務員による行使
（3）職務上行ったもの
（4）故意、過失によるもの
（5）違法に他人に損害を与えた

（1）の行政主体の公権力行使ですが、実際に行った行為は公務員個人であったとしても、実際に賠償責任を負うのは公務員個人ではなく、国や地方公共団体です（**代位責任**）。

また、公権力の行使については「一方的な権力的行政活動」が最たる例ですが、裁判判決では「教職員の行った部活動における指導監督（練習メニューを考えたり、健康管理を行うなど）」が**非権力的作用ながら、国家賠償の対象となるとしているものがあります。**

このことから、**行政客体の任意の協力によって実現される（非権力的な）「行政指導」なども国家賠償の対象となります。**

次に（2）の公務員ですが、これは一般的にイメージする公務員以外にも、**行政主体とフラットな関係で契約を締結し、その事務の一部を受託している私人も含まれます。**

したがって**「指定管理者（309ページ）」の行った行為なども対象になります。**

また公務員が、非番の日などに私人として行った行為であったとしても（部活動の顧問が休日に部員らを連れて出かけた場合など）、**外形的に公務員としての行為に見えるのであれば、国家賠償の対象となります**ので（3）の**「職務上」は勤務時間内に限られません。**

このような条件のもと、行為者の**「主観的責任**（4）の故意・過失」と**「客観的責任**（5）の違法性」があれば国家賠償が成立します。

「故意・過失」という主観的責任ですが、これは両方ではなくいずれかがあれば該当します。「故意」は体罰や暴力などはわかりやすく判断できますが、「過失」については、**通常の公務員に期待される注意能力を怠っていたか否か**で判断されます。

「違法性」という客観的責任は、伝統的には様々な考え方がありましたが、裁判例では**「職務上尽くすべき注意義務を尽くしていた」**で違法性の判断をする傾向があり、近年では主観的責任と客観的責任は重複しつつあります。

なお、国家賠償の対象は「何かをやったこと（作為）」だけではなく**「何もやらなかった（不作為）」も含まれます。**

例えば、学校の柔道部の練習中に、初心者のため、受け身を修得していなかった生徒が背負い投げにより頭部を強打し、言語障害や右半身麻痺の後遺症が残った事故で、指導教諭がその練習に立ち会っていなかったことが原因で、生徒の生命・身体の安全確保に適切な措置をとらず、指導監督義務の不作為とされた例などがあります。

〈営造物責任（2条責任）〉

営造物責任とは「**公の営造物の設置または管理に瑕疵があったために他人に損害が生じた**」**場合に国家賠償請求を行えるもの**です。

すでに述べたように「**公の営造物**」**とは**「**公物**」**と同義**です。

したがって121ページで見たような「**自然公物**（**河川、海岸など**）」**も**「**人工公物**（**道路、建物、公園の遊具など**）」**も、いずれも国家賠償の対象と**なります。

また本書では公物自体を「行政客体」に含めていますが、公権力責任において行政活動の一部を受託していた私人の行為が国家賠償の対象となったことと同じように、**公物自体の用途や所有者が国家賠償の対象になるか否かに影響は与えません**。

このことから、**公衆の用に供される「公共用物」でも、官公署の用に供される「公用物」でも国家賠償の対象となりますし**、「自有物」「他有物」の区別もありません。

次に「**設置または管理の瑕疵《かし》**」**とは、公物が通常有すべき安全性を欠いていること**です。

これは、公権力責任のような「**故意・過失**」**の有無は関係なく、客観的に瑕疵があれば成立**します（**無過失責任**）。

言い換えれば設置者や管理者に**落ち度がなくとも、通常有すべき安全性が欠けていれば、国や地方公共団体に賠償責任が生じる**わけです。

しかし、何でもかんでも「あれがない、これがない」と訴えても、キリがありませんので営造物責任の対象か否かは次の3点で判断することになります。

（1）危険の存在
（2）予見可能性
（3）結果回避可能性

まず、見えないお化けをおそれるようなことではなく、**具体的に「危険の存在」が必要**です。そのうえで社会通念上、**行政に対して要求される専門的能力や知見を踏まえて、この危険を行政が予測することができ、その危険を回避するための措置を（行政が）とり得たかどうかの観点で判断**されます。

例えば、小学校のプールの排水口の蓋がボルト等で固定されていなかったために、生徒が排水管口に膝が吸い込まれて脱出できずに溺死した例があります。

この例ではプールが学校の管理下にあったこと、ボルト等の固定がされず通常有するべき安全性が欠いていたこと、排水口の危険性は充分に学校側が知り得たとされています。

■賠償ではなく「補償」

学校における「体罰」や「暴力」の話題からは逸れますが、**行政法には「賠償」とは別に「損**

失補償」という制度もあります。

国家賠償は、行政主体による「違法性」ある「公権力の行使」が対象となりましたが、行政活動によっては、**行政主体による「適法」な「公権力の行使」によって損失が出る**こともあります。例えば、私人の所有する土地の一部が、行政の行う道路整備（適法な公権力の行使）によって、収用（買収）されてしまうということがよくあります。

この**収用に対しては、行政より「補償」を受ける（金銭を受領する）ことができる**のです。ただし、これは「国家賠償法」のような「国家補償法」という法律があるわけではなく、「土地収用法」「都市計画法」「道路法」といった**個別法にこういった定めがあり**、「元の土地の価値分を完全に補償すべき（完全補償）」か、「状況に応じて相当額を補償すれば良い（相当補償）」か、どちらにすべきなのかは状況によって運用が異なっているようです。

以上のように、教職員（公務員）が生徒（行政客体）に体罰をふるうと公権力責任が問われ、国家賠償法に基づいて地方公共団体が賠償責任を負うことになります。

ADMINISTRATIVE LAW 5

学校で起きたいじめに関する情報を開示させる（情報公開制度）

■「いじめ」は現代における大きな社会的課題

文部科学省が２０２２年10月に公表した「２０２１年度児童生徒の問題行動・不登校等生徒指導上の諸課題に関する調査」によれば、２０２１年度の小中高等におけるいじめの認知件数は６１万５３５１件に上り、過去最多を更新しました。

いじめ問題についても、行政法に関係する分野です。この過去最多を記録した２０２１年から遡ること10年前、学校におけるいじめ対策をはじめて法制化した「いじめ防止対策推進法」という法律ができました。

「いじめ」は、子供に心身の苦痛を与え、その子供の将来的な人間関係や家族関係に大きな影響を落とすこととなり、最悪の場合、命を落とすことにも繋がり兼ねない社会的にも重要な問題です。

「いじめ防止対策推進法」では、「**被害者の生命、心身、財産に重大な被害が生じる事態**」や

「被害者が相当の期間、学校を欠席することを余儀なくされている」といった状態を指し「いじめに関する重大事態」と定義しています。

このような事態になった場合に、学校側に「重大事態の対処」「同種の事態発生の防止」「調査」などを義務付けています。

また被害者の保護者に対して「重大事態」の事実関係（いじめ行為がいつ、誰から行われ、どのような態様であったか、学校がどのように対応したか）など、必要な情報を適切に提供することも義務付けています。

にもかかわらず法律ができてから10年経っても「いじめ」が減少するどころか、過去最多を記録しているのです。

これはいったい、どういうことなのでしょうか。

■法律で達成できない情報の開示

じつは、このような法律があったとしても、学校は被害者の保護者に対して情報を適切に提供しなかったり、適切に提供することを拒否したりする例が相次いでいるのです。

この理由はいくつか考えられますが、まずは**学校側に課された義務を果たさなかったとしても「行政主体↓私人」の時のようなペナルティがないこと**が挙げられます。

また、実際上の問題としても「そもそも、**学校側がいじめ防止対策推進法のことを深く理解**

していない」とか「知ってはいても、**教師などの長時間労働、サービス残業慢性化の問題で充分な対応ができない」**といった理由もあるのです。

では、被害者の保護者側は泣き寝入りするしかないのでしょうか。　このような場合にとりうる手段として情報公開制度があります。

〈情報公開制度とは〉

情報公開制度とは、**行政主体が保有している情報を、行政客体である国民（住民）に開示する制度**です。「聴聞」にせよ「審査請求」「行政訴訟」「国家賠償請求」にせよ、**元々、国民（住民）と行政との間には圧倒的な情報量の差があります。**

しかし、民主主義制度の根幹を支えるためには、主権者である国民（住民）が、正確かつ充分な情報を有したうえで、適切な判断ができる土壌を作ることです。

つまり本来的には行政と国民（住民）との間に情報量の差があることは適切ではなく、**行政の保有する情報はイコール国民（住民）が保有すべき情報**ともいえるのです。

これを実現するために1999年に作られたのが「行政機関の保有する情報の公開に関する法律（行政機関情報公開法）」です。

なお、第5章で「地方公共団体で築いたスタンダードが逆に国のスタンダードとしてアップデートされることも結構ある（235ページ）」というお話をしましたが、じつは**情報公開制**

度も1999年に先駆けて1982年に山形県金山市で「情報公開条例」が制定されており、その考えが全国の地方公共団体に広がり、やがて国のスタンダードになったという民主主義の実験場の好例だったのです。

〈対象となる情報は？〉

話を戻しますが情報公開制度で開示される、行政主体の保有する情報はどんなものがあるのかについて、まず大前提としては「**行政文書**」といわれています。実務的にいえば、**紙の文書（書面）以外にもフロッピーディスクや、磁気ディスク、光ディスク、録音テープなども含まれます**。よくイメージする公式な文書（決裁をとおったもの）に限らず、組織的に共用されているのであれば、煩雑な文書でも対象になります。ただし、完全な個人用メモは含まれません。

なお、現在は行政のデジタル化がどんどん進んでいますが、過去の裁判の例により「**ネットワークシステム上に保管されている文書」も行政文書として情報公開制度の開示の対象**となるとされています。

〈対象とされる機関は？〉

どのような情報が対象となるかがわかりましたが、ではどのような行政機関が対象になるかについて説明します。

まず大前提として三権分立でいうところの「立法」と「司法」を除いた**「行政」に該当するものは全て対象となりますの**で、**国会や裁判所を除く全ての機関が対象**です。

第2章で取り上げた**行政主体は全て対象となる**と理解しておけば、おおむね間違いありません。

ただし、先に述べた「行政機関の保有する情報の公開に関する法律（行政機関情報公開法）」はあくまで対象としているのが**「国（政府）」に属する行政機関のみ**ですので、このあたりは誤解のないようにしたいところです。

地方公共団体に属する機関は、別途、地方公共団体ごとに定める「情報公開条例」に基づいて請求することになりますし、**その他の独立行政法人などは「独立行政法人等の保有する情報の公開に関する法律（独立行政法人等情報公開法）」に基づいて請求**することになります。

少しややこしいですが、例えば、元々、国（政府）が作成した行政文書を地方公共団体が保有していた場合は、その地方公共団体の「情報公開条例」に基づくことになり、反対に地方公共団体が作成した行政文書を「国（政府）」の行政機関が保有していた場合は「行政機関情報公開法」に基づいて請求することになります。

地方公共団体ごとや独立行政法人用の法律など、たくさんの制度を覚えられないと思われるかもしれませんが、制度や手続の大枠は、どれもほとんど同じですので、あまり困ることはありません。

◎開示請求の流れ

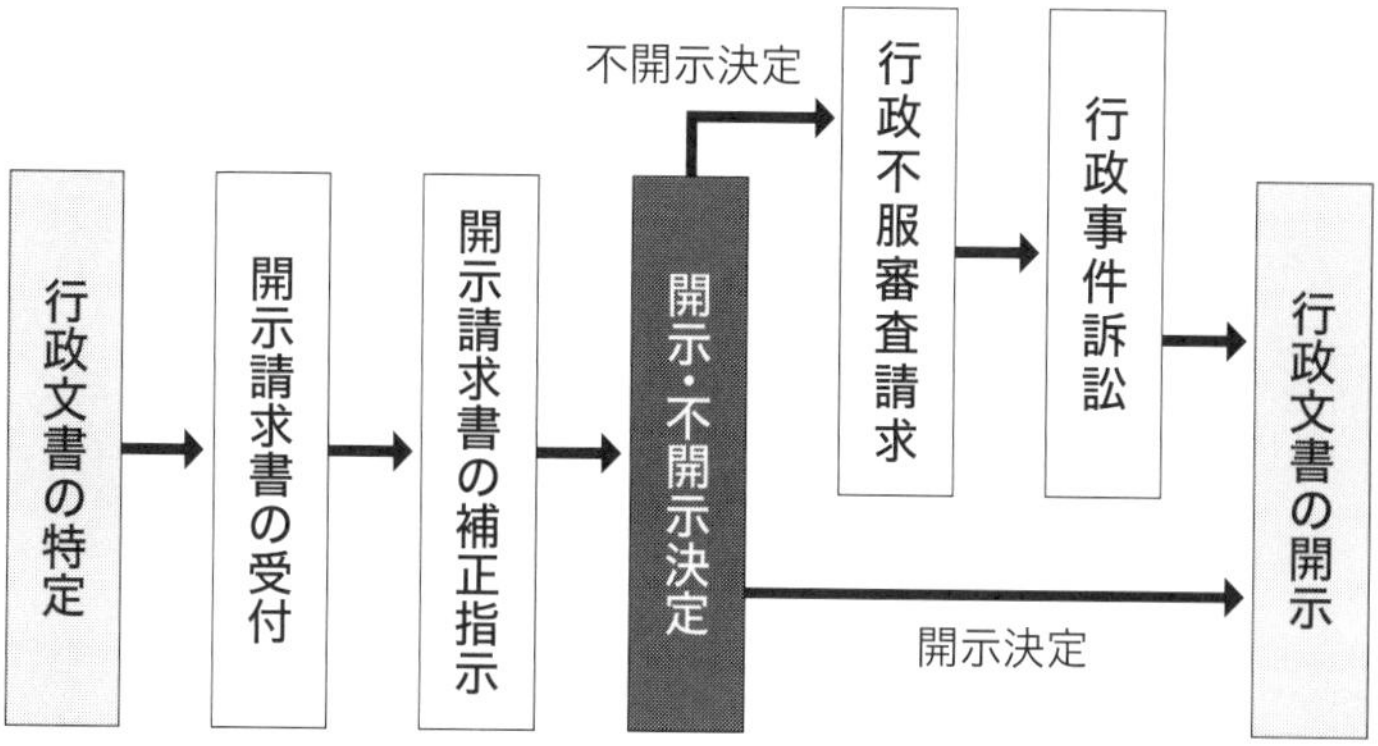

■開示請求の詳細

実際の開示請求の流れは次のとおりとなっています。

（1）行政文書の特定

実務上かなり重要になるのは、**目的を達成するための情報（行政文書）が、どの行政機関のどの部署にあるのか、どのような名称などで記録されているかのアタリをつけること**です。

ある程度絞れている場合は該当する行政機関の窓口などで質問や相談をすることで特定していくことは可能です。

（2）開示請求

省庁や地方公共団体、独立行政法人ごとに「開示請求書」の様式や方法が異なりますので、しっかり事前に確認しておく必要があります。手数料は対象で異なりますが、無料のところから、有料でもだいたい一件数百円です。

請求書についての（形式的不備の）補正などの指示がなされることもあります。

（3）開示・不開示決定

通常は30日以内に「開示」か「不開示」の決定通知がなされます。

この「開示決定」や「不開示決定」は「行政処分（198ページ）」です。

その決定に不服がある場合は「行政不服審査請求（327ページ）」をすることもできます。

また、いうまでもなく「行政事件訴訟（335ページ）」を提起することも可能です。

（4）行政文書の開示

開示決定された場合は、現地での閲覧や、写しの交付などにより、情報を確認することができます。もちろん、遠方の場合は郵送も可能です。

情報は公開が原則ですが、**個人が識別できる情報などについて「不開示（該当のページが抜けてる）」**あるいは「**部分開示（部分的に黒塗りで消されている）**」の措置がとられることがあります（というよりも通常は「黒塗りだらけの文書」が出てくることが多いです）。

これらの措置は**個人情報保護法等の関係で行われています**が、その他にも、**行政の事務や事業の性質上、開示することで「適正な遂行に支障を及ぼすおそれがある」**ということを理由に黒塗りされていることもあります。

具体的には「個人情報」「法人の営業秘密」「国の安全・外交情報」「公安情報」などです。

かなり不服に思えることもあると思いますので、こういう場合も行政不服審査請求や行政事件訴訟を提起するようなケースもあります。

■開示請求の重要性

本書では一貫して、**行政法の構造や統一的な仕組みを知り、行政が自分たちに与える影響の大きさや、行政を自分たちで変えられることを認識する**ことの大切さを説いてきました。

また、民主主義を正常に機能させるには「主権者（国民や住民）」が、しっかりとしたリテラシーと目利きを持ち、行政や政治に対する一定の「軸」を持ち「緊張感」を発揮することが大事と主張してきました。

行政の優位的な立場に対応するにしても、フラットで対等な立場を目指すにしても、また「監視」「評価」による行政統制のコントロールをするにしても、もちろん、様々な手段で「もの申す」にしても**「情報」をどれだけ有しているかは最重要**です。

行政側によくある視点として、場合によっては多くの国民（住民）ですら「行政側が大半の情報を保有し、それを有効に使うことが大事」「国民や住民は必要以上なことは知る必要はない」という民主主義とは対極な専制的考えを占めていることを感じます。

「行政」に任せておけば、あるいは頼っていれば、「何か国民（住民）に良いように、便宜をはかってくれるだろう」というのは大きな誤りです。

「今のままで困っていることはない」という人もいると思いますが、問題が可視化されずに気づいていないだけかもしれません。行政法は我々の日常を取り巻く9割を占める「空気（酸素）」のような存在です。

社会的に生じている不具合（課題）は可視化する必要があり、可視化し始めれば、より解像度を上げて、あるいは視野を広げ、視座を上げて向き合っていく必要があります。

行政だけが独占できると思い込んでいた情報を開示請求すれば実現できることもあります。

本項で例にした学校の「いじめ」問題で考えた場合も、被害者の保護者が「我が子に起きたいじめの事実を知りたい」「学校の対応等を含めた真相を把握したい」と思うことは当然で、これらの事実関係を明らかにすることで課題の解決の糸口が見つかるかもしれません。

しかし、これまで被害者の保護者が「真実を知りたい」「調査をしたい」と切実に願っても、充分に対応されないことも多くあります。

「いじめ防止対策推進法」による「調査」や「同種自体の発生防止」さらには「必要な情報を適切に提供すること」さえ、義務は充分に果たされていません。そんな中、誰にでも利用できる「情報公開制度」は実効性の高い手段です。また、この請求をするにあたっては、行政側に偏った都合等を理由として不開示決定されることも決して見過ごすわけにはいきません。

最大限の開示を実現させるため、様々な行政法に基づく知識・手段を持って学校側の最大限の説明責任をまっとうしてもらうべく積極的で主体的な取り組みをする必要があるでしょう。

ADMINISTRATIVE LAW

第8章

行政法を未来に繋ぐ

第8章　サマリー

第1章から第7章までで、本書で皆さんにお伝えしたかった「行政法の統一的な仕組みと考え方」を包括的に説明しました。

序章でもお伝えしたように**膨大な数の行政法が生活に溶け込んでいます。**

そして**日本で生活をしていくうえで、最も重要な法律が行政法である**といっても過言ではないと私は考えています。

行政法は、社会における公共の利益の実現を目的としており、その目的の実現のためには「私的利益」を一定程度制限しているということも、もうご理解頂けたかと思います。

法規制をかけることで「国民（住民）の権利利益の保護と社会の秩序や安定・維持を実現する」のが行政法です。

一方で私たちの社会経済を安定させたり、維持し、あるいは発展させているのは行政による法規制だけではありません。

その多くが事業者（ビジネス）によって生み出されるサービスやテクノロジーの恩恵であることに異を唱えることはできないはずです。

つまり社会を支えるビジネスの視点で見た時、**行政法による「権利利益の保護と社会の秩**

序や安定・維持の実現」というのは、結局のところ**「イノベーション実現による経済発展」というアクセルと「新しいサービスやテクノロジーにより生み出される不公正や権利侵害」に対するブレーキ、のバランスのとり方**の話になります。

本書が目指していたことの一つに「法規制による未来予測」があります。

現時点からより遠く（未来）を正確に見とおすためには**抽象化や構造的理解などをとおして自分の目線を可能な限り高くしなければなりません**。これはよく**「視座を高くする」**といいます。

視座を高くするためには、世の中で起きる事象について、様々な事実と解釈を知る必要があります。これは**「視点を増やす」**ということです。

そしてこれらの関係性や繋がりを様々な具体例で理解すれば広範囲で最適な判断ができるようになります。これが**「視野が広がる」**ということです。

視野を広げ、視座を高くした状態で過去や現在を見渡せば未来予測の精度を高められます。

本書では、この「視点を増やし」「視野を広げ」「視座を高くする」ために、あえて誰にとっても身近な話題から、その話題の事実や解釈に基づき、社会のシステムが行政法という枠組みでどのように最適化されているかの説明を加えるようにしてきました。

そして、これを構造化・抽象化した「行政法の構成図（35ページ）」に集約することで「行政法の型」を活用して皆さんが出会う様々な事象にあてはめて最適な判断ができるようにしました。

これらを過去の経緯から現在までの流れを踏まえて行うことで**「法規制による未来予測を実現する」**ことができると考えています。

日本は戦後より急速な工業化を通じて高度経済成長を達成し、その後もサービス化、情報化を伴いながら見事な進展を実現してきました。

そして今日においては、産業のあらゆる分野でコンピュータが用いられ、インターネットで世界中が繋がり、止まらないデジタル技術の進歩は、これまでの産業構造の変化スピードを凌駕《りょうが》しつづけ、幅広い分野に影響を与えてその質も大きく変わっています。

当然、これまで築かれてきた行政法理論、あるいは法規制によるブレーキと、イノベーションによるアクセル（経済発展）という関係も大きく変わらざるを得ません。

私たちはこれからの**将来を見据えて、国の規制や制度のあり方を未来予測し、デジタル時代にふさわしい規制・制度に柔軟に対応していくことが求められる**のです。

第8章では、これまでのような「身近な話題」からの「行政法に基づく事実・解釈」という形式はとらず、第1章から第7章までにお伝えした「行政法の統一的な仕組みと考え方」を前提に、**「視野を広げ」「視座を高くする」ためのお話**をしていきたいと思います。

まずはこれまで行政法が社会変化に応じて、どのように変わってきたのかを**「ルールメイ**

キング」と「**法規制のアプローチ**」いう観点で振り返っていきます。

そして、具体的にビジネスモデルをとり上げ、実際にどのように法規制との関わりがありバランスがとられてきたのかを説明します。

つづいて、現在とこれからの将来に向けて、決して外すことのできない「インターネット」と「デジタル技術」の進歩に沿った形で「インターネット時代」「スマートフォン時代」「Web3.0時代」と時代の変遷とともに行政法をなぞらえて解説していきます。

最後はこれら、「社会の変化と行政法」あるいは「テクノロジーと行政法」の関係性を踏まえて「未来予測としての行政法」とは何かについてお話していきます。

序章にも書いたように、現在の行政法の構造は日本のイノベーション展開を大きく阻害していると考えます。

皆さんが**法規制の未来予測を行い、各々自身を取り巻く環境や分野にあわせた政策の形成に関心を持ち、それぞれの視点から法律、条例、技術、サービス、経験、知見などを結集して、新時代の行政法構築を実現するヒント**にして頂ければと思います。

「行政法の統一的な仕組みと考え方」を理解したうえで、現実の行政活動を分析し、法規制との偏差やズレの原因を炙り出すことができれば、国（政府）や地方公共団体の「政策形成」にも携わることができるはずです。

ADMINISTRATIVE LAW 1

社会が変われば行政法も変わる

■行政法の基本はトラブル予防

先述したように、行政法による「権利利益の保護と社会の秩序や安定・維持の実現」という目的は、社会を維持・発展させている事業者（ビジネス）の視点で見れば、「イノベーション実現による経済発展」というアクセルと「新しいサービスやテクノロジーにより生み出される不公正や権利侵害」に対するブレーキ、のバランスのとり方の話です。

もっとシンプルにいえば、「本来、私人が自由に行えるはずの様々な活動に、行政が法規制による制限をどの程度かけるべきか」ということです。

「法規制（制限）なんか、不必要だ。何でも自由にさせてくれたほうが、みんな幸せになる」という意見もあるかもしれません。

たしかに日本の最高法規である「憲法」によって、誰しも「自由権」が保障されています。

「それでは」ということで誰しもが好きなスピードで、自分の好きな走り方であちこち自動車を運転し始めたら、どうなるでしょうか。

自分たちの裁量で好きに建物を建てたり、食事を提供するというサービスを提供し始めたらどうなるでしょうか。

おそらく、交通事故の数は増加し、金額と釣り合わない質の低い建物が増え、食中毒もあちこちで散見されるでしょう。

このように、**結果的に私人間でトラブルが生じないようにするのが行政法の目指す法規制の基本**です。

憲法にも**自由の保障に対しては「公共の福祉に反しない限り」**と条件を付けています。

このような私人の自由や活動に対して、行政が法規制をかけることを「規制行政」と呼ぶことはすでに述べたとおりですが、このような基本的な「私人間のトラブル予防」は、あくまで「自由にさせたらヤバイ」という相手や状況に対して、「公共の福祉」を理由に「行政」が規制をかける「二面関係」の図式です（「行政法の構成図」でいう「行政主体と行政客体の二面関係」）。

この二面関係においては、実際にはどの程度の規制を行うべきか「法律による行政の原理」に基づいたとしても、現場では杓子《しゃくし》定規な運用はできません。

というのも**「公共の福祉」というのは「これ」と決まっているものではなく、その時々の社会情勢によって日々刻々と変化する**はずです（381ページ）。

何もかも、細かく文言化・数値化して規制をすることは難しいので、どうしても行政の判断（裁量）に委ねる必要も生じます。

そこで、行政による「**裁量の踰越《ゆえつ》・濫用**」が起きないように、「公共の福祉」を踏まえつつも、行政の裁量をコントロールしようと考え出されたのが「手続規制」という仕組みです。

行政手続法（217ページ）のように、私人からの申し出に対して「処分」することや、すでに許可を与えている私人に対して、公共の福祉を背景に「不利益処分」する場面などに、適正な手続のルールを設けて恣意的な権力行使がなされないようバランスを図っているのです。

逆に国民（住民）からの行政への「もの申す」行為にせよ、行政に対する監視・評価にせよ、全てが手続規制なされていたことは本書で取り上げたとおりです。

刑法や私法（民法など）などは、どちらかというと**事後救済システム**なのですが、行政法はそもそもトラブルが起きないように**「予防したほうが合理的」という発想**になっています。

■第三者利益との調整

行政法が公共の福祉を前提に「二面関係」のみで捉えておけば、全てうまくいくのか、というとそういうわけにはいきません。

例えば「薬害エイズ事件」などの「薬害問題」が挙げられます。

この事件では、血友病患者（血を止める因子が少ない人）などに対して非加熱血液製剤を治療に使用したことで、混入されていたＨＩＶ（ヒト免疫不全ウィルス）によって多くのＨＩＶ感染者やエイズ患者を生み出すことになりました。

当時、アメリカなどで非加熱血液製剤の危険性は明らかとされていたにもかかわらず、当時の「厚生省」は「非加熱製剤」の回収や、加熱製剤への切り替えなどの規制権限を行使しなかったのです。

つまり私人が自由にふるまうと公共の福祉が脅かされる可能性がありますが、ターゲットを絞った私人のみに行政が規制するという（「行政主体」と「行政客体」間の）「二面関係」だけでは、**「権利利益の保護と社会の秩序や安定・維持の実現」は不可能**です。

このように、**特定の私人に規制をかけることで、結果的に救われる（利益を受ける）他の私人も存在する**という「三面関係」として法規制は考えなければなりません（便宜上「三面関係」としていますが、厳密にいえば利害関係者は複数いるので「多面関係」です）。

行政事件訴訟法が２００４年に改正され、義務付け訴訟が規定されたことなどもこれに含まれます（３５０ページ）。

■規制だけでも守れないものがある

さらに「三面関係」を考えるだけでも「権利利益の保護と社会の秩序や安定・維持の実現」は達成できないことがあります。

それは、**日本は弱者に寄り添った「民主主義」**でありながら、**同時に強者に寄り添った「資本主義」という2つの軸が共存**しているからです。

資本主義経済は、少数の（事業経営などに）優れた者が、多数の（経済的）弱者から資源を吸い上げる図式で成り立ちます。

一方で民主主義政治は、**多数の意見を「正解」として政策決定**を行うため、資本主義では加速するはずの**「強者独走状態になるアクセル」にブレーキをかけ、社会を平均値、中央値に戻そうという作用が働きます。**

その結果、現在進行形で盛んに行われている日本の政策が「給付行政」です。

行政により富める者の自由を制約し、貧しい者の自由を達成するために、所得を再分配しようという活動の一つが給付行政です。

日常であれば給付行政はごみ処理や、上下水道などの生活サービス、道路などの公共サービスなどで意識することができますが、私たちが最近、強烈に給付行政を意識することになったのが新型コロナウイルス感染症拡大への対策として打ち出された各種の政策でした（152ページ）。

くどいようですが**「公共の福祉」は社会情勢によって日々刻々と変化**するものです。

これまでのような行政法学の思考、あるいは現在進行形の行政法の運用が本当に「現在（いま）ベストなものなのか」「これからはどう変化すべきか」という視点を持ちつづけなくてはなりません。

本書でも触れた例であれば、都心部で中高層集合住宅が乱立して、乱れた景観を抑制するため、各都道府県の条例をまとめて法律化した「景観法（46ページ）」や、それまで行政が情報を独占してきた歴史に、異を唱えるようにして、各都道府県が「情報公開」の機運を加速し、やがて国レベルのスタンダードな考え方になった「情報公開法（366ページ）」などが好例です。

社会の変化、時代の流れに応じて「公共の福祉」も変化するのです。

■ルールメイキングの機運

社会の変化にあわせて、私たちを取り巻く法規制が柔軟に変わっていくべき、ということは重々わかるものの「実際に国会や地方議会において、社会の実情に沿った法律制定（改正）や条例制定（改正）はなされていないではないか」と声高に叫びたい方も多いのではないでしょうか。

しかし、本書でも常にお伝えしているように、社会の実情にあわせた法律や条例の運用を実現するためには、**私たち一人ひとりが行政法の理解を深め、法規制のアプローチを知り、国任せ、地方公共団体任せにせずに、「自分が」「誰と」「どのような働きかけ」をすれば、目的達成できるのかを考えるべき**だと思います。

近年のような移動手段、通信手段、科学技術をはじめ、国際化や産業構造など変化の激しい時代においては**私人や事業者からの適切な問題提起や法規制に対する要望を伝えていくことが重要**になっています。

このような活動の一つとして、昨今盛んに行われているのが、**日本の「規制」の背景を理解したうえで、自由な事業活動を行うために行政との対話などをとおして調整を行う「ルールメイキング」**です。

「ルールメイキング」は直訳すると、まるで国会議員や地方議員に立候補でもして、法律を作ったり、改正する活動をするかのように誤解されますが、そういうことではありません。

現存の法規制あるいは、**これから社会の変化にあわせて生み出されうる法規制に対して、事業現場の実情を正確に届けて、法律や政策を「国（地方公共団体）」と「国民（市民）」で共創しようというのが「ルールメイキング」の概念**です。

■政策はどのように生み出されるか

ルール（法令）は私たちの生活の大半に影響を与えています。

あなたが本日、誰かと行った約束に用いられた**「日時」という基準**ですら、明治5年11月9日に公布された**「改暦ノ布告」という現在も有効な最古の行政法**に縛られているのです。

日本では明治5年12月3日までは「太陰暦」という、月の満ち欠けをベースにして日にちが決まっていました。

三日月の日は「3日」、満月は「15日」といった具合で、年によって一年が12か月だったり、13か月だったり変動していたのです。

これは、「生活のあらゆる場面で不便だ」ということで**「日時のルールを（現在の）太陽暦に改めますよ」と定めたのが、「改暦ノ布告」**です。

ここでいう**「生活のあらゆる場面で不便だ」というのが「課題設定」**といわれるものです。

この「課題設定」は、どちらかというと国民（住民）や事業者の視点による「論点」です。

しかし、実は「改暦ノ布告」を制定した理由が他にも「財政難である明治政府が年間13か月となる翌年（明治6年）に、役人に対して13回も給与を支払いたくない」という背景もあったとしたらどうでしょうか。

この場合の「課題設定」は、政府あるいは政治の視点による「論点」です。

（これは実際に、当時「改暦ノ布告」が制定された理由の一つだったようです）

その結果、その他の基準である「時間（特に「午前や午後の定義」）」については、充分に審議されずに定められました。これを**「政策決定」**といいます。

この際、表記については、「お昼の12時（正午）」を「午前12時」「深夜の12時（正子）を「午後12時」と定められました（ただし、24時間表記の場合は、深夜の12時（正子）を「午前0時」と表記することになっています）。

◎政策形成の構造

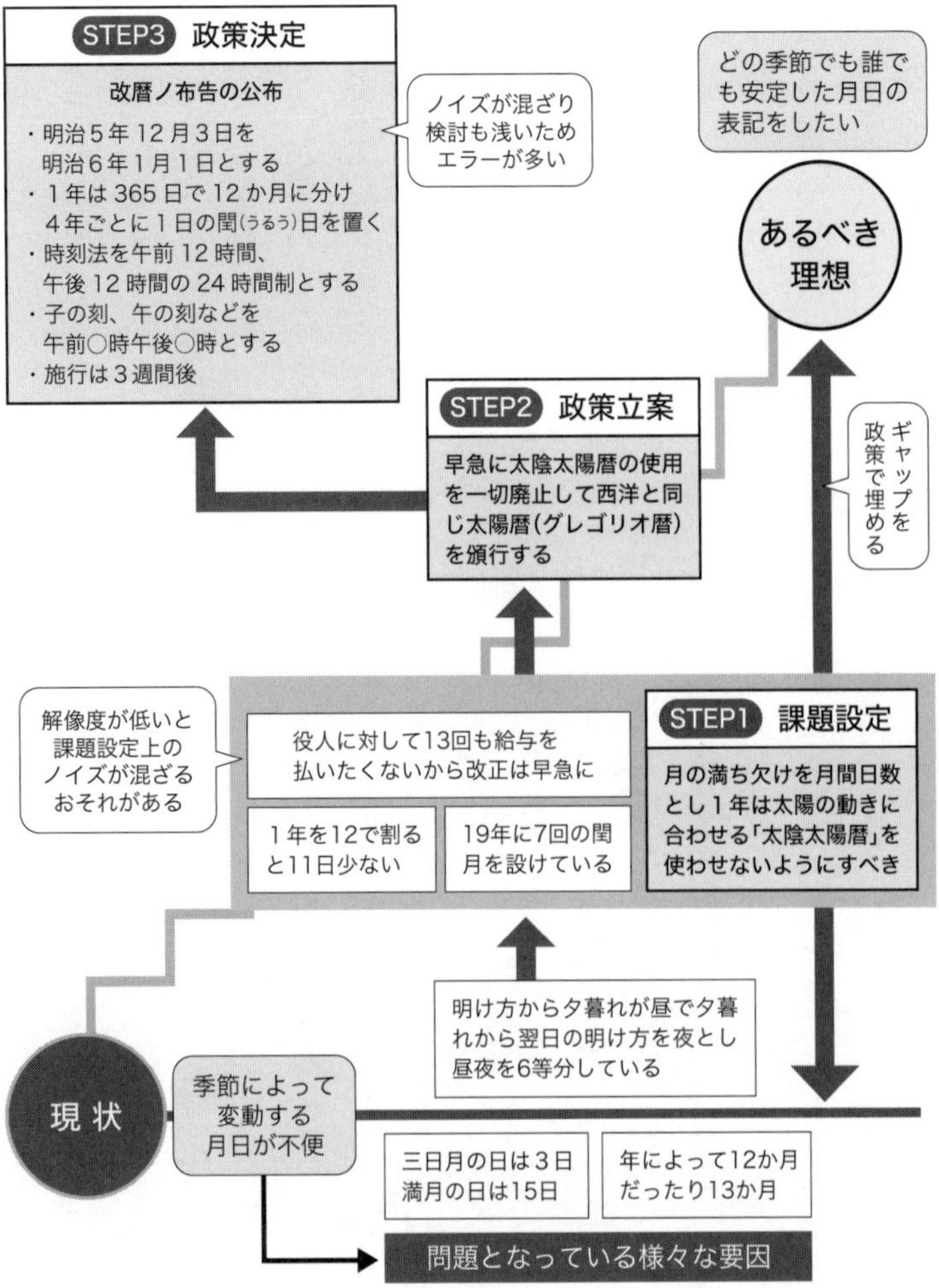

STEP3 政策決定
改暦ノ布告の公布
・明治5年12月3日を明治6年1月1日とする
・1年は365日で12か月に分け4年ごとに1日の閏(うるう)日を置く
・時刻法を午前12時間、午後12時間の24時間制とする
・子の刻、午の刻などを午前○時午後○時とする
・施行は3週間後
ノイズが混ざり検討も浅いためエラーが多い
どの季節でも誰でも安定した月日の表記をしたい
あるべき理想
STEP2 政策立案
早急に太陰太陽暦の使用を一切廃止して西洋と同じ太陽暦(グレゴリオ暦)を頒行する
ギャップを政策で埋める
解像度が低いと課題設定上のノイズが混ざるおそれがある
役人に対して13回も給与を払いたくないから改正は早急に
1年を12で割ると11日少ない
19年に7回の閏月を設けている
STEP1 課題設定
月の満ち欠けを月間日数とし1年は太陽の動きに合わせる「太陰太陽暦」を使わせないようにすべき
明け方から夕暮れが昼で夕暮れから翌日の明け方を夜とし昼夜を6等分している
現状
季節によって変動する月日が不便
三日月の日は3日 満月の日は15日
年によって12か月だったり13か月
問題となっている様々な要因

これを「**政策立案**」といいますが、現代人である私たちにとっては、（この当時の「政策立案」の検討は不充分だったために）約束事について「12時」という時間設定の際に、相変わらず不便を感じています（なお、「午後0時」という表記は存在しません）。

この当時、「政策立案」に対して民間からの社会実情に沿った提案行為「ルールメイキング」という概念があれば、現在の「12時」の表記は異なっていたかもしれないのです。

「**課題設定**」**とは、政策によって解決すべき**「**課題**」**は何かを抽出、選定すること**ですが、「**政策**」**とは、あるべき**「**理想**」**に向けた**「**現実**」**とのギャップ（隔たり）を埋める手段**です。

この課題設定の時点で「実際の現場」、例えば「食品衛生法」であれば、飲食店業界や食品加工業界による、正確な現実に沿った「評価」が必要です。

それは、**ギャップを埋めるべき**「**適切な手段**」**とは何かを検討する**「**政策立案**」についても同様です。

本来、斟酌《しんしゃく》すべき事項が「**政策立案**」**や**「**政策決定**」**の段階で解像度が低い**ことも多いため、しっかりと「実際の現場」からの声を届ける必要があります。

この際に重要なのは

（1）特定の利害関係集団の「視野」のみが届けられ、課題設定や政策立案が狭くならないよ

うにする

（2）「視点」が断片的になり、政策領域に空白が生じないようにする

（3）利害関係の調整のみに縛られ、価値規範や「過去・現在・未来」という時間軸がない（視座が低い）状態にならないようにする

これらに気を付けることでしょう。これは本書が一貫して意識してきたことでもあります。

ADMINISTRATIVE LAW 2

日本の法規制の特色

解釈学と異なる行政法の捉え方

ひょっとすると、本書を大学での補助教材や、資格試験対策の一環で読まれた方は、このように思われたのではないでしょうか。

「この本には、法令の『条項』や、判例の『裁判年月日、事件名、出典』、事案の具体的な企業名、学説の引用などが出てこない」

大学の法学部や法科大学院をはじめ、資格試験での勉強の中心は「まず法律の条文と定義を知り、つづいて趣旨をはじめ、要件・効果を覚えて、重要判例を理解し、仕上げに学説（通説・有力説・反対説）を比較して整理する」ということになると思います。

簡単にいえばこれらは「法律の解釈」を学んでいるわけです。

現在ある法律をどのように解釈して事実に適用するのか、ということが中心の学び方です。

しかし**「教養としての行政法」として本書が主軸に置いてきたのは、ミクロな視点では日常**

生活と行政法の関わりであり、マクロな視点では、それら行政法がどのような構造でできていて、行政法が目的とする「権利利益の保護と社会の秩序や安定・維持の実現」を達成するためには、どのようなルール作りがなされているかを体系的に理解することです。

これらを知ることで、皆さんがご自身の活動する分野に関する行政と折衝することも、政策形成に関わることも、何なら「仕組みそのものを変える」ことにだって関与できるようになるかもしれません（もちろん「行政法」の性質から考えて大学の勉強や資格試験の勉強に対しての補助テキストとして活用頂くことも有用と考えています）。

そのようなことに興味がない人にとっても、**法規制の未来予測をすることで、これから伸びるビジネス、衰退するビジネスを法規制の観点から未来予測することもできます。**

あるいは「正しい投票権の行使とは何か（本当に投票すべき政策は何か）」を見抜けるようになるだけでも本書としての役割は充分に果たせると思います。

行政法が現代社会の進展に、そしてこれからの時代変化にどのように関わるのかを知って頂く前に、まずはどうしても**日本の法規制の特色**をお伝えしなくてはなりません。

■新規事業やイノベーションを阻害する行政機能

日本では、「公共の安全」「健康の保護」「公正な市場競争の確保」「環境保護」、その他様々な理由から国（政府）や地方公共団体によって事業活動の規制を行ってきました。

これらの法規制が、戦後の日本経済の発展に一定の役割を果たしたのは間違いありません。しかし、社会や経済の状況が変わる中で、法規制のあり方も変わっているはずです。

現在では、規制の内容によっては、「効率的な経営、新規事業の創出、特にイノベーションを阻害している場合」や、「競争が不当に制限される状況」が起きています。

国が経済発展する礎となるのは、世の中に生まれる新しい価値創造や、これまでになかった産業（あるいは分野）の誕生によることがほとんどです。

そしてそれらを**牽引するのは、国や地方公共団体ではなく民間企業**です。

古くから国（政府）は、国民を統制し将来的な方向付けを定め（例えば、指針、アクションプランなど）、政策誘導を試みますが、国（政府）が企業を誘導したとしても、国民のニーズやウォンツに沿っていなければ、意義ある政策とはいえません。

多くの国民のニーズや社会的課題に繋がるような新規事業やイノベーションを活かす政策の立案が必要不可欠なのです。

しかし、現在の行政機能の多くは、法律の趣旨・目的をおざなりにし、ただ、ひたすら（本来は手段であるはずの）「規則を守る」という**手段の目的化や、法令が想定していない部分（グレーゾーン）への臨機応変な対応がとれないことが課題**として挙げられます。

本質的な意義のない細かいルールを守らせることに躍起になって、本来の法令の趣旨・目的を見失う形式主義の問題は行政全体に顕著であり、一方で**行政窓口担当者の裁量による執行は**

バラバラで（地方分権という意味とは異なる）差異・不公正が生じていることも多くあります。

また、**安定的な行政の運用を固持するあまり「前例主義」に陥り、**過去に行われた対応を「正しいもの」として前例とは異なる新しい判断を行うことに強い抵抗を見せる行政機関も多くあります。

そうなると**「前例がない状況」に出くわすことで、さらに状況は悪くなり「特例は作れない」という誤った「公平性」を強調する**こともあります。

これら諸々の日本の行政を表す特徴は、広く**イノベーションに対して規制をかけているのと同じ**です（これらを克服しようとする制度もありますので450ページに取り上げています）。

俗な言葉でいえば「事《こと》なかれ主義」ということであり、前例のないことを認めることで生じる予測不能な影響に対する責任回避ともいえるのです。

さらには形式的・部分的な行政法の適用を持って、とりあえず行政の責任を果たしたとする「アリバイ行政」という問題もあります。

単に行政が対応したことを保守的に示すだけで、法令の趣旨・目的は何ら果たせていないということを様々な分野で見かけます。


〈法規制のあり方自体の課題〉

そもそも、現在の日本の法規制は「英米法系」ではなく「大陸法系」です。

「大陸法系」というのは、文字で書き表された文書の形式を備えた法令（成文法）中心で、過去の蓄積としての価値観や利害関係を反映して法律が執行されるため、現時点で存在しない市場や利害関係者を先読みして秩序付けるという発想がありません。

本書でも多く取り上げた「○○業法」でいう「業」とは「反復継続して行う業者にスポットをあてて、その「業者」が行う（実績ある）事業活動を列挙して、対処法を想定し、規律しようとするものです。

これら「○○業」は、すでに存在する別の何かと近しいと思われる省庁で所管して一括管理するため「縦割り行政の弊害（78ページ）」も生じます。

こんな規制の仕方では省庁を横断するような新規事業に対応することは極めて難しいのです。

前項で説明した「課題設定」→「政策立案」→「政策決定」という流れを踏まえれば、「課題設定」において先端をいく事業現場の実情と国民のニーズを正確にくみ取り、「政策立案」では、前例に引っ張られず、複数の利害関係者を交えて、現状にとっての全体最適を踏まえながら（可能な限り）「原則は自由に行えるもの」というスタンスで、（最新の）公共の福祉を前提にやむを得ない事由のみを限定的に規制するスタンスに移行していくべきと思われます。

ADMINISTRATIVE LAW 3

ビジネスモデルと行政法

■行政法を俯瞰することはビジネスモデルの理解に結び付く

前項において、反復継続して行う業者を対象に規律しようとする「業法」を例に法規制のあり方を考えましたが、実際、私たちの生活の9割を取り巻いているとお伝えしていた「行政法」は「業法」の割合が多いのです。そこで次は事業の視点から見た行政法についてお話しします、私が常々感じている課題感としては、**行政法に関する書籍や学説に「ビジネスモデル」をベースにしたものがあまりに少ない**ということです。

「ビジネスモデル」というのは、簡単にいえば、**事業を「継続的」に発展させるための「価値創造」と「顧客」の関係を構築する仕組み（価値提供）**をいいます。

「業法」は膨大な数の法律がありますが、そのほとんどが左図のような構成になっています。

このように、事業者が事業を継続する（利益を獲得していく）ためには、ビジネスモデルの理解と適正な構築が重要なのですが、これらは業法で規律する事項と非常に高い関連性があり

◎業法の条文構成図とビジネスモデルの関係性

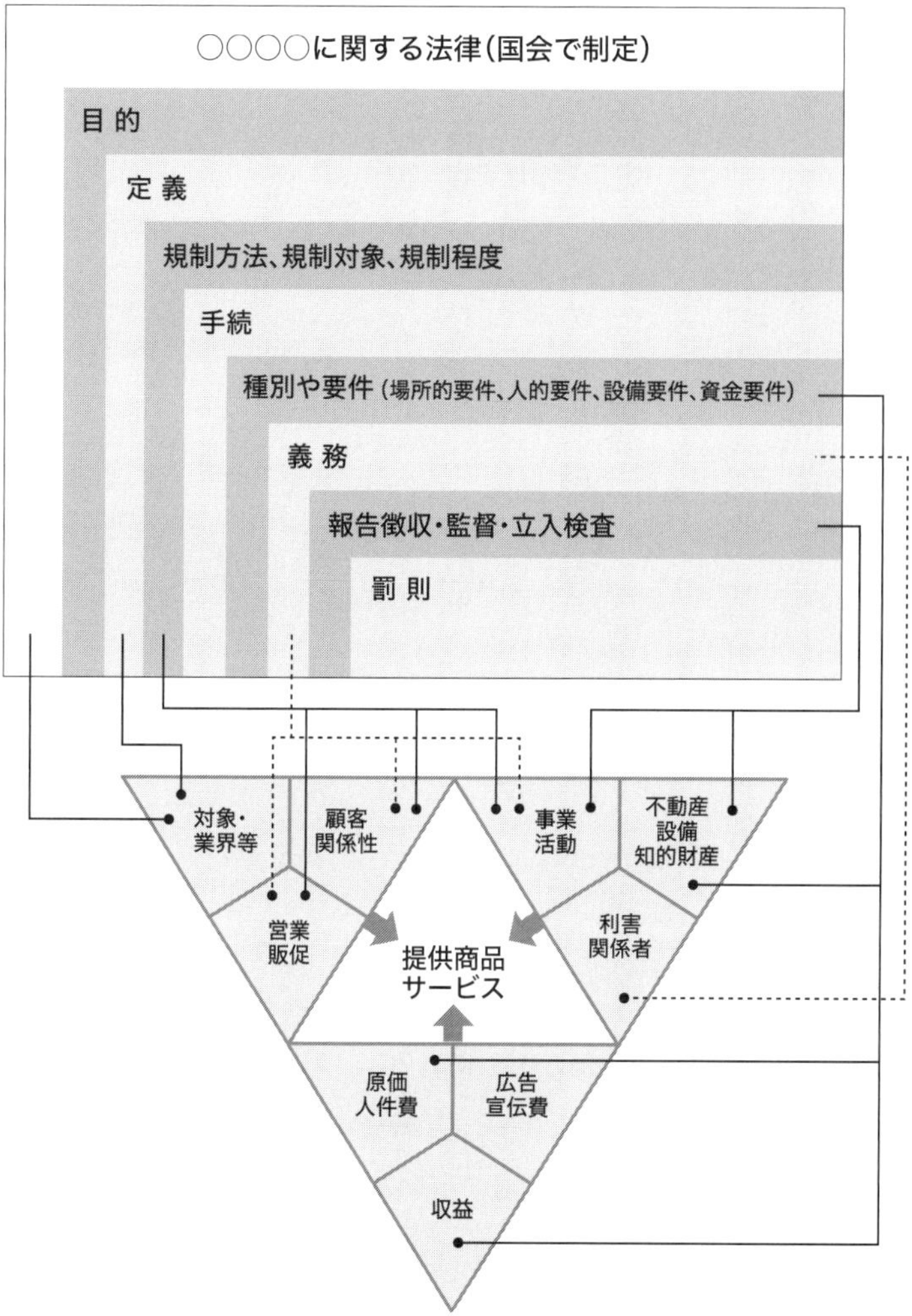

ます。

だからこそ、私は行政法に深く携わる人々がビジネスモデルの深い理解を有していないことに懸念を抱いているのです。

■ビジネスモデルの進化に乗り遅れる法規制

ビジネスモデルという言葉が世の中で使われるようになったのは、１９９０年代のインターネット登場あたりです。

これまでの常識で整理できなかったビジネス（ネットビジネス）の仕組みを分析する必要性が生じたため頻繁に使われるようになったのが「ビジネスモデル」という概念です。

やがて２０００年代以降、ネットバブル崩壊にあわせてネットビジネスの仕組みだけを説明するのではなく、ビジネス全般の説明にも活用されるようになりました。

これは同時に業法などの法規制がビジネスの現場と乖離《かいり》することが顕著になった時期とも合致しています。

経済学者のタイラー・コーエンは、私たちの暮らしは**「物質的（フィジカル）」な面で見れば１９５０年代以降はたいして変化がない**と指摘しています。

自動車も、冷蔵庫も、電気照明も当時から「物質的（フィジカル）」な変化はないのです。

一方で、インターネット普及によってオンライン上で展開される**「論理的または観念的（デ**

ジタル）」な変化は非常に激しいです。

日本は19世紀後半に先進国に遅れて近代化した際に官僚主導のシステムを始めました。

右肩上がりの経済を前提とした大量生産・大量消費モデルの時代はこのシステムがうまく合致し、大成功を収めました。

先進国の知識や技術を取り入れ、経済や社会の仕組みを作り、当初輸入に頼っていた機関車や産業用機械なども20世紀初頭には自作するようになり、やがて「ものづくり大国」といわれるまでになり優れた機器開発、製造も国内で行えるようになりました。

これらを踏まえて長らくつづく日本の政策の一つに**国家主導の産業育成**があります。

海外取引で民間企業が生み出した利潤を**税金によって徴収し、公共事業や補助金などで分配**する仕組みです。

しかし、**インターネットにより物質的な境界がなくなり、ビジネスモデルがグローバル化・多様化する時代**になると、国家主導による産業保護がデジタルビジネスで遅れをとり、右肩下がりの日本経済とも相まって、**既得権益にあやかる企業のための制度として機能**もしています。

その結果、現在では**法規制が先端的なビジネスの創出やイノベーションを阻害したり、競争を不当に制限することとなっている**のです。

特に**海外で普及している先端ビジネスが国内で展開できないという事例が膨大**にあります。

このような状況に陥っている要因の一つとして、**「解像度の高い先端のビジネスモデルの理解」と「正確な行政法の統一的な仕組みと考え方」の両方を兼ね備えた人材の不足**、あるいは私たちがそういった政策を打ち出す国会議員や地方議員を的確に見極めて、**政策形成・立案を委ねることができていないこと**が挙げられます。

オンライン化やデジタル化が加速し、これまで10年周期で変化していたビジネスモデルが現在では3年も持たなくなっているといわれています（今後はさらに短くなるでしょう）。

このような変化スピードの中、これまでのように**業種ごとや業界ごとに縦割り行政の所管によって機能や権限にあわせて個別最適化していく規制で対応することは難しい**のです。

かつてのように限定的な技術やサービスの進歩を追求するスタイルの企業は「効率を重視した水平統合（分業型）」の事業継続・発展をしていましたが、**デジタル技術を活用した近年の企業は自社で全ての機能（工程）をこなすことが容易な「垂直統合（一貫型）」の事業継続・発展をする**のです。

例えば観光業界なら「広告業（集客）」「旅行業（予約・手配）」「運輸・交通業（移動）」「興行業（娯楽・体験）」「飲食業（飲食・飲酒）」「小売業（買い物）」「旅館業（宿泊）」と分業していたものが、現在では昔にくらべてこれらの機能を全て一社で行うことも容易になりつつあり、古くからの規制のあり方と食い違いが生じています。

そこで次項からはこれらデジタル技術を活用したビジネスモデルの変遷を見ていきます。

ADMINISTRATIVE LAW 4

インターネット時代の行政法

■インターネットの普及で何が変わったか

世界的には1970年以降にインターネットが普及し始めますが、日本国内での登場は1984年、一般化したのはWindowsの普及と同時で1995年頃、特に検索エンジン「Yahoo! Japan」の登場後に急速に普及しています。

「ビジネスモデル」は、事業を「継続的」に発展させるための「価値創造」と「顧客」の関係を構築する仕組み（価値提供）とお伝えしましたが、インターネットの普及は、この**「事業者の価値提供」の手段から「距離の制約」と「時間の制約」を取り払いました。**

これが長年つづいた**「国家主導の産業育成」と「先端ビジネスに取り組む事業者の公共の利益」との間に齟齬《そご》が生じ始めたきっかけ**と考えられます。

ところで、インターネットが普及し始めた頃、インターネットという言葉よりも「ＩＴ」という言葉が広がっていました。

「IT社会」とか「IT革命」といった具合ですが、この「IT」というのは「Information Technology（インフォメーション・テクノロジー）」の略で「情報技術」という意味です。

「情報」は無形のものですから、インターネットの普及がもたらした産業構造の変化は

・ビジネスから「距離の制約」と「時間の制約」が解放される
・ビジネスにおける「価値提供」の重みが「モノ」から「情報中心」に移行する

という2点に大きな特徴があります。これらを踏まえて日本の法規制がどのような変遷を経たのか簡単に振り返っていきたいと思います。

■インターネット活用ビジネスと法規制の関わり

インターネットがもたらした法規制への影響は細かいものを挙げれば膨大にありますが、ここでは特に国（政府）が、政策形成をする際に重要視したものを中心に取り上げていきます。

〈電子商取引の一般化〉

インターネットの特徴である「距離の制約」と「時間の制約」が解放され、さらに「情報」の重要性が高まった結果、普及したのが「電子商取引」です。

eコマースと呼ばれることもありますが、身近な例でいえばネット通販、その他にも一般的な取引をオンライン上で行う等も生じてきました。

〈書面交付義務〉

この際に生じた問題は、まず従来、様々な業法において義務付けられていた**「書面交付義務」を見直すこと**でした。

例えば、特定商取引法では、「連鎖販売取引（マルチ商法）」「特定継続的役務提供（月額支払いを長期間契約する契約）」「業務提供誘引販売（内職やサイドビジネス商法）」などの取引をする際に、必ず概要を書いた書面交付が義務付けられていますが、これを**オンライン上の書面（電磁的記録）で置き換えられる**ようになりました。

〈ネット通販の意思確認〉

民法では契約は一方の「申込」に対して相手方が「承諾」の意思を表示した時に成立することが原則とされています。一方でインターネットによって時間の制約や距離の制約がなくなった結果、インターネット通販では24時間、無人の営業をしているような状態にできます。

この際、ネット通販サイトで商品が掲載されている状態が事業者の「申込」という行為で、閲覧者がカートに入れて送信すれば契約成立するように思えます。

しかし、こうなると在庫の問題や、購入ボタンを押した直後に、閲覧者が操作ミスなどの対応を迅速にできなくなるなどの問題が生じますので、電子契約法では、**ネット通販で商品を掲載する行為は、取引の前提となる「誘引」という行為**としました。

したがって、**閲覧者がカートに入れて購入ボタンを押す行為が「申込」となり、事業者側は「申込」に対して「承諾」あるいは「拒否」などの返事をする義務が生じる**ということです。

〈消費者保護〉

ＩＴ社会では、「情報」という価値の重みが増すということをお伝えしましたが、**インターネットを活用したビジネスにおける事業者の最大のメリットは、消費者の詳細な情報をはじめ購買動向、趣味趣向、市場動向など、膨大なビジネスに重要な情報が手に入ること**です。

逆にいえば事業者と消費者を比較した際に、両者には**圧倒的な情報量や交渉力の差**が生じてしまいます。

そこで**「消費者契約法」が施行され、消費者が不利な立場になりすぎないように、事業者による不適切な誘引行為によって申し込んだ取引を解除できるようにしています。**

また、不公平な取引とならないよう、**事業者に「販売条件」や「重要事項」をネットの画面で明示させ、チェック欄などで確認をとれる措置をとらせるなどの規制**がかけられています。

なお、60ページで取り上げた薬機法による規制なども、このネットビジネスにおける消費者保護の応用になっています。

〈広告規制〉

これもインターネット普及による「情報」という価値の重みが増したことへの対処の一つです。現在は利用率が少し減っていますが、一時期は事業を進めるには欠かせなかったのが電子メールでした。

電子メールはハガキや封筒のDMのように直接、消費者にアプローチできるにもかかわらず、それらとは異なり送信に費用がかからず、また短時間で大量に送信することができます。その結果、受信者の意向を無視した無差別で大量な広告・勧誘メールの送信が横行したのです。

そこで、特定商取引法や特定電子メール法などにより、**事前に承諾していない受信者への広告・勧誘メールを禁止し、メールアドレスを知る際には利用目的や利用者が誰かを明示することなどを義務付けました。**

また、電子メールとは別に、**商品やサービスの品質（内容）を強調しすぎた不当表示を禁止するような「景品表示法」も施行**されました。

この法律の興味深いところは、一般的な表示の規制以外にも、業界団体が定めた自主規制を公正競争規約として行政に申請すれば、その規制内容（ガイドライン）が景品表示法の対象となることです。

〈情報の取り扱いについて〉

これは少し、366ページの情報公開法とも関係することなのですが、立場が優位な行政に対して情報公開の義務を課したことと同じで、民間企業が行政に近い、圧倒的な情報量を持つケースがどんどん増えてきました。

そこで、**個人の情報の取得時の注意点や、取り扱い時の注意点、管理の仕方、漏洩しないための対策や体制作りなど、個人情報に起因する権利利益侵害に対する不安、懸念等を払拭するための個人情報保護法が施行**されました。

これは事業者だけでなく、行政機関向けのものや、独立行政法人向けのものなどと同時に施行されています。

特に**「個人情報保護法」で大事なのは「本人が必要な範囲で自己の情報に適切な関与ができるようにすべき（自己情報コントロール権）」**という考え方で、個人情報保護法では「通知・公表、開示、訂正、利用停止、目的外利用・提供」などに関して**本人同意などが必要**とされています（余談ですが、この観点はＩｏＴ時代やＡＩ時代における近年さらに重要性が増しています）。

また、個人情報保護法とは逆に、**インターネット上におけるプライバシー侵害や名誉棄損などが頻発したことを受けて、被害者が発信者の情報を特定することが可能となる「プロバイダ責任制限法」が施行**されました。

プロバイダというのはインターネットのサーバー会社やＷｅｂサイト運営者などのことで、当該プロバイダの提供するサービス上において権利侵害が行われた場合に、その加害行為はプロバイダの提供サービス上に生じていますが、直接、プロバイダが損害賠償責任を負うことにせずに、代わりに**プロバイダなどが保有する発信者の情報の開示を被害者が請求できる制度**です。

ただし、加害行為を行った側にも一応、プライバシー（個人情報保護）の権利が認められるため、順序としては、まず被害者からプロバイダに被害の該当する情報（書き込みなど）を削除する申し入れができ、プロバイダが削除しないとか、プラバイダの削除を加害者が承諾しない等の段階で、加害者を特定するための情報を開示請求できるものとなっています。

なお、プロバイダ責任制限法とは別の話になりますが、プロバイダなどを「電気通信事業者」として届出対象事業とするような法律改正もなされています。

このようにインターネットの普及により、これまでのビジネスモデルは大きく変容し、同時にインターネット普及以降の「公共の利益」の観点も少しずつ変容したことを受けて**「業法」や「行為」に対する規制が増加**しつづけています。

注意して頂きたいのは、これらの規制は、**実際に問題が生じてすぐに行われているのではなく、実際の対応までに数年を要している点**です。つまり、**法律が成立するまでは「グレーゾーン」という状態で不利益を受ける者の被害があったり、逆に適法に事業を行いたい者は法律違反をおそれながら騙し騙し事業を行っている**のです。

ADMINISTRATIVE LAW 5

スマートフォン時代の行政法

スマホの影響力の強さ

IT社会やインターネットの普及を経てやがて2010年前後から、また**新たな「価値提供」の手段が普及し、事業者の「ビジネスモデル」が激変**します。

それが**スマートフォンの普及による人々の行動様式や価値観の変化**です。

日本人にとって、はじめてスマートフォンを意識することになったのは2008年のApple社製「iphone3」の登場です（2007年の初代iphoneは国内未発売）。

日本人の多くがパソコンやインターネットに馴染むようになってから20年以上経った頃の変化ですが、**現在のスマートフォン普及率が90％近くある**ことを考えると、パソコンにくらべて**驚異的なスピードで私たちの生活に溶け込んだのがスマートフォンである**といえます。

スマートフォンが**圧倒的なスピードで普及した要因**は様々考えられますが、大きな要因として**「電話機能を有していたこと」「大画面かつタッチパネルによる操作性」「カメラ、ビデオカ**

メラ機能の内含」「音楽やゲームプレイをはじめとするアプリの充実（アプリ開発会社の参入）」「高速通信技術の向上」などが挙げられます。

これらを踏まえて私たちの行動様式や価値観は大きく様変わりしました。

スマートフォンの登場前と現在では、「個人個人がそれぞれ発信手段を有している」「どこでも手軽にインターネットを通じて情報を入手できる」「GPSや地図機能によって移動、経路、位置情報などでストレスが軽減」「現金を持ち歩く必要がない」「常時誰かとコミュニケーションがとれる」といった代表的なものでも、**たくさんの目に見える変化**があります。

インターネットの登場（IT社会）では、産業構造への影響として、距離の制約や時間の制約がなくなり、「情報」の価値が高まることを説明しましたが、スマートフォンではさらに次のような産業構造への影響が起きました。

- 一部の民間企業への富・情報・権力・影響力の集中
- 取引の細分化・分散化
- コンテンツ・情報の多様化
- 情報の可視化とデータの相互利用活用（連携）拡大
- 人間関係やコミュニティのあり方の変容

前項同様に、これらスマートフォン時代の産業構造の変化を踏まえて日本の法規制がどのような変遷を経たのか簡単に振り返ってみましょう。

■デジタル社会の法規制

前項では、インターネットの普及した時代を「ＩＴ社会」と称していましたが、**スマートフォンの全盛の時代を「デジタル社会」と称する**ことがあります。

デジタル社会の特徴は先ほどスマートフォンによる産業構造への変化で列挙したとおりですが、ここでは、さらにインターネット時代（ＩＴ社会）とスマートフォン時代（デジタル社会）を日常的な音楽の例で説明しましょう（「デジタル」という言葉自体の詳細は１２９ページ）。

昔はお店に行って音楽を視聴したり、ＰＯＰの説明に影響を受けたり、店員にオススメを聞いたりしてレコードなりＣＤを購入していましたが、やがてネット通販で購入する人が多数を占めるようになりました。これはまさにインターネット時代（ＩＴ社会）への突入です。

やがてオンラインの音楽ストアなどで1曲ずつダウンロード購入できるようになり、気づけばサーバー上の音楽を月額契約などの聴き放題となるサブスクリプション方式で音楽を聴くのが当たり前のようになっています。

つまり、すでに**アルバムなりシングルなりにお金を払うこと自体に違和感を覚える人が多くなっている状態**で、これがスマートフォン時代（デジタル社会）への突入といえます。

このような産業構造の変化は様々な業界で起きていますが、ここでは特に行政法（法規制）上の観点で重要となる分野について説明します。

■シェアリングエコノミーの登場

デジタル社会に入り、これまでの価値観では理解されにくいビジネスモデルの最たるものが「シェアリングエコノミー」です。

これはスマートフォンによる産業構造への影響で挙げた5つのうち「一部の民間企業への富・情報・権力・影響力の集中」「取引の細分化・分散化」「情報の可視化とデータの相互利活用（連携）拡大」に関連します。

「シェアリングエコノミー」は、個人や事業者が有する「モノ」「場所」「スキル」などをインターネットを介して「シェア（共有化）」する取引形態をいいます。

例えば「Uber Eats（ウーバーイーツ）」や「出前館」などは、表面的にはフードデリバリーサービスなのですが、食べ物を届ける役割を担う人は、飲食店の店員ではなく、その「タイミング」でたまたま「近くにいて」「時間が空いていた」配達員です。

インターネットを介しているので「距離」と「時間」の制約が解放され、「情報」が重要となっている点は同じです。

この場合の「情報」とは「いつ・どこのお店で配達員を欲している」という情報と「いつ・どこの場所に時間の空いている配達員がいる」という**情報を「相互利活用（連携）」すること**で、**新たな価値提供がなされる**のです。

飲食店側は「配達員」を常時雇用する必要がなく、コストダウンがはかれますし、配達員側もどこにいても「ほんのちょっと空いた時間」を提供し利益を生み出すことができます。

こういった「労力」や「空き時間」あるいは事業者間を越えた「配達員」をシェアできるサービスの提供を担うのが「仲介者」であるウーバーイーツです。

この仲介者であるウーバーイーツのことを「プラットフォーマー（基盤提供事業者）」と呼びますが、**プラットフォーマーは両者に不利益が生じないよう「評価（採点）制度」を用いて「配達員の信用性」を「飲食店」や「利用者」の評価により可視化するシステムを提供してい**ます。

このウーバーイーツだけでも「食品衛生法」や「貨物自動車運送事業法」などの従来の法規制では対応し難い課題があるのですが、ここではさらに行政法的に重要なプラットフォームビジネスに関する「乗用旅客自動車運送事業」と「宿泊事業」をとり上げます。

〈乗用旅客自動車運送事業〉

日本ではウーバーイーツとして有名な「Uber（ウーバー）」ですが、ウーバーは本来、ライドシェア（乗り合いサービス）プラットフォームを提供する企業です。

あらかじめ個人がドライバーとしてウーバーに登録しておき、利用者はウーバーのアプリに、自分の場所や目的地を入力することで、近くのドライバーを呼ぶことができます。

アプリに内蔵されたＡＩが乗客のリクエストに応じて最も近くにいるドライバーを選んでマッチングします。

ウーバーイーツ同様に信用性の可視化（評価制度）によりドライバーの質が保たれています。

このサービスが日本で広く知られていない理由は、道路運送法という法律により**「乗用旅客自動車運送事業」の許可を有していないと、自動車を使って「他人を有料で運ぶこと」ができない**からです。「旅客自動車」というのは簡単にいえば「タクシー」です。

道路運送法の目的は簡単にいえば「道路運送の分野で様々なニーズに対応し、輸送の安全と道路運送利用者の利益と利便を向上させ、道路運送全体の発展と公共の福祉を増進させること」です。

「乗用旅客自動車運送事業許可」の主な要件は、

場所的要件：営業区域として認められた場所

人的要件：「運行管理者」と「整備管理者」の配置、役員の専従

設備要件：一定の需要に対応できる車両の確保、営業所・休憩所・車庫などの確保

資金要件：設備資金（70万円以上）＋運転資金（70万円以上）＋車庫費用＋保険料

となっています。

「運行管理者」というのは「運転手の指揮監督、乗務割の作成・乗務記録管理、休憩や睡眠施

設の管理」とされています。**これらの大半はウーバーのシステムがAIで行えます。**

場所的要件や設備要件、整備管理者などは、元々の「利用者を目的地に運ぶ」という機能のシェアを「価値提供」としているビジネスモデルには不要な要件です。

資金要件は元々、利用者保護という公共の福祉から導き出されたものになりますが、デジタル社会により生み出された**プラットフォームビジネスでは「信用性の可視化（評価制）」が基となっているため、従来とは価値観が異なっています。**

「そんな評価制度程度でトラブルが防げるのか」と思われるかもしれませんが、デジタル先進国の一つである中国では、アリババ社が提供する「芝麻信用（セサミクレジット）」によって、国民の「マナー向上」「不正減少」が顕著に表れています。

「芝麻信用」は、元々は巨大ショッピングサイト「タオパオ」を運営していたアリババ社が不正出品者に悩まされていた中で、アリババ傘下の「アント・フィナンシャル」の決済サービス「アリペイ」で導入したのが始まりで、複数のサービスにまたがって「商品やサービスの割引」「ローン、貸付の判断」「保証金の免除」「金利優遇」などを実施しました。

現在では「芝麻信用」の評価が高いと社会的にも高い評価を受け、就活や婚活でも有利になっています。

このように、近年では国家という優位なトップダウンによって規律を保つ必要がない機能やジャンルも出てきているわけですが、日本においてはまだ浸透していない価値観であることや、ウーバーに関してはタクシー業界などの既得権益との関係もあり、現状は「個人的な運転手」という機能のシェアではなく、許可を受けたタクシー会社の配車アプリにとまっています。

〈宿泊事業〉

おそらく、現在日本で最も有名なシェアリングエコノミーは「Airbnb（エアビーアンドビー）」や「HomeAway（ホームアウェイ）」などの「民泊仲介サービス」です。

「民泊」というのは、住居や空き部屋を短期間で貸したい人が、旅行などで宿泊先を探している人に提供する事業形態です。

事業形態といいましたが、本来、Airbnbはホームシェアリングといって、**自宅の空き部屋などに海外からの宿泊客を招いて交流することを目的として開始された概念**です。

一方で日本やギリシャなどの**観光地として有名な国では「交流」よりも「収入」目的で開始する人が増加**し、社会現象となりました。

一期一会なライドシェアよりも一歩進んだ、自宅の一室をシェアするわけですので、やはり利用者の信頼性担保が必要です。

そこで、**民泊仲介サービスでも信用性の可視化（評価制度）は重要視**されています。

民泊が流行し始めの頃、**日本においては「宿泊料を受けて人を宿泊させる営業」を行う場合、旅館業法上の簡易宿泊営業の許可を取得する必要がありました。**

簡易宿泊営業の主な要件は次のとおりです。
場所的要件…用途地域、接道条件で認められた場所
人的要件……管理者の設定、宿泊名簿作成義務
設備要件……一定衛生・採光基準、消防法適合、床面積、玄関帳場（チェックインカウンター）
資金要件……なし

これらの要件に対して、民泊仲介サービスで貸し出す部屋は空き室（部屋の一室）であることが多く、仮に空き家であったとしても、当時、面積33㎡以上要件（2016年に緩和）や玄関帳場要件、消防法適合の要件などクリアするハードルは非常に高いものでした。

そこで国内で民泊ブームが起きた2014年頃から簡易宿泊営業の許可を受けずに民泊仲介サービスを利用する「ヤミ民泊」が急増しました。

一部の民間企業が大量の資金を費やして空き家を改造し簡易宿泊営業許可を取得するケースを除き、数年に渡ってヤミ民泊の摘発と、新規参入のイタチごっこがつづきました。

この流れを受けて国（政府）では、民泊に対応した新しい法律の創設に乗り出しました。

これが「**住宅宿泊事業法**（**民泊新法**）」です。

住宅宿泊事業法では、建物の種類が（構造要件をクリアした）「旅館」や「寄宿舎」でなく「**居宅**（**住宅のこと**）」のままで「**宿泊料を受けて人を宿泊させる営業**」を行える、**旅館業法の**

特別法的な位置付けとして施行されました。

その結果、簡易宿泊営業の許可を受けずとも、**住宅宿泊事業開始の届出をすることで（年間180日までの営業に限られるものの）民泊を適法に行えるようになりました。**

これは「場所的要件」の制限も解除されたことや、「玄関帳場」や「面積要件」も緩和されたこともあり、営業を行える建物の幅が広がっただけでなく、マンションの一室などでも届出ができるものでした。

一方で、場所的要件が緩和されたことに伴う「住宅街」や「マンション内」での営業による新たなトラブルが懸念されたため、当時すでに簡易宿泊営業による近隣住民トラブルなどに対応した対策に乗り出していた京都市における「近隣住民との調和」事例などを参考に「住宅宿泊事業」の義務として「近隣住民との調和対策」が盛り込まれました。

また、消防庁による判断によって「住宅宿泊事業」の扱いを「簡易宿泊営業」と同等とする通知が出され、依然、消防法令上のハードルは高いままとなっているなど、本来、**ホームシェアリングを楽しんでいた民泊支持者や民泊仲介サービス事業者の観点では「公共の利益」の理解のズレが指摘されています。**

■コミュニティビジネスの発展

コミュニティビジネスは、スマートフォンによる産業構造への影響で挙げた5つのうち後半の3つ「コンテンツ・情報の多様化」「情報の可視化とデータの相互利活用（連携）拡大」「人間関係やコミュニティのあり方の変容」、などが特に該当します。

デジタル社会はIT社会と比較して、誰もが感じている大きな変化に**「誰でも情報発信ができる」ことや「誰でもコンテンツ制作ができる」**というものがあります。

近年ですと生成AIの登場により、さらに事情は加速しているのですが、それ以前のスマートフォンの普及、特に各種アプリケーションの充実により「テキスト」「画像」「動画」「音声・音楽」「ゲーム」などが「民主化」と「コモディティ化（平凡化）」されました。

簡単にいえば、発信やコンテンツ作りのハードルが下がり、ありふれたものになりました。

興味深いのは**IT社会の時代は「誰よりもたくさんの情報を持っている」ことが有利**だったのですが、**デジタル社会では「情報をオープンにしたほうが有利」**になったのです。

SNSや動画配信など、自分の有している知識や情報をどんどん発信している人のほうが、より関連の情報が集まるようになったり、様々なチャンスを得られるようになりました。

さらに「ウィキペディア」や「価格.com」などのように、**参加者同士の情報提供によって「共有資産化」する現象が拡大**しました。

このような状況を**従来の「入会（いりあい）」になぞらえて「コモンズ」**と呼ばれています。

「入会」は牧草地などの資源を村人などが共同管理し、みんなで恩恵を受けるというものでしたが、デジタル上のコモンズも、**インターネット上に構築した資産や知的財産を各々の自主管**

理方式により、全員が恩恵を受けるものです。

「食べログ」や「クックパッド」などもコモンズに含めて良いでしょう。

ここでは、スマートフォン時代と法規制に関して事例の目立った「広告・マスコミ業界」の変遷と、「ゲーム業界」の変遷を取り上げて説明していきます。

〈広告・マスコミ業界〉

広告やマスコミ業界に大きく影響を与え、私たちの行動様式や価値観を大きく変えたのは、間違いなくSNS（ソーシャルネットワーキングサービス）です。

SNSの基本的な説明は「登録された利用者同士が交流できる会員制サービス」とされていますが「YouTube（ユーチューブ）」「TikTok（ティックトック）」などの動画配信サービスや、「LINE（ライン）」「WeChat（ウィーチャット）」といったメッセージ・音声送受信サービスもSNSとされています。

前項「インターネット時代の行政法」では、消費者保護や広告規制について、国（政府）が「事業者と消費者の間に情報量や交渉力の格差」を埋めることを「公共の利益」としていたことをお伝えしました。

また、インターネットによって容易となった「一方的な大量の広告・勧誘への規制」「商品やサービスの品質（内容）を強調しすぎた不当表示の規制」を行ったことも取り上げました。

しかし、インターネット普及時には「単方向で一部の者（事業者）が情報を発信する時代」だったことに対して、スマートフォンやＳＮＳが一般化すると「**双方向の情報発信によるコミュニケーションの時代**」となりました。

少なくとも**シェアリングエコノミーやSNSのプラットフォーム上では「取引の一方のみが情報力・交渉力が優れている」という状況にはありません**。

それゆえに「消費者保護」や「不当表示」という形で**当事者の一方（特に事業者）だけを規制するということが不可能**になっています。

その結果、「X（旧Twitter）」「Instagram（インスタグラム）」「Facebook（フェイスブック）」「YouTube（ユーチューブ）」「LINE（ライン）」といった主だったＳＮＳ上で生じる取引については、**自己責任が原則**となってしまっています。

特にＳＮＳ上でよく見られるトラブルは「情報商材」「講座販売」「月額会員制サービス（オンラインサロン）」「ライブコマース」などです。

ＳＮＳは「趣味・興味・関心」など共通点のある者同士が知り合ったり、関係性を高めることに秀でたシステムのため、**相手への警戒心が低くなりがち**です。

一方で、インターネット時代のような「単方向の事業者」でないため、取引を行う相手方が「特定商取引法」「消費者契約法」「景品表示法」「個人情報保護法」などの義務を果たしていることは極めて少なく、**警戒心の低い状態にもかかわらず、相手方の情報の信頼性は著しく低いのです**（ただし、相手方が正式な商品販売ページやLP（ランディングページ）などを有している場合は、特定商取引法や景品表示法などの規制対象）。

SNSでは「情報の正確さ」や「相手方の存在が実業に即しているか」ということよりも、**フォロワー数の多さや、投稿した反応の多さなどが優位に働く傾向にあり、判断を誤らせたり、品質の良さを装うことは容易**であることに本来は利用者自身が気づく必要があります。

しかし、それでもリテラシーの未熟さなどにより、SNS上のトラブルや被害はあとを絶ちません。

(1) インターネット時代の各種規制の見直し

そこで、**特定商取引法や景品表示法の対象を「単方向で一部の者（事業者）が情報を発信する時代」から見直した特例法などで拡大**することや、**実際に商品やサービスを提供する者とは別の「第三者による勧誘や広告」などを定義付け追加することなどの検討**が今なお、必要とされています（2023年10月にステマ広告について強化された規制は後述します）。

また、SNSでは**利用者の「趣味・興味・関心」などが容易に知れるため、プラットフォーマーによる「ターゲット広告」が頻繁に行われています。**

これはプラットフォーマー側の**AIによって利用者の「精緻な情報（年齢、性別、地域、趣**

味、興味、関心、購買履歴、人間関係など）」にあわせて効率の良い訴求が行える仕組みです。

これに対しては現在、国（政府）のほうで、プラットフォーマーが該当する「電気通信事業法」や「個人情報保護法」などの適用範囲の見直し（例えば、ＡＩによる情報の取得や提供についても同意を求める機能を要請するなど）や、「Cookie（サイトの訪問履歴や閲覧履歴などを記録・保管する仕組み）」自体への規制を行うなどの検討がなされています。

（２）ステルスマーケティング規制

先述したようにＳＮＳは、通常の事業者と混同が付かず、「特定商取引法」や「消費者契約法」「景品表示法」「個人情報保護法」などの義務を果たしていることも少ないにもかかわらず、閲覧者には大きな影響があり、同時に「情報の正確さ」なども疑わしい部分がありました。

そこで、２０２３年10月に**景品表示法の対象として「ステルスマーケティング」が含まれることになりました。**

ステルスマーケティングとは「ＳＮＳ上などで、実際には広告・宣伝目的にもかかわらず、そう見えないように装ってクチコミや感想を書き、閲覧者の購買欲を煽る行為」です。

影響力の強い芸能人やインフルエンサーのＳＮＳなどでよく見られます。

ステルスマーケティングが景品表示法の対象に加わったことで、ＳＮＳなどの投稿が次のように変化しました。

①インフルエンサーなど、投稿者と事業者に関連性がある場合は、投稿自体に事業者の表示が必要となる（景品表示法の義務が発生する）

②インフルエンサーなどが「広告」のつもりで表示しても、それがわかりにくい記載の場合は違法となる。

ただし、今回の改正は、**投稿者自体を「事業者と同等に扱う」ということまで及びません**でした。あくまでそのような**ステマを事業者が第三者と企てないように促す改正**です。

したがって①、②いずれのケースであっても、責任を負うのは商品・サービスの提供者に限られます。

今後、投稿者自体を規制しないと、不当表示をなくすことができないと考えられる場合に、あらためて規制対象としてインフルエンサーなど、実際に投稿による表示行為を加えるかを検討することとなっています。

〈ゲーム業界〉

スマートフォンが普及した中で、特に身近な存在がSNS以外では「モバイルゲーム」が挙げられます。

スマートフォンが普及するまではゲーム業界の主流は「コンシューマーゲーム」と呼ばれる個人がゲーム機本体を購入し、ゲーム機本体に様々なソフトを追加購入していくビジネスモデルでした。

一方で**スマートフォンが登場してからはソーシャルゲームと呼ばれるスマートフォンにゲームアプリをダウンロードして利用するビジネスモデルが主流**となりました。

ソーシャルゲームになってからの特徴は「**短時間で遊ぶものが多い**」「**リリース後にも定期的にシステム変更やイベント発生がある**」「**他の利用者と交流できる**」「**開始時は無料でゲーム開始後に課金する**」といったものがあります。

ソーシャルゲームに関わる行政法としても「特定商取引法」や「電気通信事業法」などが関わってきますが、中でも非常に重要な「資金決済に関する法律（資金決済法）」と「不当景品類及び不当表示防止法（景品表示法）」について取り上げます。

（1）資金決済法

ソーシャルゲームの利益構造は広告収入やグッズ展開を除けば、利用者の「課金」です。

ソーシャルゲームのほとんどは、開始時は無料でプレイできますが、アイテムやガチャ（くじのようなもの）、チケットなどゲームを短期間で優位に進めるためには、どうしても課金が必要になります。

逆にいえば、**事業者側からすると「課金をしたくなる仕組み作り」が重要**ということです。

そのため多くのソーシャルゲームでは、**ゲーム内で用いるコインやポイントという制度を設**

定し、無料でプレイしたとしても、ゲームクリアや一定の条件によって、コインやポイントなどが得られるようにしています。

その中でコインやポイントを活用し、優位なアイテムやキャラクターなどを手に入れる経験をすることで（人によっては）効率的にプレイするために課金をすることになります。

この**ゲーム内で設定するコインやポイントは、日本の法律上では「資金決済法」の規制対象になる可能性**があります。

「資金決済法」とは、決済サービスや電子マネーをはじめ、様々な（銀行以外の）為替取引・資金移動などに関する事業を規制する法律です。

ゲーム内で**コインやポイントを設定するのは「前払式支払手段」という類型に該当する可能性**があります。

「前払式支払手段」というのは「Suica（スイカ）」や「ICOCA（イコカ）」のような交通系電子マネーに見られる「**あらかじめお金を支払い（チャージ）し、残高を記録し利用する形態**」のものです。具体的な基準としては

a　金額や数量が電磁的に記録されていること
b　発行時に金銭等が支払われていること
c　金銭に見あったコインやポイントが発行されること
d　コインやポイントで商品やサービスを受けられること

となっており、該当すると「前払式支払手段発行届出」という行政手続が必要になります。届出後は資金決済法の規制を受けるため、「利用者への情報提供」「未使用残高2分の1以上の供託」「帳簿書類の作成・保存」「行政への報告書提出」「ゲーム終了時の払戻し」といった**様々な義務が発生**します。このことから、届出を行わず行政処分にあう事業者が散見しています。

(2) 景品表示法

先ほど、「課金をしたくなる仕組みづくり」のお話をしましたが、コインやポイントに関連してよく行われるのが「ガチャ」という仕組みです。

「ガチャ」とは元々は「カプセルトイ(ガチャガチャ)」から来る言葉で「アイテムなどを抽選によって取得する仕組み」全般を指します。

ここで法規制の対象になりうるのが「景品表示法」です。

「景品表示法」は商品やサービスの品質表示ルールを定めた法律で、主に「景品類」や「広告表示」に対して規制(過剰なプレゼントサービスの制限)しています。

これは、ゲームに限らず「くじ」など、**過大景品を提供することで消費者が惑わされて質の良くないものに過大な支出をすること**や、**競争がエスカレートすることで、事業者が商品・サービスそのものに力を入れず、公共の福祉を害すること**とされているからです。

この法律の「景品」に該当するかの基準は

a　顧客を誘引する手段である（顧客誘引性）

b　取引に附随している（取引付随性）

c　経済的利益である（経済的利益性）

となっています。現状の消費者庁の判断ではソーシャルゲームの課金によるガチャはcに該当するものの、aとbには該当していないと判断されており「景品表示法」には引っかからないといわれています。

ただし、この基準には明示されていない、ゲームに付きものの「射幸心（煽られてワクワクを止められない気持ち）」を煽ると「景品表示法」に引っかかるとされており、「コンプガチャ（全て揃えるとさらにレアなものがもらえる仕組み）」については、aとbを満たすとされているので景品表示法に該当し、指導や命令、行政罰のリスクが生じます。

ADMINISTRATIVE LAW 6

Web3・0時代の行政法

■ブロックチェーンは記録と共有の技術

産業構造や人々の価値観を大きく変えたインターネットの登場ですが、近年、インターネットにつづく大きな変革のきっかけになるといわれているのが140ページでも取り上げた「ブロックチェーン」という技術です。

ブロックチェーンというのは、ものすごく簡単にいえば「取引の履歴を最初から現在（最後）まで完全に記録する技術」です。

「取引履歴」というブロックを鎖状に繋ぐのでブロックチェーンといいます。

ブロックチェーンを少しでも聞いたことがある人は、何やら「デジタルコイン」や「ヴァーチャルなお金」のように思われるのですが、一番近いのは「取引記録台帳」に暗号を混ぜて、その台帳の束を紐で繋げていっているイメージです（141ページの図参照）。

〈従来のネットビジネスのジレンマ〉

では、このブロックチェーンのどこが、インターネットにつづく大きな変革を起こすのかというと、**オンライン上にたしかに信頼できる「記録」と「共有」をもたらすことができる**ことです。

「インターネット時代の行政法」や「スマートフォン時代の行政法」という2つの項目で、インターネットが普及してから30年ほどの「産業構造や人々の価値観の変化」にあわせて、どのように法規制が見直されてきたかを説明してきました。

その中で長らく付きまとってきたジレンマは、「インターネット時代」においては、**情報の受け身となっており、情報をコントロールできない**ということでした。

一方で「スマートフォン時代」では「いくら信用性を高めても」「コモンズ（共有資産）の価値を高めても」「コイン（ポイント）を増やしても」、それらは、**与えられたプラットフォーム（基盤上）でしか通用しない（価値がない）**ということでした。

これらに共通するのは、**一部の民間企業（プラットフォームの管理者）に「富」「情報」「権力」「影響力」が集中してしまう**ことです。

例えば、いくら、あるSNS上で何十万人ものフォロワーを増やして影響力を持ったとしても、そのSNSの管理者が気に入らなければ、簡単にそのアカウントを停止することができます。

そのようなことがされなかったとしても、管理者の都合で、フォロワーの概念が突如変わってしまったり、最悪の場合、SNSを廃止するようなことがあれば、それまで、その**SNSに費やした労力は「ゼロ」になってしまう**のです。

これは**シェアリングエコノミーによる「評価（採点）制度」であろうと、ソーシャルゲーム上の「コイン（ポイント）」であろうと、全て同じ**です。

〈ブロックチェーンの革新性〉

一方でブロックチェーンは、**特定の管理者がいなくても機能する仕組み**がとられています。

例えば、**日本の漫画やゲームによく登場する架空の「ゼニー」という通貨**があります。ある日を境に日本人の全てがオンライン上では「ゼニー」で取引しようという慣習が広がった世界を想像してください。

先述したようにこの「ゼニー」自体がブロックチェーンというわけではありません。「ゼニー」は誰でも**価値の大きさが判断しやすくなるための共通の「尺度」**にすぎないのです。

10万ゼニーを有しているAさんが、京都に持っている民泊物件を1日「1万ゼニー」で貸すことにしました。

京都で泊まる場所を探していたBさんが希望日に宿泊する権利を購入するために、手持ち残高「5万ゼニー」のうち、Aさんに「1万ゼニー」を送金します。

するとAさんの残高記録は「11万ゼニー」となり、Bさんの残高記録は「4万ゼニー」となります。

従来であれば、この残高記録の変動は金融機関など管理者のサーバーに記録されています。

逆にいえば、この金融機関のサーバーをハッキングし、改ざんすれば、Aさんだろうが、Bさんだろうが残高を好きな金額に書き換えることができるかもしれません。

しかし、**ブロックチェーンはこういった管理者が存在しません。世界中に分散された膨大な数のサーバーに同時に記録されており、それぞれがネットワークで繋がっている**のです。

このような記録方法を「ブロックチェーン」と呼び、このように分散されたネットワークで共有する方法を「**P2P**《ピアツーピア》**ネットワーク**」と呼びます。

細かい話をすれば、この**ブロックチェーンの記録には電子署名技術や取引の時間、順番などを識別する技術が組み込まれており、それが鎖状に繋がっている**ために「現実的に改ざんができない」のですが、ここでは詳細を割愛いたします。

とりあえず本書を読み進めるうえでは「**一定期間の取引記録が塊となったブロックが鎖状に繋がって台帳化されており、その台帳をネットワーク参加者全員で共有している**」という程度の認識で構いません（このような状態を「中央集権」に対比して「**自律分散**」といいます）。

ここで特筆したいのは、このようなブロックチェーン技術による革新性です。

◎中央集権と自律分散

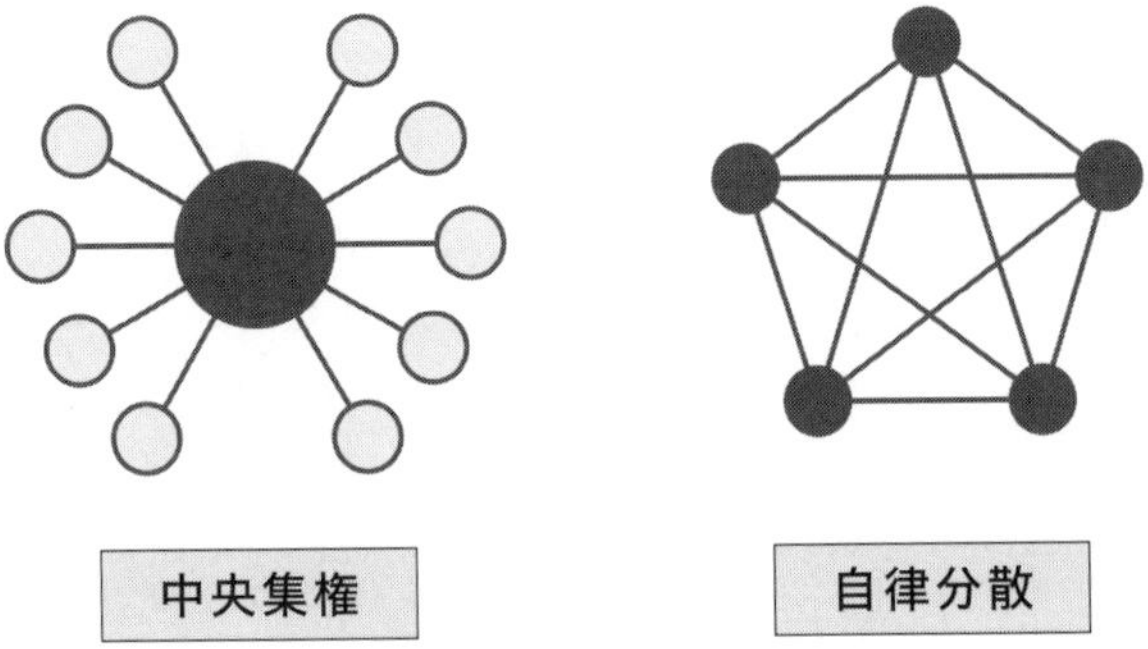

そもそも、ブロックチェーン技術の創始者からは、**この技術の開発に「中央集権や規制に対する反発」という思想が込められていました。**

創始者の正体は明かされず「**サトシ・ナカモト**」という偽名ではありましたが、前述の思想を持った人々のコミュニティに投稿された論文「**ビットコイン：P2P電子通貨システム**」が「ブロックチェーン」の基になっています。

インターネットの普及で**国家の枠を超えた自由な情報交換が実現しつつある中で、経済の自由も達成すれば、権力や政治からも自由になるというのが発想の根底にあります。**

そのため「ビットコイン＝暗号資産（仮想通貨）」というイメージが世間的には強いですが、**「暗号資産」はあくまで中央集権や規制に対する反発手法の一つ**ということです。

行政法的な視点でいえば、**ブロックチェーンの目指**

すところは「**権力濫用**」「**統制下にある人民の監視・コントロールの阻止**」といえます。

特に国家権力などによる「**情報の独占**」や「**非公開**」に**対する想いが強い**ようです。

これは、奇しくも**本書が7章をかけて追ってきた論点と重なる**ところが多くあります。

ただし、本書でこういった思想を推奨する意図があるわけではありません。

あくまで客観的な立場で、統治・統制の技術としての「行政法」が「どういう仕組みで、どのように変わってきたか」を解説しています。

少なくとも、事実として**日本人の生活の9割を占める**「**行政法**」**という存在が変わりつつある中、同時にデジタル技術の発展が**「**法律ではない方法**」**によって、新しい自己統制のあり方も伝播し始めており双方が交錯しつつある**のが現時点ということです。

なお、ここまでお伝えしてきたインターネットの普及による〝**単方向で一部の者**（**事業者**）**が情報を発信する時代**〟を「**Ｗｅｂ１・０**」、つづく**スマートフォンの普及による**〝**双方向の情報発信によるコミュニケーションの時代**〟が「**Ｗｅｂ２・０**」と名付けられています。

そして、本項で取り上げたような〝**記録と共有をデジタル技術に委ねて中央集権から自律分散へという時代**〟を**一般的には**「**Ｗｅｂ３・０**」と呼びます。

〈**Ｗｅｂ３・０の世界観**〉

じつはブロックチェーンに関する論文が「サトシ・ナカモト」によって投稿されたのは

２００８年です。そして、「Ｗｅｂ２・０」思想のあとに「Ｗｅｂ３・０」思想が登場したのではなく、**両者の思想は枝分かれ的に成長しています**（「Ｗｅｂ○○」という呼称は後付け）。

Ｗｅｂ３・０のような「非中央集権（自律分散）」が現実味を帯びてきたのは、２０１３年の終わりにブロックチェーンを用いた**「スマートコントラクト」というアイデアが「イーサリアム」という「暗号資産（仮想通貨）」に実装された**ことが大きいです。

スマートコントラクトは簡単にいえば「**人間の判断を介することなく一連の取引を自動化する仕組み**」です。

取引の記録と共有を実現する**ブロックチェーンに「特定の条件を満たすと、決められた処理が自動的に実行される」プログラムをあらかじめ組み込むのが「スマートコントラクト」**です。

このような「**取引記録の共有と自動化**」が実現できるようになったことでＷｅｂ３・０では、**非中央集権の実現や法規制の対象範囲縮小ができる**のではないかと考えられているのです。

実際にスマートコントラクトを活用したアイデアとして、現行法でいう「出資に対する株式発行」をデジタル化したような「**ＩＣＯ（イニシャル・コイン・オファリング）**」や、政府や金融機関をとおさずにブロックチェーン上で金融サービスを実現する「**ＤｅＦｉ（ディセントラライズド・ファイナンス）**」などがあります。

また、有価証券のデジタル化「**ＳＴ（セキュリティ・トークン）**」や、デジタルな画像・映像・音楽などにブロックチェーンを組み合わせて鑑定書や所有証明書をデジタル化する「**ＮＦＴ

（ノン・ファンジブル・トークン）」なども実現しています。

このようにWeb3.0の時代は、行政法が目指してきた「国民（住民）の権利利益の保護と社会の秩序や安定・維持」の実現のために**「統治・統制の技術としての法規制」と「デジタル技術による自律」のバランスがどのように移り変わるか**が重要ポイントです。

これはブロックチェーンなどのWeb3.0だけでなく「行政業務をAIに置き換えられるか？（100ページ）」といった論点や、現在政府が推進する行政のデジタル化なども含め、複合的な検討が必要とも考えられますが、本項では実際に深い議論が進められつつある「暗号資産仮想通貨）」と「DAO（ディセントラライズド・オートノマス・オーガニゼーション）」に絞ってWeb3.0と行政法の関わりを見ていきます。

■暗号資産の法規制

ブロックチェーンというと「デジタルコイン」や「ヴァーチャルなお金」のように思われやすいですが、それは世間的に「ブロックチェーン＝ビットコイン」のイメージが強いからです。

これは半分正解・半分間違いで、**先述したようにブロックチェーンのアイデアは権力や政治からも自由になることを目指し、経済的な自由を実現するため**「ビットコイン：P2P電子通貨システム」をサトシ・ナカモトが論文として発表したのが始まりです。

この直後から実際に「ビットコイン」が公開され、現在においても「ビットコイン」は世界中で利用されています。

ビットコインや、その後「イーサリアム」をはじめ、様々な同種の「ヴァーチャルなお金」が登場し、これらは「仮想通貨」と呼ばれていましたが、**日本の法律上は「暗号資産」と定義されています。**

ここまでで**詳しく述べましたが、ブロックチェーンはあくまで「取引記録」を「共有」する技術であり「ビットコイン」や「イーサリアム」はその技術を活用した「尺度（価値基準）」の棲み分けにすぎない**のです。

どうしても「仮想通貨」と表現すると、そこに誤解が生じてしまうため法律上は「暗号資産」と定義付けられています。

そもそも「デジタルコイン」や「ヴァーチャルなお金」は「暗号資産」を持ち出すまでもなく、たくさんあります。

その最たる例は、ソーシャルゲームで用いるコインやポイントです（422ページ）。

ソーシャルゲームの法規制を解説する中で取り上げた「資金決済法」は、「暗号資産」に関する規律も対象としています。

では「通貨」ではない「暗号資産」とは具体的に何なのかですが、資金決済法では次の条件に該当するものを「暗号資産」と定義付けています。

（1）物品・サービス提供の代価の弁済として不特定の者に対して使用でき、不特定の者との間で　購入・売却をすることができる
（2）電子的に記録された財産的価値で電子情報処理組織を用いて移転することができる
（3）本邦通貨・外国通貨や通貨建資産以外のもの

難しい言い回しですが（2）と（3）は単純で**（2）はデジタルデータ**ということです。
（3）は「円」や「ドル」、「ユーロ」のような**国の法律によって強制的に貨幣としての通用が認められていないもの**です。

今さらですが**「通貨」というのは、国が人民を統制・統治するために法規制をかけている手段にすぎない**のです。

逆にいえば「暗号資産」というのは**「国がコントロールできない、通貨的な機能を有したデジタル上の何か」**と定義付けているともいえます。

そして、この「通貨的な機能を有した」を明文化したのが（1）です。
（1）をかみ砕いていうと**「不特定多数の人に対して物品やサービスの対価として支払いが認められるもの」**ということです。

つまり国のように**法律で強制的に通用力を持たせてないのに、不特定多数の人がお金として認めてくれるもの**を暗号資産としているのです。

言葉にすると簡単ですが、これはかなりハードルの高いものです。

例えば、猫の世界を再現したソーシャルゲームに「ニャン」という単位のコイン（またはポイント）があるとして、そのゲームを多くの人がプレイしていたとしても、実生活で「１００ニャンあげるから、そのボールペンをください」と交渉しても「不特定多数」には通用しません。

先のソーシャルゲームで資金決済法の論点を挙げた際に「前払式支払手段」のみを挙げたのは、そういった事情からです。

同じ理由から楽天ポイントやAmazonポイントなども、そのプラットフォーム上では、割引に使えたとしても（現時点では）不特定多数の人に物品やサービスの対価として支払いすることができないため「暗号資産」には該当しません。

「暗号資産」はさらに「1号暗号資産」と「2号暗号資産」に分かれますが「1号暗号資産」は先ほどの（1）（2）（3）の全てに該当するもので、世間でイメージされる「仮想通貨」ということになります。

一方で「2号暗号資産」は先ほどの（2）（3）に該当し、（1）の代わりに「不特定の人に対して、1号暗号資産と交換できるもの」が追加されます。

この「2号暗号資産」の要件でも、やはりソーシャルゲームのコイン・ポイントや、楽天ポイント・Amazonポイントは「暗号資産」とはならないのですが、ここで別の問題が生じました。

これが先述したデジタルな画像・映像・音声などにブロックチェーンを組み合わせた「NFT（ノン・ファンジブル・トークン）」が暗号資産に該当するか否かという問題です。

どうしてこのような該当性が問題になるかというとWeb3・0に取り組む事業者が増えてきた結果、自社のサービスに「NFT（ノン・ファンジブル・トークン）」を導入する事例が増えてきており、これらがもし「暗号資産」ということになれば「暗号資産交換業」登録という行政手続が必要になります。

そして、この登録は資本金要件や体制構築、コンプライアンス実績など高いハードルがあり、国内でも30数社しか登録実績がありません。

それは要件や義務がかなりハードルの高いものとなっているからです（無登録で暗号資産交換業を行うと最大3年の懲役または300万円の罰金）。

「NFT（ノン・ファンジブル・トークン）」とは〝ノンファンジブル〟で〝代替不可能〟なトークンという意味です。

トークンというのはこれまで説明してきたような〝台帳による取引記録のしるし〟というニュアンスで理解頂ければ大丈夫です。

つまり「ビットコイン」や「イーサリアム」など不特定多数に支払手段として利用できる〝台帳による取引記録のしるし〟が「FT（ファンジブル・トークン）」です。

一方でNFTというのは、**デジタルな画像・映像・音楽などのコンテンツにブロックチェーンによって「所有者」「作成者」「取引履歴」**などが紐づけられますので、そのコンテンツの**唯一無二性を証明**することができます。

このことから「**他に代替がきかない（一点ものである）しるし**」として「**NFT（ノン・ファンジブル・トークン）**」と呼ばれるわけです。

このような代替性がきかない証明をデジタルデータに付けられることで、事業者はこれまでにない様々なサービスをすることができます。

それまで**際限なく違法に複製されてきたデジタル上のコンテンツを保護**することもできますし、また、**オンライン上で手軽に唯一無二な会員証を発行**することもできます。

また、スマートフォンが主流の時代にあって、**入場チケットなどをNFT化**するような動きもあります。

さらにブロックチェーンが非中央集権、すなわちプラットフォームを選ばないという利点がありますので、**ゲーム内でNFTアイテムなどを作れば、そのNFTを他のゲームに持ち出すことも可能**ですし、ゲームどころか**SNSなど、まったく異なるフィールドに持ち出すことも可能**となります。

ゲームやSNSなどで課題となっていた提供側の都合に左右されずに安心して購入・収集することができるわけです。

◎ NFT の暗号資産該当性

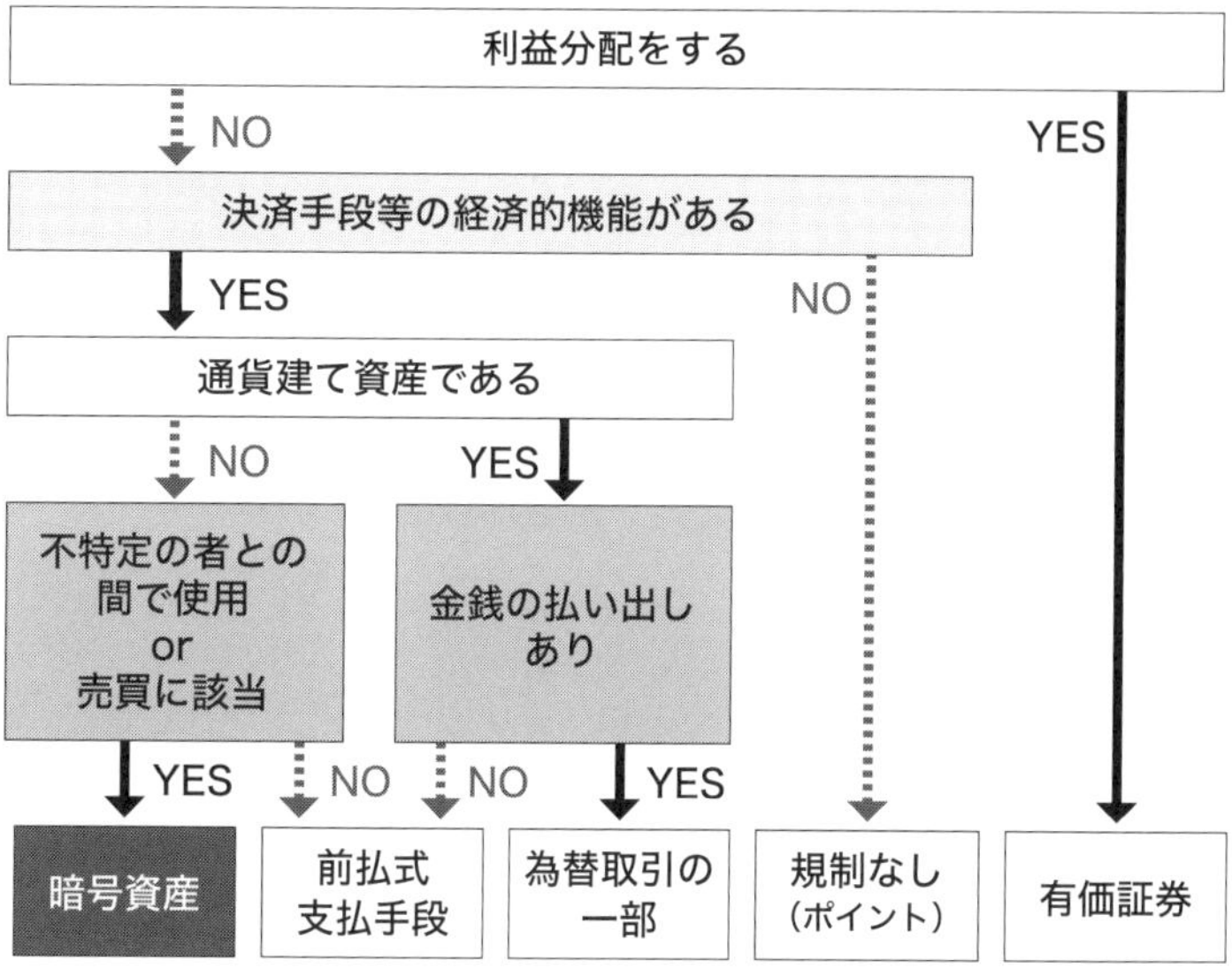

このような様々な可能性を秘めるNFTを企業が発行したいことは当然の流れなのですが、**現状の法規制では「他の暗号資産と交換」できるものにすると、自らが「暗号資産交換業」の登録をする必要が生じてしまうため、国内における普及が停滞**しています。

なお、NFTとは別に上げた「ST（セキュリティ・トークン）」については、**資金決済法への該当性以前に、「金融商品取引法」の該当**が考えられます。

主な判断基準としては**「デジタル技術により株式や社債のような権利を有するもの」**かどうかです。

簡単にいえば**「利益分配」の性質を持たせるようなトークンは「金融商品**

取引法」の規制対象となり、これらを扱う場合は「金融商品取引業」の登録が必要となり、やはり資本金要件や体制構築、コンプライアンス実績など高いハードルがあります。

■DAOの法規制

ここまでで述べたように「ブロックチェーン」はこれまでの法規制のあり方や、事業者のビジネスのあり方、そして行政法が想定している「公共の福祉」の本質まで、大きく変える可能性を持っています。

そしてWeb3・0の中でも、最も**私たちの仕事への向かい方や、人との繋がり方、組織のあり方などに影響を与えるのが「DAO（ディセントラライズド・オートノマス・オーガニゼーション）」**です。

「ディセントラライズド」というのは、これまでも何度か出てきた「**非中央集権**」や「**分散型」という意味**です。

「オートノマス」は「**自律的**」や「**自治**」という**意味**があります。

「オーガニゼーション」は「**組織体**」や「**団体**」を**意味**します。

つまり「DAO」というのは、**管理者を必要としなくても、自律や自治が行える組織のあり方を意味しています。**

その核となるのは、やはり「ブロックチェーン」です。

本章で長らく見てきたように、インターネットが登場し、IT社会になると、情報の扱いが重要になりました。

２００５年以前は主に発信力のある企業やメディアが単方向的に発信を行い、大衆がそれを受け取るという図式でしたが、やがてスマートフォンが普及し、個人個人が発信力やコンテンツ制作ができるようになった結果、それらを仲介する**プラットフォーマーが国や地方公共団体に匹敵する情報や影響力・権力を有する中央集権的な世界が際立ちます。**

限られたプラットフォーマーとその他、大勢の人民という図式です。

ブロックチェーンの登場によるWeb3・0あるいはDAOに寄せられた期待は、そういった時代の流れや産業構造の変化に対するアンチテーゼ（対立命題）といえます。

ただし、注意が必要なのは、仮にWeb3・0が普及し、ある程度の支持を得たとしても、**Web1・0やWeb2・0的な企業や、国の統治のあり方がなくなってしまうわけではなく、それぞれが共存し、互いのバランスを取ることが、これからの時代の「公共の福祉」に必要な観点となります。**

それでは、ここから日本の法規制とDAOの実現可能性がどのような現状にあるかを簡単に説明していきます。

〈DAOの仕組み〉

DAOは、ブロックチェーンによる「記録」と「共有」技術、そして「スマートコントラクト」による一連の取引を自動化する仕組みによって、組織運営を成立させようとする構造です。

このことにより、通常の組織のような「トップ」の存在や「責任者」というものを設けず、またヒエラルキー（階層構造）にする必要もなく、メンバー個々が（基本的には）平等で民主化された組織を実現できます。

DAOの目的や行動を決めるための意思決定などはメンバーが持つ投票権（ガバナンストークン）をそれぞれ行使して行います。

投票の管理自体も自動化されていますので、**集計なども人の手を介在させる必要はありません。**

また、もとよりブロックチェーンを活用しているため、全ての**活動履歴などはオープンとされており、透明性も確保**されています。

DAOの意味である「オートノマス」に「自治」という言葉が出てきた時点で気づいた方もいらっしゃるかもしれませんが、DAOはある意味では、**地方自治法で目指す思想をブロックチェーンを活用し、人の手を介在せずに実現する可能性を秘めている**ともいえます。

ただし、繰り返しになりますが、DAOの普及によって「国（政府）」や「地方公共団体」、大企業や中小企業などがなくなることはありません。

◎既存組織とDAOの比較

	既存の組織体制	DAOによる組織体制
運営の基盤	構成員による ルールの順守	ブロックチェーンによる 自動化
組織構造	階層構造が多い	フラットで民主化
意思決定方法	決定権を持つ メンバーによる決議	メンバー全員による 投票
投票の管理	人為的に行われる	自動的に行われる
情報公開	決定権を持つ メンバーが公開する範囲	全ての活動が 公開される
適性	統治機関、大規模組織、 恒常的事業	プロジェクト、 小規模組織
日本における 法律の根拠	複数あり	なし

DAOはどちらかというと数十人から多くても数百人程度の組織に向いたシステムと考えられており、「国」「地方公共団体」「会社」というより「プロジェクト」という事業の遂行と相性が良いといえます。

まとめると「DAO」は**ブロックチェーンを活用し組織の意思決定や規律を管理者なしで自動化し、民主制や情報の透明性の高い組織として、「プロジェクト」などの比較的少人数な事業遂行に向いた組織構造**といえます。

この際に最も課題に感じるのは、「メンバー個々が自発的に動かなければDAOの目的がまったく達成できないおそれ」です。

このことに関しては**DAOの価値が向**

上する行動・活動を行った者に対しての「インセンティブ（報酬や褒章）」の発生によって克服しています。

具体的にはスマートコントラクトにより、様々な行動や活動に対して「インセンティブ」が発生するようにプログラムを組んでおくのです。

また、プロジェクトや事業ごとのメンバーの投票などを「インセンティブ」に反映させるような工夫も可能です。

この際の「インセンティブ」に用いられるのが437ページで解説した「FT（ファンジブル・トークン）」です。

つまり、その**DAOに対する貢献度が「（仮想通貨寄りの）暗号資産」で受け取れる**ということです。このようなトークンを「ガバナンス・トークン（投票権としてのトークン）」と区別して「**ユーティリティ・トークン（有用性・実用性あるトークン）**」と呼ぶこともあります。

つまりDAOは、現行の会社に無理矢理あてはめて説明すると「代表取締役が存在せず、メンバーが全員平等に組織の議決権を有する株主であり、組織内で活用できる独自通貨を配当&給与として運営する株主＋取締役＋従業員の集まり」ということです。

〈DAOにまつわる法規制〉

じつはDAOに関する法整備は、日本に限らず、海外においても現段階ではあまり事例があ

◎ワイオミング州の12個の定款記載事項

項番	内容
1	会員間及び会員と分散型自治組織の間の関係
2	構成員となる者の本章に基づく権利及び義務
3	分権的自治組織の活動及びその活動の遂行
4	運営協定の改正の手段及び条件
5	会員の権利及び議決権
6	会員の持分の譲渡性
7	会員資格の取消し
8	解散に先立つ会員への分配
9	定款の変更
10	適用されるスマートコントラクトの修正、更新、編集又は変更のための手続
11	分散型自治組織のその他の全ての側面

〈出所〉ワイオミング州 HPより(https://www.wyoleg.gov/Legislation/2021/SF0038)

りません。現状、それらしいものが出ているのはアメリカ、ワイオミング州とテネシー州で２０２１年７月に施行されたＤＡＯ法です。

これはＤＡＯ法に基づく登記を行うことでＤＡＯ自体に「個々のメンバー」とは別の「有限責任会社」として法人格が認められます。

日本法でいえば、**個人事業主の集まりだったサークルから、株式会社や社団法人のような「組織としての別人格」が与えられるようなもの**です。このことにより、ＤＡＯとして他の会社や行政機関と契約などをすることができます。そして、その際の責任は、法人格が認められない場合ではメンバー個々が個人で責任を負うのですが、ＤＡＯ自体に法人格があれば、個人とは別で法人自体（全体）で責任を負うことになります（有限責任会社）。

また、日本でも法人化の際は「定款」という「会社の憲法」を定めて登記するのですが、ワイオミング州ではＤＡＯの法人化に際して前ページの表のような内容を定めるように規定しています。

通常の株式会社や社団法人に近い事項もありますが、興味深いのは定款には「メンバー管理型」か「アルゴリズム管理型」かを定義するものとされていて、一般的な「スマートコントラクト」による自動化されたＤＡＯの管理以外も選択の余地としているのが、特徴的です。

ＤＡＯは人の手が介在しないことに大きな意義があるのですが、ワイオミング州のメンバー管理型を選択した場合、ＤＡＯへの貢献に応じたインセンティブを、意思決定をした時点のＤＡＯが保有する資産の合計額で均等割することになっており、これでは日本法でいう上場企業の株式と大差がなく、完璧なものとはいえません。

逆にアルゴリズム管理型の場合は、「10適用されるスマートコントラクトの修正、更新、編集、または変更のための手続」と記載があることからも、スマートコントラクトが状況に応じて変更できるものであることが前提となされています。

そうなると他の項目にあるＤＡＯの基本ルールとの整合性の問題も出てくるためあわせて登記された定款記載事項も変更・更新することになるはずです。

このようにワイオミング州のＤＡＯ法も、**最低限の事項のみを明示する程度になっているた**

め、**世界的にもまだまだＤＡＯの位置付けについては模索中という状況**になります。

一方で、ＤＡＯが現在の日本のように法人化することができないとすれば、ＤＡＯが第３章で見たような行政客体になることができません。

行政客体になれないということは、**ＤＡＯは行政主体から「行政処分」を受けることがない**ということです。

つまり、国内でどのようなプロジェクトを行うとしても、必要となる**許可や登録などを受けることができません**。

逆に法人税のようなものが発生しないメリットはありますが、**暗号資産の形態によってはかなり高額な所得税などが発生するため、これらは（税制上不利な）メンバー個人の所得として扱われます**。

また、給付行政の対象にもならないため、**補助金や助成金などを受けることもできませんし、行政契約の相手方になることもできない**のです。

さらに、確実に（少なくともオンライン上では）存在が認められるにもかかわらず行政活動の文脈では存在しないと同義になってしまうため、**行政計画で考慮されることもなく、行政調査にかかることもありません**ので、ＤＡＯの存在が重要な領域が（将来的に）できていたとしても、行政は、ＤＡＯを考慮する必要がないということです。

この点は、ＤＡＯに似た性質を有しながらでも、行政客体に準じる存在である町内会や自治会といった組織とは明確に異なることになります。

町内会や自治会は、DAOとは逆に行政計画や行政調査の対象として重要視されているだけでなく、行政活動の様々な場面で「前提」とされている存在です。

また地方自治法により「地縁団体」として（必要が生じた場合に）行政主体から認可を取得し法人格を有することができます。

さらに構成員の議決により定めた規約に基づいた範囲で「権利能力」を有することができたり、所有者不明の不動産を共有管理できるといった通常の法人とは異なった意義があることから「公法人」でも「私法人」でもない「共法人」という役割が期待されています。

持論ではありますが**日本におけるDAOの盛り上がりは、かつて日本で根強かった町内会や自治会のような「場所（地域）という磁力で形づくられた関係性」をインターネットの特徴である「場所的制約・時間的制約」を開放した多様な磁力（趣向）で再構成したような日本独特の熱量を感じます。**

これらを踏まえると、ワイオミング州におけるＤＡＯ法を参考にしながらも、日本の場合は町内会や自治会、コモンズなどにおける意義や地縁団体制度などを参考にしてみてもおもしろいかもしれません。

ADMINISTRATIVE LAW 7

未来予測としての行政法

■先端事業に関する事業者単位の規制改革

本章では行政法の本質について「抽象的な説明」から「具体的に30年ほどの産業構造に即した法規制の変化」までを説明していきました。

具体的に取り上げた例を見て「時代の流れや産業構造の変化に即して規制が緩和されていくのなら良いけれど、どちらかというと規制が強化されるほうが多いのではないか」と思われた方も多いのではないでしょうか。

これは387ページでもお伝えしたように先端をいく事業現場の実情と国民のニーズを正確にくみ取り「政策立案」するための情報が正確に立法機関や政府に伝えられていないことも多いからです。

まずは、**我々一人ひとりが「行政法の統一的な仕組みと考え方」を踏まえたうえで、あるべき提言を行っていく必要があります。**

同時に政策形成に携わる機関は、複合的な利害関係を正確に把握して、現状にとっての全体最適を踏まえながら（可能な限り）「原則は自由に行えるもの」というスタンスで、（最新の）公共の福祉的にやむを得ない事由のみを限定的に規制するスタンスに移行する必要があるでしょう。

じつは、現状の日本政府においてもこういったことにアプローチするための制度が３つあります。

それが「グレーゾーン解消制度・ノーアクションレター制度」と「規制のサンドボックス制度」「新事業特例制度」です。

〈グレーゾーン解消制度・ノーアクションレター制度〉

これは**新しく開始しようとするビジネスモデルに抵触しそうな法規制がどのようなものか把握できない場合、あるいは特定の規制に抵触しそうで不安な場合に、具体的なビジネスモデルを明かして照会をかければ、事前に規制適用の有無を確認できる制度**です。

この制度を利用したい場合、まず経済産業省（新規事業創造推進室）の窓口に相談し、「**規制の解釈及び適用の確認の求め（グレーゾーン解消制度）**」や「**法令適用事前確認手続（ノーアクションレター制度）**」という手続を行います（書類の提出先は前者が事業を所管する省庁の大臣で、後者が規制を所管する省庁の大臣です）。

この制度のメリットは規制（業法など）を所管する省庁が正式に文書として回答を行い、公表されることです。

言い換えれば、**先端をいく事業現場の実情やニーズが国民全てに共有されたり、政策形成に携わる関係者に認知されるということ**です。

両者の違いですが、ノーアクションレター制度が、具体的に自らのビジネスモデルに抵触しそうな法令を挙げて、その法令を所管する省庁に照会をかけるのに対して、グレーゾーン解消制度は漠然としたビジネスモデルに基づいて事業を所管する省庁から、各種法令等を所管する省庁に照会がかけられます（78ページ「縦割り行政」解消手続ともいえます）。

したがって**ノーアクションレター制度**は「許可（201・202ページ）」や「行政罰（186ページ）」などを前提としたものですが、**グレーゾーン解消制度**はもっと広く「法律・命令・通達（58・59ページ）」を横断して照会することができます（自治体の条例は含まれない）。

このような行為を行うことで、**高度な政策提言などを行わなくても、こういった活動を積み重ねることで、国の政策形成に良い影響を与える可能性**があります。

もちろん、単純に自らが開始しようとするビジネスにおいて法に触れる不安を解消することができますので、積極的な新規事業創出を考えている事業者にとっては、制度活用だけでも大きなメリットがあります。

〈規制のサンドボックス制度〉

この制度は先述した2つの制度よりもさらに攻めた活動を行うことができる制度です。

例えば、ノーアクションレター制度やグレーゾーン解消制度の照会を行った結果、何らかの法律に抵触することがわかったとしても、その所管省庁の大臣に「新技術等実証計画の認定申請」という手続を行い、ビジネスモデルが認定されれば、規制改革を訴えるために必要なデータ収集を行うことができます（要は、特別に認定された事業者は違法となるはずの行為を行えるようになります）。

これはつまり、**新しい技術・ビジネスモデルを日本国内で迅速に社会実装できるようにするために「まず、実際にやらせてみようか」と政府が（事業者や期間は限定的だが）規制緩和する制度**です。

この制度を利用するメリットは、事業者にとって実際に事業化できるか確信が持てない状態で、法改正や規制緩和がなされるまで実証しつづけたり、試行錯誤しつづけるリスク（法改正が成されなかった場合は「無駄」）を排除することができます。

また、政府としても事業者の実証によって確度の高いデータを得ることができますので、規制改革に踏み切るべきか否かを判断しやすくなりますし、法律案を練る際に、事前に様々なリスクや状況、対応策などを知ることができ、現場の実情に即した法律を練ることができるわけです。

〈新事業特例制度〉

新事業特例制度は、規制のサンドボックス制度に似ている制度ですが、こちらのほうがよりビジネスに寄った制度です。

先ほど、規制のサンドボックス制度は限定的な規制緩和がなされるとお伝えしましたが、実務レベルでいえば、まだまだ「現行の法令に違反しないように調整」することが求められることも多く、イメージとしては、「行政というお守り付きのシュミレーション」というニュアンスです。

一方で**新事業特例制度は、所管の省庁に「規制の特例措置の求め」という手続を行い、認められると、規制の特例措置が設けられ、さらに「新事業活動計画」を提出して認定を受けることで、事業者の考えるビジネスモデルに応じる形で（安全性等確保など条件が付されますが）具体的に事業を走らせることができます。**

言い換えれば、事業者単位で規制緩和が適用されるようなものです。

さらに、特例措置が創設されたあとは、他の事業者についても「新事業活動計画」を提出して認定を受けることで同じく参入することができます（「規制の特例措置の求め」の手続が不要になる）。

このように新事業特例制度は、新しいビジネスを始める際の規制緩和最短ルートのようにも思えますが、認められるハードルが高く設定されていますので、この制度を利用するのは少し難しい場合もあります。

そのため、規制のサンドボックス制度による実証実験を先行して行ってから、実証後の「規制の見直し」と一貫で、特例措置の創設に移行するという利用方法が多くなると考えられます。

■社会システムの変化を先読みする

さて、ここまでで法規制に関する過去からの経緯、現在における現実的な規制との向き合い方をお伝えしてきましたので、いよいよラストは未来に視点を移します。

日常生活をするうえでも、自身の進路や仕事の行く末を考えるうえでも、現在取りかかっているビジネスについて考えている時でも、誰しもこれからの先のことを正確に知れたら良いのにと思うのではないでしょうか。

じつは本書でお伝えしてきた**「行政法の統一的な仕組みと考え方」**を理解頂いたうえで、**本章がお伝えしてきた行政法の本質的な理解と、実際にこの30年ほどでどのような産業構造の変化と法規制の変化がなされてきたかを振り返って頂ければ5年先くらいの社会システムの変化であれば、予測することが充分に可能**です。

物理学において、事象の原因と結果の関係を「因果律」と呼び、それらを知ることで現時点の出来事（原因）に基づいて未来（結果）を確定的に知ることができるという立場がありますが、社会経済上の法規制の文脈では、「行政法の統一的な仕組みと考え方」がこの「因果律」にあたると私は考えています。

日本の社会システム、言い換えれば、日本の政策と法規制の変化というのは「社会で表出している課題（原因）」に対して「必要なことを満たす（結果）」ために実施されているからです。

社会システムの変化を正確に捉えられない人と捉えられる人の大きな違いは、**過去や現在で機能している政策や法規制を「点」で捉《とら》えているのか「線」で捉えているのか**の違いです。

精度の高い未来予測をするためには**それぞれの「政策形成」や「法規制」を過去の歴史や時代の流れを踏まえて「線」として捉える**必要があります。

そうすることで**過去から現在までに起きている社会現象や社会的な課題に対応する「政策」や「法規制」のパターンを見抜き、過去から現在、そして未来に繋がる「線」として予測することが可能**です。

①社会的課題を見つける

まずは目の前で起きていることで小さな変化を捉えることが大切です。特に社会には「困りごと」や「正しくないこと」が溢れています。

社会とは多様な人間の集団としての営みをいいます。異なる価値観や目的を持った人間が集まる以上、１００％の正解はありません。

そのことからどのような「社会システム（政策・法律などのルール）」であっても、誰かに**とっての「困りごと」や「正しくないこと」は生じてしまいます**（これを「社会的課題」といいます）。

本書で様々な事例を取り上げましたが、そのほとんどが誰かの「困りごと」や「正しくないこと」への対処として行政法が形成されていったことがわかったはずです。

そして**実際に国（政府）なり、地方公共団体なりが積極的に「社会的課題」に対応するのは何かを予測する必要があります。**

それが「**社会的課題の本質を知る**」ことです。

②社会的課題の本質を知る

社会的課題の本質を知るためには、本書で触れてきた**事例などの共通項を見出すと見えてくる**ものがあります。

未来予測に絶対的に必要なのは「原理」から考えることだからです。

あえていくつかのポイントを列挙すると

- これまでの社会システム（政策や法規制）がどのような必要性に応じる形で形成されたのか
- その必要性とはどのような集団や層にとってのものなのか

- 社会的課題を解決した場合のインパクト（課題と解決のギャップや受益者のボリューム）
- 社会的課題の解決に取り組まない場合のリスクの大きさ
- 形成された社会システム（政策や法規制）が整ったのはどんなタイミングだったか

こういったことを把握することで、**「社会的課題」の本質を見出すことができ、これからどのような「政策」や「法規制」という解決策が講じられるかが予測しやすくなります。**

③社会的課題解決に必要なポイントを整理する

社会的課題を見出し、その本質を探りあてることができれば、あとに残されたのは実際の「政策」や「法規制」がどのようなものになるかを組み立てることです。

一見、これが一番難しいように思えますが、本書を読んできてくださった方々にとってはトランプの神経衰弱を1枚1枚めくる作業に近いです。

行政法の全体イメージは「行政法の構成図（35ページ）」でもう把握できていると思います。中でも未来予測にとって重要なのは要素②③④⑤⑥の部分です。見出した社会的課題の大半は「要素③行政客体」と「要素⑥私法領域」との関係になるはずです。

そこで、政策や法規制として解決策が講じられるのは「要素④行政作用」で、「要素②行政主体」と「要素⑤地方自治」が遂行します。

特に、まずその社会的課題解決に対して、過去にあった近しいケースでは、どのような「行政法の型（20ページ）」が用いられていたかを考えます。

ただし、そのまったく同じ型が用いられるわけではありません。

そこに**現在の社会的状況、具体的にいえば「業界の動向」「世論の状況」「環境」「社会意識」「技術的背景」「景気」「価格変動」「為替」「社会的課題を取り巻く利害関係**」などが**踏まえられて調整がなされます**。

なお、法規制の場合であれば、「業法の構成（395ページ）」でも述べたように、かなり決まったパターンの構成がほぼ過去の類似の法規制で実施されているので、それらも参考にします。

これらを手持ちの情報を踏まえて神経衰弱のように、場にある材料（カード）を1枚1枚めくるように考察していくのです。

それでは最後にここまでお伝えした未来予測の流れを踏まえて、実際に私が関わった事例から一つお話ししましょう。

■民泊新法施行後の状況は予測できた

2014年頃、円安やビザの緩和、免税範囲の拡大といった日本の政策に伴い、訪日外国人が急増しました（インバウンド需要拡大）。

そして、国内の空き家問題の対策なども踏まえて、東京オリンピック・パラリンピックの開催決定を契機に一気に全国（特に東京、大阪、京都）にて、空き家を活用した宿泊事業（通称：民泊）が盛んになります。

しかし413ページで取り上げたとおり、日本において宿泊事業を行う場合、旅館業法上の簡易宿泊営業の許可を取得する必要がありましたが、当時、空き家（戸建ての住宅やマンション一室）で簡易宿所営業許可を取得することは建築基準法や消防法のハードルが高く、無許可で営業を行う「ヤミ民泊」が急増します。

この「インバウンド需要」「大量の空き家」「ヤミ民泊の急増」が「①社会的課題を見つける」です。

私は当時から仕事の関係で「不動産会社（宅地建物取引業者）」「IT企業」「スタートアップ企業」「まちづくり支援団体」「地域の自治組織」との交流が活発であったため、このインバウンド事業に伴う「ヤミ民泊」の増加や、それに伴う空き家流通の事情、そして地域住民に生じた課題などの情報を正確に知ることができました。

また、「不動産会社」や、新規事業進出意欲の高い「IT企業」「スタートアップ企業」などと一緒に、実際に「空き家」で簡易宿所営業許可取得をするプロジェクトにも複数関わることになりました。

広く世の中で情報が流通していない時には「関連業界」と新規事業に積極的な「（資金に余

裕がある）スタートアップ企業」から、1次情報として鮮明な情報を得ることが可能です。

2015年頃には、もう業界や政府においても、ヤミ民泊に対する検討が具体的に始まっていました。

そこで、関連業界の開催する意見交換会に参加したり、政府の検討会の議事録を定期的にチェックしました。

大切なのは、現状の「社会的課題」を枝葉的に知れるので、それらを体系化・構造化して課題や意見の本質に言語化することです。

特に、**過去に生じた課題との共通項を見出したり、政策による解決手段との比較を行います。これらが「②社会的課題の本質を知る」になります。**

例えば、「ヤミ民泊」問題で話題に上がりやすかった課題は「衛生に関する問題（旅館業法）」「安全面の問題（建築基準法、消防法）」「仲介の問題（旅館業法、旅行業、宅地建物取引業）」「近隣住民トラブルの問題（飲食店やライブハウス騒音、マンション建設紛争、屋外広告物規制、建築協定など）」「管理体制の問題（旅館業、宅地建物取引業など）」といった過去に参照すべき課題と政策による解決策が多く存在しました（カッコ内は過去の共通項）。

また「社会的課題を解決した場合のインパクト」や「社会的課題の解決に取り組まない場合のリスクの大きさ」から、少なくとも「旅館業法による類型の追加」「旅館業法の特例法制定」「まったく新しい法律制定」などがなされることも容易に想定することができ、その際の所管も「厚生労働省」か「国土交通省」になることは、挙げられている課題とビジネスモデルから予測は難しくありません。

そこで、「厚生労働省」か「国土交通省」における「本質的な課題に対する政策解決手段」から、具体的にどのような規制がかけられるか、あるいはどのような対策をするべきかを予測することが可能です。

これらが「③社会的課題解決に必要なポイントを整理する」です。

なお、**本書の「行政法の統一的な仕組み・考え方」「行政法の構成図（35ページ）」をベースにして、「業法の条文構成（395ページ）」、そして本章で触れていったビジネスモデルの発展、産業構造の変化、公共の福祉の変遷などを駆使すると、かなり解像度の高い予測や政策提言ができます。**

私の場合は、京都市における旅館業法に対する「要領・要綱（行政指導をまとめたもの）」に対して「あるべき方策」を追加で提言していましたが、その後、2018年に施行された「民泊新法（住宅宿泊事業法）」で定められていたルールの多くをこの時点で踏襲できていました。

その結果、「住宅宿泊事業法」に伴う京都市の受付窓口開設や手引きの策定などに「統括責任者」として関わることになりました。

また、宿泊施設を仲介するプラットフォーマー「Airbnb」が支援する団体と供に事業者や地域住民の課題ヒアリング、勉強会の実施を行い、その後も、生じる民泊と近隣住民トラブルに京都市からの任命を受け、地域支援アドバイザーとして関与します。

こういった活動はいうまでもなく、地方公共団体内にとどまらず、現在は国土交通省や厚生労働省といった省庁にも広がっていますが、私は元々旅館業界に特化していたわけではなく、現在もどちらかというとデジタル関連の法規制のほうが深く関わっています。本書で述べてきたように、**自身を取り巻く環境や分野にあわせた政策の形成に関心を持ち、それぞれの視点から「行政法の統一的な仕組みと考え方」を理解したうえで、現実の行政活動を分析し、法規制との偏差やズレの原因を炙り出すことができれば、国（政府）や地方公共団体の「政策形成」にも携わることができるということを実践している**のです。

本書を手にとってくださった皆さんが、本書のアプローチを活用して、それぞれの視点から法律、条例、技術、サービス、経験、知見、社会的課題を見出し、新時代の行政法の構築に役立たせるきっかけとして頂ければ幸いです。

あとがき──謝辞──

行政法はあなたの日常を守る盾にもなるが、付き合い方を誤るとあなたを脅かす矛にもなる。そして、日常に溶け込み、最も身近な存在なのに、多くの人が詳しく知らない行政法（法規制）を法律学習者向けに限らず、誰でも興味深く学べる本として体系化したい。

このような想いを持って書き上げたのが本書です。

最後までお読み頂きありがとうございます。本文でも何度か述べましたが、私たち一人ひとりが意識を持って行動すれば法規制を変革し、風通しの良いものにできると信じています。

また、ビジネスをしている方にとっても、行政法の仕組みを知ることが経営戦略策定に役立ち、さらに「市場の未来予測」にも活かせると考えています。

このような想いを受け止め、企画の段階から執筆中に至るまで熱心に向き合ってくださり、最大限にアイデアを採用くださった編集長の中尾淳さんに心から感謝いたします。

また、中尾さんとのご縁を繋げてくださった石川和男さん、岡崎かつひろさん、そして、日頃から意見交換している黒沢怜央さんをはじめ、示唆に富むお話を聞かせて頂いた伊地知友貴さん、上原玄之さん、大屋智浩さん、尾原和啓さん、片岡正美さん、島田太郎さん、島本京司さん、庄司昌彦さん、武井浩三さん、堀田創さん、堀井泰史さん、本多智一さん、牧野達郎さん、松田公太さん、宮原賢一さん、森戸裕一さん、ＮＰＯ法人京都景観フォーラムの皆さんといった多くの方のおかげで本書のインスピレーションが湧きました。ありがとうございます。

16・17ページの法令名一覧

【例】略語……正式名称
※略語及び正式名称が同一の法令名もあり

水道法……水道法
下水道法……下水道法
電気事業法……電気事業法
原子炉等規制法……核原料物質、核燃料物質及び原子炉の規制に関する法律
ガス事業法……ガス事業法
廃棄物処理法……廃棄物の処理及び清掃に関する法律
容器包装リサイクル法……容器包装に係る分別収集及び再商品化の促進等に関する法律
道路法……道路法
道路交通法……道路交通法
鉄道事業法……鉄道事業法
鉄道営業法……鉄道営業法
都市計画法……都市計画法
建築基準法……建築基準法
学校教育法……学校教育法
国立大学法人法……国立大学法人法
食品衛生法……食品衛生法
食品安全基本法……食品安全基本法
資金決済法……資金決済に関する法律

銀行法……銀行法
消費税法……消費税法
電気通信事業法……電気通信事業法
電波法……電波法
不正アクセス禁止法……不正アクセス行為の禁止等に関する法律
個人情報保護法……個人情報の保護に関する法律
都市公園法……都市公園法
自然公園法……自然公園法
風俗営業法・風営法……風俗営業等の規制及び業務の適正化等に関する法律
景観法……景観法
屋外広告物法……屋外広告物法
古物営業法……古物営業法
景品表示法……不当景品類及び不当表示防止法
電子契約法……電子消費者契約に関する民法の特例に関する法律
放送法……放送法
入管法……出入国管理及び難民認定法
旅行業法……旅行業法
道路運送法……道路運送法
道路運送車両法……道路運送車両法
旅館業法……旅館業法

Information

本書の著者、服部真和の情報発信、お問合せ、講演・取材依頼については以下に公式 SNS をまとめていますので、ご覧ください。

https://lit.link/hatlegal

服部真和（はっとり　まさかず）
2009年に行政書士登録。現在、服部行政法務事務所、シドーコンサルティング株式会社、synclaw株式会社を経営。京都府行政書士会参与（元副会長）。日本行政書士会連合会デジタル推進本部委員（元理事）。事業者に対して、法規制のコンサルティングと、行政手続の支援を行い、業界団体やプラットフォーマーと協力し各省庁や自治体への政策提言を行っている。厚生労働省所管の国立研究開発法人で、デジタル技術やセキュリティ、競争入札などのルール策定を行う。また京都での大規模な看板規制時に利害関係者の調整役を務め、京都市から依頼を受け、民泊新法施行時の行政書士を活用した届出窓口の構築や民泊事業者と地域住民の調和を促す制度、コロナ禍の中小企業の支援センター発足に寄与する。
これまで『建設業から風俗営業、産廃、入管業務まで 改訂新版 許認可手続きと申請書類の書き方』『記載例つき　民泊ビジネス運営のための住宅宿泊事業法と旅館業法のしくみと手続き』『最新　ネットビジネス・通販サイト運営のための法律知識』『宅建業申請から民泊、農地まで　不動産ビジネスのための許認可のしくみと手続き』（いずれも三修社）、『できる社長の対人関係』（秀和システム）など、24冊の書籍を出版。

教養《きょうよう》としての「行政法《ぎょうせいほう》」入門《にゅうもん》

2024年 1月20日　初版発行

著　者　服部真和
発行者　杉本淳一

発行所　株式会社日本実業出版社　東京都新宿区市谷本村町3−29 〒162−0845
編集部 ☎03−3268−5651
営業部 ☎03−3268−5161　振　替　00170−1−25349
https://www.njg.co.jp/

印刷／厚徳社　製本／共栄社

ISBN 978-4-534-06060-0　Printed in JAPAN